Coureurs des Mers

Les découvreurs

Pour une meilleure compréhension du texte,
les auteurs ont souvent préféré utiliser les noms de lieux
les plus couramment employés dans la géographie contemporaine.

Éditeur : Éric Koehler
Iconographe et assistante éditoriale : Carole Brianchon-Campagne

ISBN 2-84459-058-6
Dépôt légal : quatrième trimestre 2003

6, rue du Mail, 75002 Paris

OLIVIER ET PATRICK
POIVRE D'ARVOR

Coureurs des Mers

Les découvreurs

MENGÈS
PLACE DES VICTOIRES

Sommaire

Au commencement était la mer

« Tout le malheur de l'homme vient d'une seule chose qui est de ne savoir demeurer en repos dans une chambre. »

Pascal, *Les Pensées*.

UN FRÈRE À QUÉBEC, chez Jacques Cartier. L'autre à Saint-Malo, dans l'antre de Surcouf. En cet été 1996, sept mille kilomètres nous séparent et il nous tarde de nous revoir. L'un d'entre nous va participer à une course transatlantique sur un voilier spartiate, du Canada vers la Bretagne. Cinq siècles après la première traversée. Dix jours de mer, seul ou presque dans son cercueil de multicoque. L'autre l'attend dans la Cité des corsaires. Entre nous, des milliards de tonnes d'océan, des coups de chien, des cartes marines encombrées de monstres, les sirènes d'Ulysse, des tortues géantes et des poissons volants, des masses d'étoiles, d'algues et de plancton, des milliers de naufragés et d'épaves gisant au plus profond des eaux, des mystères insondables. Sous le varech et l'anémone des mers, tant de vies brisées, mais de vies qui ont de l'*allure*, terme on ne peut plus marin. Des vies conduites au plus près du vent. La mer nous sépare cet été-là. Des souvenirs d'enfance nous reviennent quand nos petites voiles, optimistes ou vauriennes, sur la mer des vacances nous faisaient pousser de plus grandes ailes. Faseyements fatals, nous sommes à l'école la *risée* du monde qui se moque de nos songes de capitaines ! Nous en avons rêvé, des cyclones, des typhons, des mascarets, des vents de force dix, de la houle, des vagues hautes comme des phares et des volcans sortis de l'eau. Mais la mer nous rapproche également, elle a forgé nos caractères, qui sont faits de la même écume. Quand la course se termine, nous nous promettons alors de raconter un jour ce qui nous relie par-delà les espaces, le temps : une admiration éperdue et une tendresse infinie pour les héros de ces mers qui font vivre en nous le merveilleux. *Les Coureurs des Mers.*

Ils sont explorateurs, aventuriers, commerçants en quête de soie, d'épices, de porcelaine ou d'or, géographes, illuminés, corsaires, pirates ou flibustiers en rupture avec les marines nationales, agents de grandes compagnies marchandes, sujets de monarques épris de science et découvreurs de nouveaux mondes, amateurs de records autant que de scorbut ou de solitude et portés par des défis incroyables. Ils peuvent être vénitiens, génois, asiatiques ou arabes, hollandais, britanniques, espagnols, portugais, français bien sûr, bretons souvent, gascons, basques, provençaux... De Dinard à Zanzibar, de Corfou à Guangzhou (Canton). De l'Atlantique, du Grand Nord, des Amériques, du Pacifique, de la Méditerranée, du golfe Persique, du monde arabe, chrétien, des Indes et de leur océan, de l'Asie, de la Chine, des Moluques ou du Japon, d'Europe ou d'Afrique. Ces coureurs des mers partagent une folie que nous aimons, celle d'aller plus loin. Plus loin encore, sur des routes inconnues, mal assurées, d'où l'on ne revient pas souvent. Leurs routes sont commerciales, scientifiques, intellectuelles, diplomatiques, religieuses : ils tracent, sur leurs embarcations, archaïques ou modernes, les cartes du monde nouveau. Ils écument les mers, repoussent les frontières de l'inconnu, franchissent des caps, découvrent des continents, établissent des comptoirs ou des colonies. La foi, l'or, la gloire, le savoir les animent. Pauvres ou riches, lecteurs d'Homère ou illettrés, leurs odyssées nous ont fait rêver des années durant comme elles ont fait et feront rêver des générations entières d'adolescents qui se refusent à mourir trop vite de l'ennui des grandes personnes.

Dès notre enfance en Bretagne, nous avons été fascinés par ces fonds sous-marins qui grouillaient de vies étranges, effrayantes. La mer dit autant de la vie qu'elle parle de la mort, c'est pourquoi elle exerce sur nous un tel empire. Un pneumatique orange, du joli nom d'*Ondine*, nous conduisait à la découverte d'îlots dont nous pensions être les découvreurs, comme cette fameuse île *Pacaol*, baptisée de nos deux prénoms et de celui de notre sœur Catherine ; le voyage paraissait une expédition, sa durée une éternité, le clapot avait la vigueur d'une déferlante et Jules Verne en tête, nous menacions de naufrager, d'être dévorés tout crus par le peuple des baleines, des congres et des pieuvres géantes. Non loin de là, au large des Sept-Îles, souvent noyées de brume, commençait un territoire mystérieux dont les Anciens prétendaient qu'il était celui de la ville d'Ys. Nous apprîmes plus tard que les riverains de la baie de Douarnenez nous le disputaient âprement. On disait à Trégastel, sur notre Côte de Granit rose, que les cloches de la cathédrale d'Ys sonnaient

Les pieuvres géantes imaginées par Jules Verne dans *Vingt Mille Lieues sous les mers*. Illustration par Stéphane de Neuville, 1870.

encore parfois, mais que ce n'était que mirage pour engloutir les marins aimantés par le glas. La peur de notre vie, nous l'eûmes donc, quand, voulant rallier un jour Perros-Guirec à Bréhat sur un dériveur de fortune, nous fûmes soudain, au large de Tréguier, environnés de brumes. Sans boussole ni repères, notre imprudente aventure dut son salut à une bouée mugissante qui nous fascina longtemps autant qu'elle nous répugnait. Son nom ne nous a pas quittés : *Basse Crublent.* Nous nous y accrochâmes le temps de localiser son emplacement sur la carte et de mesurer notre erreur d'appréciation. Ne jamais, en mer, se fier à sa seule intuition... Le temps de réévaluer notre route, nous entendions ce sinistre beuglement qui sapait notre moral déjà défaillant : il avait le son rauque des cloches d'Ys et déjà rôdaient autour de nous les fantômes de l'Ankou que nous avaient racontés nos parents en nous lisant le *Barzhaz-Breizh* d'Hersart de la Villemarqué et *La Légende de la mort* d'Anatole Le Braz... Blaise Pascal avait beau dire qu'« il y a plaisir d'être dans un vaisseau battu par l'orage, lorsqu'on est assuré qu'il ne périra pas », nous n'en menions pas large. La mer, ce jour-là, était plus forte que nous, plus forte que tout.

Les héros de notre enfance, quand ils n'étaient pas ceux des airs, Mermoz, Saint-Exupéry, furent donc ces coureurs des mers, ces pionniers et découvreurs qui naviguaient sans cartes, sans savoir où ils allaient, avec pour seule et intime conviction que la terre était un disque plat, alors qu'elle était peut-être ronde, qu'elle tournait enfin autour du soleil, qu'elle n'était donc pas au centre du système des astres et qu'ils finiraient bien un jour par revenir au port de départ. Ils remerciaient Ptolémée, Copernic, Kepler et Galilée. Tout les menaçait, tout leur était hostile, à commencer par l'océan et ses capricieuses humeurs. Ils partaient tout de même pour la gloire, la fortune, l'aventure, par orgueil, par désespoir peut-être, parce qu'ils rêvaient d'un autre monde. C'est cet ailleurs que nous n'avons jamais fini de chercher, même si presque tout aujourd'hui est découvert. Ce mystérieux appel des coureurs des mers ne demande qu'à prospérer en chacun de nous. Partir. Certains l'enfouissent au plus profond d'eux par peur de destinées aventureuses, d'autres l'exposent un jour par mégarde, d'autres encore veulent changer de vie, et pour mieux faire, de continent. Mais tous sont reliés par cet étrange fil d'Ariane qui, à force d'être remonté, nous dit qui nous sommes et ce que nous voulons de la vie. Avec la mer, nous faisons le point. Le point d'écoute, de drisse, d'amure, le point à l'estime, le point sur nous-mêmes. Sur l'âge de nos vies en ce qui nous concerne, l'aîné et le cadet. Entre quarantièmes rugissants et cinquantièmes hurlants, nous finirons bien un jour par trouver le calme.

Pierre Poivre (1719-1786). Gravure du XVIIIe siècle. BnF, Paris.

Il y a vingt ans, nous avons tenté de reconstituer notre arbre généalogique, à la recherche de nous-mêmes. Il nous mena de Reims en Bretagne, d'Auvergne au Brésil, de Lyon à l'île Maurice. Nous nous échangions des lettres qui devinrent un roman. Mais plus nous progressions dans nos recherches, plus se précisait la silhouette de ce mythe qui berçait nos rêves d'enfant dans la morne plaine champenoise et à qui nous devons certainement, au-delà de nos passions respectives pour la mer, les bateaux à voile et les grandes traversées, notre fascination pour ces coureurs des mers. Celui de l'aventurier Pierre Poivre dont la légende familiale prétendait que nous descendions. Le premier voyage à l'île Maurice de l'aîné d'entre nous au tout début des années soixante-dix, à l'occasion d'un reportage, avait eu tôt fait de nous détromper. Ce sympathique

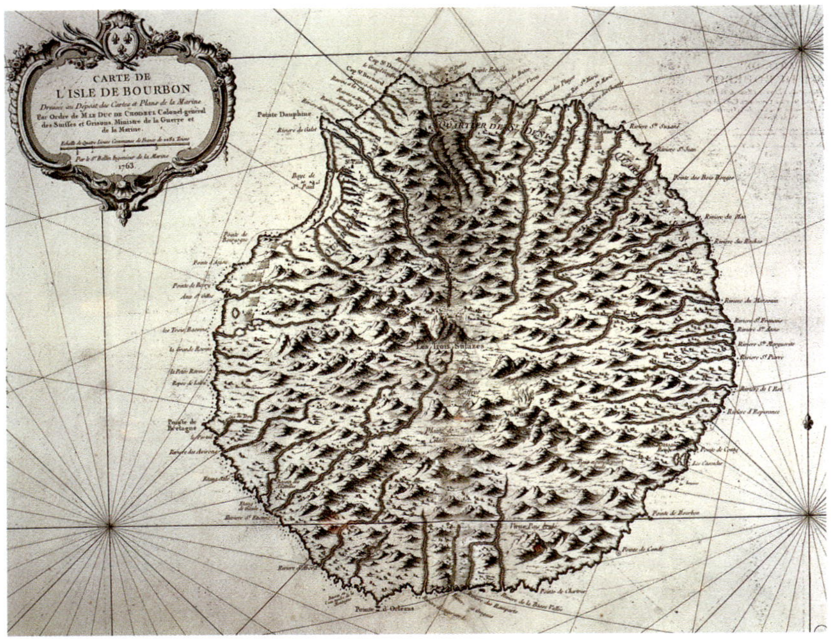

À GAUCHE
Île de la Réunion, anciennement île Bourbon.
Carte extraite de l'*Atlas maritime* de Bellin, 1763.
Bibliothèque du musée de la Marine, Paris.

À DROITE
Île Maurice, anciennement île de France.
Carte extraite de l'*Atlas maritime* de Bellin, 1763.
Bibliothèque du musée de la Marine, Paris.

manchot défroqué, n'ayant eu que des filles, ne pouvait être notre ancêtre direct. Mais le merveilleux directeur des Archives de Port-Louis de l'époque, Auguste Toussaint, qui voulait aider l'aîné à gagner son concours d'entrée à France Inter, l'émission *Envoyé spécial*, lui avait procuré une généalogie de l'explorateur-botaniste, montrant que nous descendions de son frère, Jacques. C'était déjà cela ! Depuis, Pierre Poivre, étonnant intendant de ce qu'on appelait à l'époque les îles de France et de Bourbon, aujourd'hui Maurice et la Réunion, nous a fait découvrir la valeur des épices. C'était au XVIIIe siècle et l'on disait encore « cher comme poivre ». Magnifique destin que celui de ce navigateur-botaniste au nom si marqué et à qui nous devons l'acclimatation à l'île de France des plants de girofliers et de canneliers, volés aux Hollandais qui en détenaient le monopole. De Pierre Poivre, nous n'avons hérité que les aventures... À quoi il faut ajouter l'achat récent d'une paire de pistolets lui ayant appartenu, objets singuliers pour un philosophe dont le bras gauche avait été arraché en mer par un boulet de canon anglais. Nous nous sommes partagé les pistolets. Depuis ce jour, entre frères, c'est à la vie à la mort.

En pensant à faire revivre les héros de notre enfance, ceux qui, des Vikings aux derniers grands découvreurs, sont l'objet de tant de récits et légendes, nous avons exploré une part de nous-mêmes et compris pourquoi nous voulions en écrire ensemble l'aventure. L'esprit de famille, de clan, de tribu. La fratrie. Ces hommes-là font uniquement confiance à leurs frères et les embarquent dans leurs folies. Était-ce parce que seuls des liens de sang pouvaient conduire des hommes à s'engager dans l'inconnu, à partir sans certitude de retour ? Ou parce que seul un frère pouvait être considéré comme sûr, fidèle et loyal, en ces temps de grande fourberie ? Toujours est-il que Christophe Colomb embarque avec lui Bartholomé et Diego, que Bartolomeu Dias fait de même avec son frère Pedro, que Vasco de Gama ne se remettra jamais de la mort, sous ses yeux, de Paulo, ni Girolamo da Verrazano de celle, plus atroce encore, de son frère Giovanni, que les frères Pinzón Martín, Vincente et Francisco sont célèbres à plus d'un titre comme les deux frères Cortereal, Gaspard et Miguel... Sans même parler de la fraternité active qui existe entre Leif le Bienheureux et ses frères et sœur Thorvald, Thornstein et Freydis... Et de ces quatre-là avec leur père, le grand Erik le Rouge. Car on ne dédaigne pas la descendance et les tribus sur les bateaux, loin de là : ils en savent quelque chose, les enfants des grands marins. Marco Polo, son père et son oncle, Diego et Fernando Colomb, Esteavo Gama, Sébastien, fils de Jean Cabot, les Hudson, Magellan et Duarte Barbosa, son beau-frère... Cette fraternité-là a du bon, même longtemps après la mort : des scientifiques espagnols ont récemment procédé à l'exhumation, à Séville, des

restes de Christophe Colomb pour en vérifier l'authenticité en faisant un test ADN et en comparant les empreintes génétiques entre ces ossements et ceux, authentifiés, de Diego, le frère, et de Hernando, le fils de l'amiral de la mer océane. Frères et fils équipiers par-delà la mort.

La mer nous impressionne parce qu'elle est formidablement ambivalente : belle et monstrueuse à la fois, elle nous séduit ; effrayante et rassurante, elle fait peur et fait rêver aussi. Toutes sortes d'analogies avec la vie que nous tentons de mener s'attachent à elle. La traversée du temps, le naufrage de la vie, celle qui donne et qui reprend, la barque du nautonier du bonheur, celle des morts, l'enfant jeté sur les eaux, l'horizon sans limites. La mer offre un récit au-delà du temps et de l'espace, elle a une histoire, magnifique, trouble, violente, ancienne et, pourtant, aucune trace en elle ou en surface ne peut la raconter. Elle est une force vivante, le berceau de la vie, de la photosynthèse, de l'oxygène, une mécanique humaine, elle est féconde, poissonneuse, riche en pétrole, gaz et hydrate de méthane ; et elle donne aussi la mort, elle engloutit, elle naufrage, et ne rend pas toujours les corps. Elle offre une liberté évidente et en même temps sait se transformer en une impitoyable prison, en cercueil de nos corps. Le dialogue avec cette force inconnue est une expérience unique, singulière, jamais terminée. C'est une conversation extraordinairement intime avec l'inconscient et la conscience de chacun d'entre nous. De la respiration des marées, des vents et des courants, il est impossible de se lasser. La langue même des marins en dit long sur cette lutte complexe et fascinante : à bord, on étarque, on cargue, on étale, on abat, on remonte, on serre le vent, on vire et on louvoie...

Nous avons choisi de raconter cette histoire en dressant une douzaine de portraits. Nous sommes allés sur les traces de leurs périples, ces dernières années.

Devant un tel paysage, beau et inquiétant à la fois, les légendes et les mystères n'ont pas cessé de hanter les marins.

Ensemble, séparément : le Grand Nord de Pythéas et d'Erik le Rouge, l'Alexandrie d'Hippalus, la plage sur l'îlot de Mactan, dans le Pacifique, où Magellan a été assassiné, la Chine de Marco Polo et de Zheng He, les Indes américaines de Colomb, les Grandes Indes de Gama, la Nouvelle-France de Cartier, le Brésil de Cabral, le cap de Bonne-Espérance de Dias, Sagres, d'où Henri le Navigateur découvre le monde… Il faut savoir ce que c'est de se baigner à Colombus Island, aux Bahamas, là même où Christophe Colomb posa la première fois le pied sur le Nouveau Monde, ou à Cebu, aux Philippines, là où l'eau a rougeoyé quand Magellan fut atteint par un javelot fatal. Certes les conditions et les instruments de navigation, les techniques, la connaissance de la mer, la qualité des bateaux expliquent qu'en quelques années, un siècle au maximum, le monde ait été découvert. La caravelle et la boussole ne font pas tout cependant ! Il faut insister sur la folie exceptionnelle, le courage extrême, l'illumination qui habitent ceux qui prennent la mer pour y réaliser ces exploits. C'est de cette force de caractère, née parfois d'un complexe, d'un doute, que nous avons choisi de parler. Nos héros sont bien évidemment les enfants de leur temps. Toute civilisation a besoin, à un moment précis de son développement, d'aller chercher ailleurs. Ce fut le cas pour les Espagnols et les Portugais qui littéralement se partagèrent le monde au XVe siècle, accompagnés par les Génois, les Pisans et les Vénitiens, en attendant que d'autres, mais plus tard, entrent en scène, les Français, les Anglais, les Hollandais. Pendant ce temps, le monde arabe et le monde chinois tissent leurs toiles, ancestrales mais prudentes, sur des routes plus liées au commerce qu'à l'échange intellectuel pur. Ni les Arabes ni les Chinois ne font d'ailleurs, alors que l'exploit est à leur portée, le tour du monde ou même de grandes découvertes. C'est un signe : ils ont déjà tout et ne rêvent plus de rien.

L'Europe, elle, n'a pas tout et ses hommes imaginent que les terres couvrent alors six septièmes de la planète. Ils vont, en quelques années, découvrir qu'au contraire l'eau recouvre les deux tiers de sa surface. Que la Terre porte bien mal son nom, que la planète bleue se distingue de toutes les autres, que la Terre, c'est d'abord la Mer. Qu'à lui seul le Pacifique représente la moitié de ces surfaces, l'équivalent de dix-sept fois l'Europe. Que les monts en partie émergés près de Hawaï sont les plus hautes montagnes au monde, que les fosses marines des îles Mariannes, à plus de onze mille mètres de profondeur, battent tous les records. Cette poignée d'hommes conquérants, fous, illuminés, fils d'utopies sont souvent au service de politiques, d'États, de princes, certes. Nous ne parlons évidemment pas de Cortés qui s'attaque à l'Empire aztèque ni de Pizarro qui réduit à merci le grand Empire inca. L'un meurt de dysenterie, l'autre assassiné : c'est une maigre consolation pour ceux qu'ils ont massacrés sur ce continent, sans parler des virus qu'ils ont apportés et qui déciment les populations indiennes américaines. Ni l'un ni l'autre d'ailleurs ne sont des coureurs des mers, des navigateurs qui se distinguent, leurs conquêtes sont celles de la terre, des richesses et des consciences, jamais des océans. Leur Nouveau Monde n'est pas rêvé, il se bâtit avec force violences, avec l'esclavage, la domination, les armes.

Un trait caractérise nos coureurs des mers : ils sont en général ruinés, cadets de famille ou orphelins démunis, marins habiles mais sans naissance, chevaliers désargentés, modestes aventuriers qui partent vivre de grandes aventures en quittant des petits ports : Sagres, Palos, Saint-Malo, Dieppe, Honfleur, Saint-Jean-de-Luz… Le paradoxe tient à leur recherche absolue de liberté qui se manifeste par le besoin impérieux d'embarquer sur ces prisons flottantes que sont les navires de l'époque. Deux ans, parfois plus, d'enfermement garanti, avec un fort risque mortel, voilà le prix de la liberté sur mer ! Mais la vie sur terre leur est dure également, aux capitaines, mais plus encore aux petits rôles des équipages. Vivre et mourir en mer offre au moins le privilège de la dignité, ce qui n'est déjà pas si mal. La curiosité les pousse également à fuir, plus certainement que l'appât du gain : les poissons volants, les perroquets colorés, l'Eldorado, les terres paradisiaques… Cette épopée n'est pas uniquement celle de l'Europe de la sortie du Moyen Âge, même si Christophe Colomb fait, par ses découvertes, de ce continent le plus petit au monde.

L'île Tomé, près de Perros-Guirec dans les Côtes-d'Armor, Bretagne.

L'aventure de l'amiral Zheng He sous la dynastie des Ming mérite d'être contée, comme celle d'Ahmad Ibn Maajid, pilote arabe dans la plus pure tradition de Sindbad le Marin... Tout comme, au début de l'histoire, celles de Pythéas le Massaliote, découvreur de Thulé, et d'Hippalus l'Alexandrin, à qui l'on doit d'avoir compris la manière d'utiliser les moussons pour naviguer. Peu d'entre eux, voire aucun, ont fini dans l'opulence ou la gloire. Leur Eldorado n'a pas été trouvé, leur or s'est transformé en sable comme celui de Jacques Cartier, et souvent la mort les a enlevés en pleine mer. Mais c'est comme s'ils le connaissaient depuis le départ, ce destin maudit, jamais glorieux. Les dangers sont incroyables, à la mesure des peurs héréditaires et des périls bien réels : l'inconnu qu'on affronte avec les légendes sur le monde qui s'achève, la mer Ténébreuse peuplée de monstres, de dragons et de serpents, le mystère et la crainte de l'autre, des autres, des assaillants, l'éloignement de la terre natale, la nostalgie des siens, les maladies, innombrables, du scorbut au typhus en passant par la typhoïde, la mort sans sépulture, la faim, la soif, le manque de vivres, d'eau, la peur bien sûr, les peurs. Ces amants de la mer, du flot, de la grève, des houles et de l'écume, ces fils de l'eau, ces navigateurs hardis ont tout de même légué à notre frilosité repue d'aujourd'hui une sacrée dose de caractère.

La découverte des Indes, par le contournement de l'Afrique, vers l'ouest s'il le faut, sera la grande affaire de ce siècle dont on peut dire qu'il démarre avec Henri le Navigateur après 1415 et se termine avec le tour du monde de Magellan en 1520. Entre-temps, le cap de Bonne-Espérance, si bien nommé, est franchi en 1488. Grâce aux découvertes, le monde sort du Moyen Âge et entre dans la Renaissance qui s'exprime à travers les artistes. Henri le Navigateur est contemporain de Van Eyck, Magellan de Raphaël, Colomb et Vinci ont le même âge, comme Gama, Machiavel et Érasme. L'imprimerie nouvelle fait découvrir cartes, périples, manuels de géographie, d'astronomie et récits de voyages sur la mer. On sait encore se tromper divinement comme le fait Colomb, furieux de trouver ce continent en travers de son chemin qui l'empêche de gagner ses Indes. Ce grand marin, qui veut devenir roi, sait pourtant qu'il existe quelque part un monde plus vaste que le sien. L'océan le guide, soutenu par les astres, l'étoile Polaire, le mouvement des planètes. L'échange est presque équitable : l'argent de l'Europe contre les produits de l'Orient. Les épices, au début, sont prises très au sérieux, la mode et le désir ne font qu'un, elles deviennent d'excellents prétextes à l'exploration du monde, puis plus tard à sa négociation, à son exploitation à travers les compagnies européennes des Indes, les grandes villes marchandes, le capitalisme bien pensé. Mais il y a urgence dans ces années-là, ce que nous oublions souvent. La concurrence pour se répartir le monde est féroce, principalement entre Portugais et Espagnols depuis 1494, depuis que le traité de Tordesillas leur attribue tout simplement à l'un l'est, à l'autre l'ouest de l'univers. Ligne de partage arbitraire... Cette première manifestation d'un phénomène de globalisation à très grande échelle est également une course effrénée contre le temps : le sort du monde, des civilisations, des langues, des identités, des hommes et des femmes est menacé. En quelques semaines, mois, années, tout est décidé, réparti, dessiné, nommé, exploré.

Il faudrait pouvoir aussi parler des coureurs inconnus. Ils ont certainement été nombreux sur les mers du Nord à mériter d'être cités, tout comme bien des marins maoris du Pacifique qui, sur des embarcations rudimentaires, traversaient un océan sept fois plus large que celui des Vikings et croyaient, comme nous, dans l'au-delà des mers, cet *Antichtone*, dans l'hémisphère austral, avec sa zone torride, calcinée entre lui et l'*Œkoumène*, la zone tempérée boréale, le monde connu. À bien des égards, il faut mettre à la première place de cette histoire du monde qui se découvre à travers les coureurs des mers, Cilapulapu, le roi de l'îlot de Mactan, dans l'archipel philippin. En tuant d'un javelot Magellan, le circumnavigateur, celui-ci nous avertit des dangers de notre ethnocentrisme, de notre vision occidentale de l'histoire et de notre faculté d'oublier que là, dans le Pacifique, comme ailleurs, des peuples navigateurs ont pris possession de l'océan un, voire deux millénaires avant notre ère.

Armada portugaise.
Livre de Lisuarte de Abreu, 1565.
Pierpont Morgan Library, New York, États-Unis.

Le cap de Bonne-Espérance en Afrique du Sud et, au-delà, cette route des Indes tant convoitée.

Tous ces coureurs des mers ont existé. D'autres, plus littéraires, nous font également rêver et ont beaucoup compté quand nous ne pouvions naviguer que par les livres, quand nous devions terminer les vacances bretonnes : les travailleurs de la mer de Hugo, les personnages de Mac Orlan, de Stevenson, de Verne, Conrad, Melville, Loti, Defoe, les récits de Bougainville, de Chateaubriand, la vie de Gauguin, si loin, les poèmes de Segalen et Saint-John Perse. Et il faudrait pouvoir rendre hommage à ces millions de coureurs, marins connus ou inconnus, qui sont morts sans sépulture et qui, comme l'écrivait Jean de Mandeville il y a plus de six siècles et demi, voulaient « aller du par-deçà connu au par-delà imaginé ».

Plus tard, nous aimerions parler, après les découvreurs, d'une autre famille de coureurs des mers : les pirates, les corsaires, les écumeurs, les barbaresques, nous pensons à Barberousse et son frère, à Drake, à Bart, Duguay-Trouin et Surcouf, à Mary Read et Ann Bonny – enfin des femmes ! Mais également à Duquesne, à ces humanistes des mers que furent Poivre, Mahé de la Bourdonnais, Bougainville, La Pérouse... Et tant d'autres : Cook, Suffren, Nelson, Dumont d'Urville... Et de plus contemporains : Slocum, Charcot, Amundsen, Nordenskjöld, Gerbault, Heyerdal, Tabarly... La lignée de cette famille, celle des coureurs des mers, ne risque pas de s'éteindre de sitôt.

Le monde pourrait se raconter ainsi : au commencement était la mer. Puis vint le Déluge et l'arche qui nous emporta tous sur les grandes eaux. Noé fut bon capitaine et trouva, en guise de refuge, une terre plutôt agréable à habiter. Reste que nous ne cessons de rêver de repartir, de reprendre la route, de larguer les amarres. À la recherche d'un peu d'émotion, d'amour certainement. Sous l'océan, les sentiments. Le cœur, la chair ont beaucoup à voir avec ces caresses du vent, du sel, des eaux déchaînées. La recherche de nos îles imaginaires. Comme l'écrit le poète Pierre de Marbeuf : *« Et la mer et l'amour ont l'amour pour partage/Et la mer est amère, et l'amour est amer/L'on s'abîme en l'amour aussi bien qu'en la mer/Car la mer et l'amour ne sont point sans orage. »*

Chapitre I

Pythéas, un Marseillais sur la banquise

« Alors, cette mer était facile à traverser. À son embouchure, vers l'endroit que vous nommez les Colonnes d'Hercule, était une île plus étendue que la Libye et l'Asie réunies. De cette île, on pouvait aisément se rendre en d'autres îles, et par le moyen de ces îles, aux terres qui étaient en face et voisines de la mer. Ce qui est en deçà du détroit dont nous parlons ressemble à un vaste port dont l'entrée serait étroite. Mais c'est une véritable mer et la terre qui l'entoure est un vrai continent. »

Platon, *Timée*.

MARSEILLE EST EN VUE, les îlots d'If, de Ratonneau et Pomègues, la magnifique rade de leur ville natale et demain, au plus tard, ils seront dans le port. Chez eux, sur la terre ferme, habitée, reconnue. Massalia, la belle ! La conquérante, la fondatrice : Nikaia, Antipolis, Citharista... Une mouette s'égosille dans le ciel à leur souhaiter la bienvenue. Pythéas le Massaliote sait ce qu'il lui doit, à elle et à ses compagnes aux ailes d'or et d'argent. S'il n'y avait pas eu les oiseaux pendant ce terrible voyage, il serait mort depuis longtemps, gelé et noyé, pâture à poissons et à baleines. Ou bien garniture pour ces gros bancs de thons qui font depuis deux ans à son cercueil de bois, de peaux, de toile et de goudron un cortège sur la mer aussi fidèle qu'inquiétant !

Point de cartes, de boussoles, de sextants, de latitude ou de longitude dans ce froid glacé de l'océan du IVe siècle avant Jésus-Christ. Il navigue à l'estime, mais fait bien ses mille stades par jour, quelque deux cents kilomètres, marchant la nuit également. Pythéas, trempé jusqu'à l'os, salé comme un cochon de ferme, les doigts blancs tout raides du gel, en frémit encore. Il a si peu dormi, ces derniers mois, avec ces nuits livides qui n'en finissent pas de pâlir dans le vaste Nord, ces immenses montagnes de glace qui s'avancent vers eux dans l'eau bleue, ces paysages de lune, décolorés, pelés, hostiles, battus par les vents. À Marseille, au moins, s'il s'ennuie, il pourra dormir tout son saoul en rêvant à ce qu'il vient de vivre : il aime les nuits chaudes de ce gros bourg au port fameux où sa famille, chassée d'Ionie par les Perses, s'est réfugiée il y a deux ou trois siècles. Loin d'imaginer qu'un jour Pythéas ferait tout ce chemin dans les eaux froides du pays-d'où-l'on-ne-revient-pas ! Quelle route ! Aux mouettes de Massalia ont succédé les cigognes. Ces grands oiseaux lui ont permis, une fois en mer, d'accomplir l'incroyable : franchir les terribles Colonnes d'Hercule, nommées plus tard détroit de Gibraltar. Hercule est fort, Pythéas le sait : venant d'Orient, voulant entrer dans l'Atlantique et arrêté dans son chemin sur la Méditerranée par deux montagnes, le dieu les a écartées d'un coup de coude violent. Après les Colonnes, des pétrels ont pris le relais, des albatros également dont il a suffi de suivre la migration, d'île en île, pour tenir sa route, toujours plus au Nord. Le Grand Nord, là où l'eau subitement change de couleur, où la houle forcit, où les hauts-fonds sont autant de pièges pour les frêles esquifs, là où seules les étoiles servent de guides, et encore quand le ciel le veut bien, lui si gris, si bas, si désespérant. Et quand Poséidon, calmé, pose son trident sur un dauphin en signe d'armistice.

C'est donc sur l'océan que Pythéas, le marin massaliote, s'est lancé il y a deux ans. Peut-être, certainement, le premier de tous les Marseillais à quitter sa mer chérie. Il la retrouve aujourd'hui, et le bateau file à belle allure, le vent du nord encore niché dans les voiles, pressé de retourner à quai. La Méditerranée ! Mer fermée, intérieure, condamnée par des péninsules, riche en îles, en oursins et en cormorans. Cernée par les terres, elles-mêmes entourées par un grand océan circulaire, le tout posé sur un disque plat. Ainsi en va-t-il de l'univers. Cette mer intérieure, ses ancêtres grecs l'ont déjà colonisée. C'est le monde connu, dessiné pour la première fois par Anaximandre de Milet, *l'Œkoumène*. C'est l'au-delà des mers, le terrible océan de Pythéas, qui représente

PAGE DE GAUCHE
Galères de guerre grecques.
Aquarelle du XIXe siècle.
Musée naval de Madrid, Espagne.

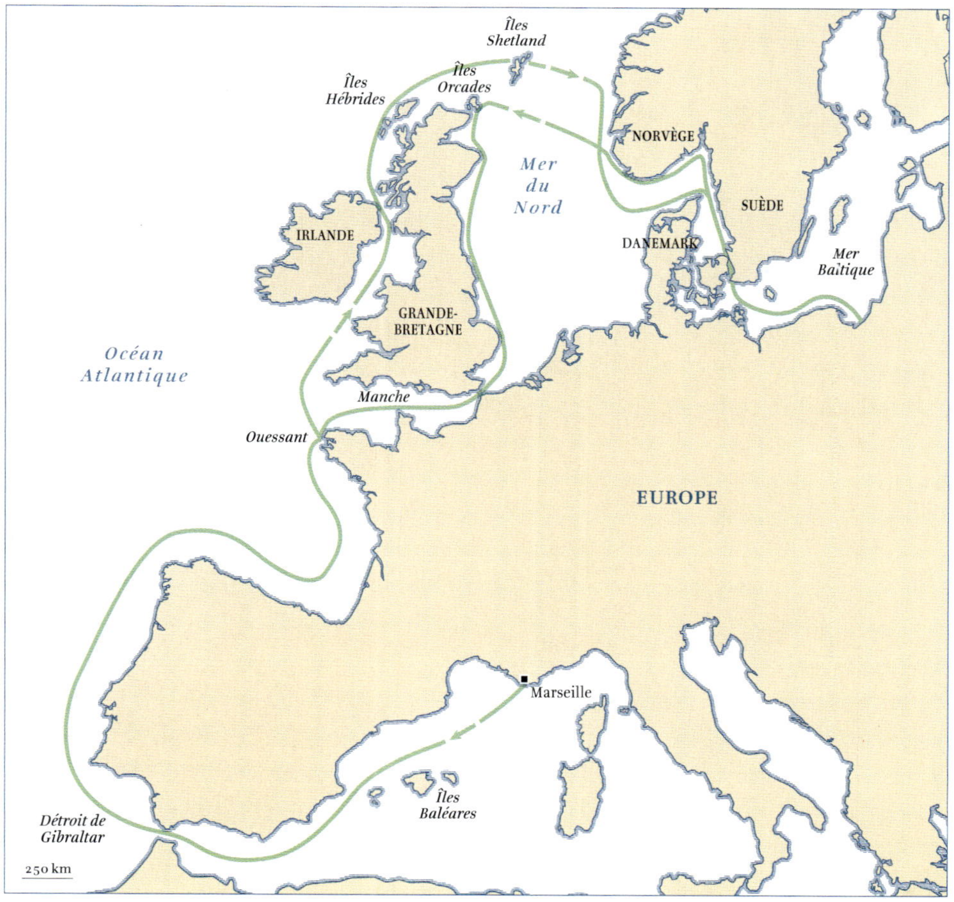

CI-DESSOUS
La longue et périlleuse route de Pythéas vers les terres de Thulé.

Marseille, la ville de Pythéas, ce port de la mer Méditerranée au cœur du monde connu. Gravure extraite de l'*Atlas* de Braun et Hogenberg, 1584.

l'inconnu absolu, et l'on se contente souvent de quelques contacts à sa périphérie pour transborder sur des galères les richesses des caravanes venues d'Afrique, d'Asie ou d'Arabie. Les mers intérieures septentrionales sont comme des lacs dont les Grecs connaissent déjà tous les secrets ou presque. À l'exception de Pythéas, les marins de Marseille sont les empereurs indiscutables de la Méditerranée tranquille ! Pas une anse, une baie, un mouillage, une auberge sur la côte qui ne leur soit familier.

On ne le croira pas, il en est sûr, Pythéas, quand il reviendra dans le port de Marseille. Vantard ! Car il va revenir demain, malgré la tempête sans indulgence qui s'annonce pour les frêles esquifs comme le sien. Franchir les Colonnes d'Hercule, gagner l'Atlantique ! Il n'aura pourtant pas exagéré. Même Jason, au temps de la guerre de Troie, dix siècles plus tôt, n'a pas osé s'aventurer dans ce terrible passage. Et ceci malgré un avantage évident sur lui, Pythéas, pauvre marin naviguant sur un misérable boutre, accompagné d'une dizaine de voyous des mers : Jason voyage, lui, sur une magnifique nef supervisée par Athéna, l'*Argos* – la Rapide –, le premier navire de l'histoire de nos coureurs des mers dont on retiendra le nom. Avec ses Argonautes – rien que du beau monde à bord : Orphée, Castor et Pollux, Héraclès... –, Jason s'en est allé conquérir la Toison d'or, la peau d'un bélier fabuleux, en Colchide, traversant les mers, halant son navire à travers un désert et finissant, à Corinthe, par consacrer sa nef à Poséidon.

Enfant, sur le port, Pythéas laisse déjà son imagination flotter à la surface. Tout coule, tout flue : *Panta rei*, dit le philosophe grec. Penché au-dessus des eaux, rêvant d'explorations maritimes, lacustres ou fluviales, poussé par le désir d'ailleurs, Pythéas s'interroge sur le meilleur moyen à employer pour larguer les amarres. Ces poissons, au fond de l'eau, manœuvrent mieux que leurs gros bateaux de commerce ou de guerre. Sans parler des pétrels – dont les gréements naturels font pâlir les meilleurs ingénieurs – qui agitent leurs ailes en l'incitant à lever l'ancre et à les accompagner dans leur grand voyage. Mais entre ciel et mer, entre oiseau et poisson, le vrai mystère pour Pythéas c'est la surface. L'homme a fait des progrès, il est vrai, depuis quelques siècles. Il sait flotter désormais ! Ce n'est pas rien, cette flottabilité-là, sachant qu'elle porte également, transporte, déplace ! Troncs d'arbres évidés, billes de bois, pirogues creusées au feu ou à la lame, radeaux, flotteurs, barques faites de peaux, galères, que de chemin parcouru et gagné sur la mer, tout de même. L'homme est devenu machine, sa main s'est faite pagaie, son poignet a inventé l'aviron. Le vent, enfin, qui gonfle au large sa chemise, a donné à son bateau la voile.

Il est grec sans l'être, Pythéas. Il est allé une fois, il y a deux ans, à Athènes, a parcouru ces longs murs construits par Thémistocle qui relient la ville au Pirée, ce magnifique arsenal, ces loges qui abritent plus de trois cents trières, ce port fameux aux trois mouillages. Le souvenir de Salamine, gagnée en 480, était désormais bien loin : ce vaste cimetière perse, au fond des eaux, où les marins vaincus du grand Xerxès

Portrait de Pythéas (IVe siècle av. J.-C.). BnF, Paris.

reposent contre les coques, les avirons et les nefs brisées de la flotte, dite pourtant supérieure, d'un empire à jamais saccagé. Car Athènes à son tour venait d'être défaite, sa flotte détruite à Ægos-Potamos... Mais que reste-t-il d'Athènes sans la maîtrise des mers ? La ville n'en n'était pas moins en effervescence, d'excellente humeur, Pythéas y avait croisé tous les matelots de la Méditerranée, des marchands arabes et asiatiques, des comptables échangeant des jarres, des amphores, des rouleaux de soieries, des monnaies du monde entier. Merveilleux gens de mer, qui rivalisent, de la Grèce continentale au Péloponnèse en passant par la Grèce du nord, les Ioniennes, les Sporades, en unités de navigation, et qui nomment leurs galères comme on prend soin de très jolies femmes : *la Jeune, l'Heureuse, la Meilleure de toutes, l'Aimée, la Légère... Celle qui plaît* ! Mais alors qu'il avait espéré y rencontrer de vrais marins dignes de leurs dieux, il n'avait, dans les tavernes, aperçu que des marchands ! Des trafiquants d'or, d'épices et de perles. Où étaient donc les poètes qui avaient inventé le peuple des eaux ? Poséidon,

Jason, le héros thessalien, entraînant les Argonautes à la recherche de la Toison d'or. Fresque romaine. Musée archéologique, Naples, Italie.

Amphitrite, Triton, Thétis, Okéanos, Pontos, Nérée, les Néréides et autres Océanides… D'autres dieux, d'autres peuples aussi en d'autres temps : Ea, le maître des eaux, Mardouk, le guide fameux, Oannès, bel homme poisson, et Apsou, l'océan des origines. Poséidon surtout, diable barbu, qui a reçu, comme les Grecs, la mer en partage : Pythéas le devinait, enfant, la nuit, chevauchant l'écume sur son char porté par des monstres mi-chevaux, mi-poissons, rejoignant son palais dans les eaux profondes de Lesbos, veillant en même temps sur son Atlantide, une île submergée de l'Atlantique. De cela, le jeune Marseillais n'a rien vu à Athènes. Rien qu'un peuple industrieux, naviguant nuit comme jour, aux étoiles comme à l'œil nu, et dont la bonne fortune vient à la mesure des risques pris, pour qui la mer est toujours proche et fertile en bonnes affaires et autres plus-values : cette mer d'où viennent les marchandises de l'étranger, de ses fonds le produit de la pêche, le thon qu'on mange frais ou salé dans les gargotes du Pirée, le garum, les coquillages, le murex. Un peuple dont les villes sont des ports, Mégare, Corinthe, Athènes, dont les grandes batailles sont navales, les armées bien souvent des flottes. Un peuple, Pythéas le reconnaît bien volontiers, avec de grands ingénieurs et contremaîtres dans les chantiers navals, de grands capitaines, Agamemnon, Minos, d'excellents rameurs, du bon bois, du fer, de l'étoupe, du cuivre, du chanvre et de la toile pour fabriquer leurs navires, leurs galères : aphracte comme celui d'Ulysse, cataphracte, catastroma, trière… Avec tant et tant de rangs de rames… C'est de ces Grecs-là, périlleux, que Pythéas se sent le plus proche. Car, comme eux, il aime les régates, les combats de galères avec éperons lourds, longs et meurtriers, il imagine le joueur de flûte rythmant la marche des rameurs. Ou encore la folie qui anime Ptolémée Philonthe lorsqu'il fait équiper une flotte de cinq cents bâtiments dans les arsenaux de Corinthe, Pella, Chalcis et Athènes, et construire une galère avec près de quarante rangs de rameurs, soit quatre mille hommes aux avirons ! Ou celle encore dont est pris le tyran de Syracuse, Hiéron, qui commande à Archias de Corinthe un navire de près de cent mètres de long, portant plus de mille hommes dont sept cents rameurs, doté de trois grands mâts, de luxueuses cabines, d'un gymnase et d'un jardin. Voilà bien les grands fous des mers qu'il nous faut ! Grands Grecs, tels que Pythéas les aime : *thalassocrates*, maîtres de la mer, un nom inventé pour eux ! Et gracieux en prime ! Toujours prêts à une facétie pour peu qu'elle concerne la mer ! En jetant, ce matin de retour, quelques gouttes de vin par-dessus bord pour célébrer leur exploit, Pythéas a pensé en souriant à l'élégant Alcibiade qui aime tant la mer mais est si délicat qu'il ne voyage jamais dans un bateau allant d'Athènes en Sicile autrement que dans un lit de sangles suspendu entre deux piquets de bois, un hamac éventé avec des palmes et des joncs par un jeune mousse trouvé dans les Cyclades.

Il y a une semaine, sur le bateau de Pythéas, Euphémos, l'un de ses marins les plus avertis, manifeste

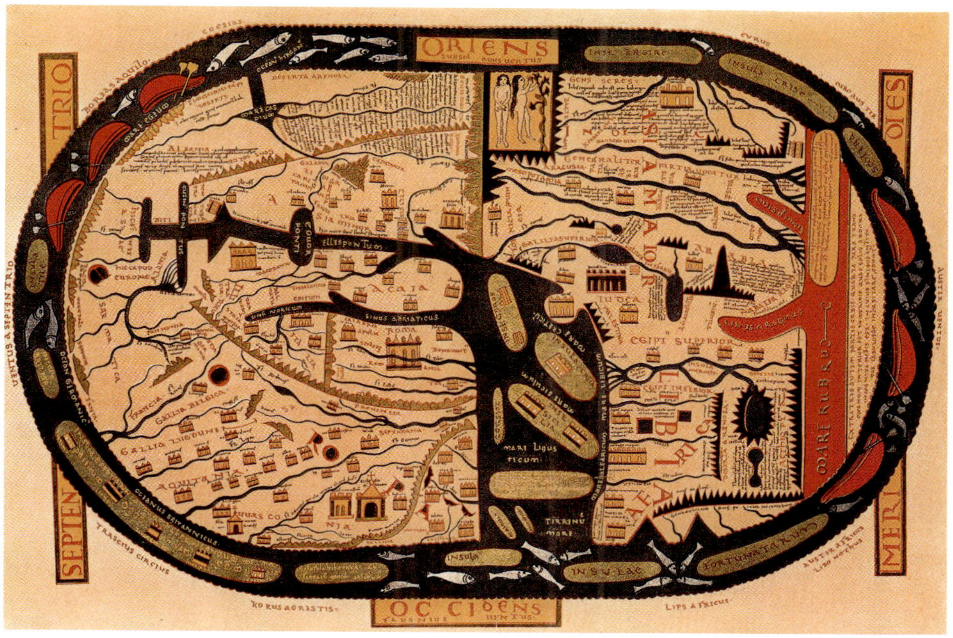

soudainement une joie bruyante. Les Colonnes d'Hercule sont en vue, ils redescendent la côte, au sud. Marseille n'est plus si loin. Une côte qu'Euphémos connaît de réputation. Il scrute les rochers et s'exclame : « Ici, il y a des murex, nous pouvons pêcher ! » Pythéas sait quelle est la valeur de ce coquillage, dont une seule goutte de pourpre royale vaut une fortune sur les marchés de Marseille, tant elle est rare ! Les tisserands s'en servent pour donner couleur à leurs étoffes. Euphémos plonge et réapparaît, une minute plus tard, deux énormes coquillages en main. « Mes ancêtres ont pris cette route, ils ont quitté Carthage, pour aller là, dans le nord, pêcher les murex ! Nous sommes riches ! »

Pythéas n'a pas choisi son équipage au hasard. Sur ses dix marins, huit sont des Carthaginois, familiers par naissance des côtes du Maroc, ayant même, il y a un siècle, reconnu les Canaries pour y chercher des coquillages à pourpre. Grâce à eux, le bateau de Pythéas a pu franchir sans difficulté les Colonnes d'Hercule et découvrir l'immense océan. Excellents marins, s'est-il félicité, avant de les embarquer dans sa folie ! Nous irons tout au nord, là où personne n'a encore été ! Quels sont les héros et les braves qui se joignent à moi ? Les marins de Marseille ont baissé la tête, sont retournés chez eux faire une sieste, tandis que les Carthaginois de passage dans le port ont immédiatement répondu présents à l'appel du très grand large. Pythéas sait d'eux qu'ils ne vivent que dans l'espoir d'une traversée de plus, d'un trafic maritime plus développé, d'un négoce entre deux peuples séparés par une mer. Ces Phéniciens d'Occident contrôlent déjà de nombreuses îles de la mer intérieure, la côte du Maghreb, installent des ports sophistiqués là où leurs intérêts de navigateurs surdoués les portent. Leurs bateaux, fins et longs, entièrement pontés, filent aisément jusqu'à huit nœuds par le seul effet des voiles. Et voguent de l'autre côté du détroit, vers la mer de l'ouest et ses flots tumultueux qui bien souvent les enlèvent à jamais. Euphémos prétend d'ailleurs descendre directement d'un certain Himilcon de Carthage qui a franchi, il y a deux siècles, les Colonnes d'Hercule à la recherche des îles celtes de l'étain, rencontré des Bretons dont les embarcations sont constituées de peaux de bêtes assemblées, s'est perdu dans les brouillards du nord, est tombé sous le charme redoutable, d'un océan, à l'ouest, sans aucune limite. Exactement ce que Pythéas leur a promis et qu'ils ont fini, après de longues épreuves, par trouver. Un autre marin se prétend, lui, l'héritier du fameux Hannon, général carthaginois, parti à la même époque avec soixante navires et trente mille colons pour créer des établissements le long de la côte ouest de l'Afrique. Avec un tel équipage, nous avons peut-être une chance de nous en sortir, a songé Pythéas.

À GAUCHE
L'*Argo*, navire offert par Athéna à Jason et aux Argonautes dans leur quête maritime. Manuscrit astrologique de Blasium de Parme, XIVe siècle.

À DROITE
Le monde connu tel que se le représentaient les navigateurs de l'Antiquité. Carte de Mouch Beatus.

Neptune et Amphitrite, dieu et déesse de la mer, sur un char tiré par quatre chevaux marins. Mosaïque romaine. Musée du Louvre, Paris.

Après deux ans de navigation dans l'épouvante, l'inconfort, la maladie et la faim, les compagnons de Pythéas ont pris quelques rides : dix hommes faméliques, hâlés, blessés, usés par le sel et le flot, les cheveux et les ongles brûlés par le gel, les estomacs retournés par la panique et le roulis, édentés pour la plupart, des marins aux gencives pourries, aux yeux exorbités. Nauséeux, eux les amants de la mer, parce qu'ils n'ont jamais rencontré de tels creux, hauts de cinq à dix mètres. À force de manger des rongeurs, de sucer les lanières de cuir des avirons et de dormir sur la paille humide, infestée de punaises et puces, ils ont tout de même perdu quelque chose de la grandeur de leur ancêtres carthaginois. Un raz de marée les a rendus définitivement humains. Grecs ! Au fond de la terre, un tremblement, un soulèvement puissant des eaux semblent annoncer un naufrage proche. *Navis fracta*. Une voie d'eau à bord répond à une trombe à l'extérieur. Une tornade, un ouragan, un cyclone, un typhon : ils ont tout connu sur leur route, y compris ces phénomènes électriques qui font vaciller le ciel de la nuit. Parfois, dans l'obscurité, une ligne phosphorescente toute blanche dans le flot retourné signale un banc de poissons. Derrière la ligne brisée des glaciers bleus, des fumées volcaniques forment un terrible présage, celui des longs crépuscules des hautes latitudes, cette mer déjà figée par le fraisil, le reste qui commence à geler, la brume glaçante qui habille leurs corps. Le monde des ombres est atteint ! La peur est si grande que l'un d'entre eux s'est suicidé en se jetant dans un grand champ d'algues géantes qui traîne sur l'eau, après s'être frappé la tête contre le mât. Certains se réjouissent de ne pas savoir nager, en pensant qu'au cas où ils couleraient, ils mourraient aussitôt, sans se débattre. Pour résister aux courants et aux vents, ils ont ceinturé la coque avec des câbles, lâché une ancre, jeté une partie de la cargaison, abattu les gréements, le mât. Ils ont heurté une banquise, deux épaves, quelques récifs, des baleines, le fond de la mer souvent et d'autres écueils sur lesquels ils ne savent pas mettre un nom. À force de manger ces sardines conservées dans un mélange d'huile, de vinaigre et d'oignon, ils ont fini par ressembler à leur nourriture : des matelots encaqués, entassés, harengs serrés dans un baril à l'odeur aigre de la transpiration, du suint de la peau, ballotté par les vagues et l'écume. Sans autre possibilité de désertion que de sauter par-dessus bord ! Euphémos s'en rend compte, qui prétend donner le change et maintenir sa réputation de Carthaginois d'exception en refusant de voir les trahisons à bord, les révoltes, les peurs et les tentatives de mutinerie dès qu'un gros bloc de glace frôle leur coque, qu'une tempête les

Les oiseaux guident les marins vers la terre. Peinture funéraire du VIe siècle avant J.-C. Tombe de la chasse et de la pêche, Tarquinia, Italie.

renverse ou qu'une baleine est prise pour une île. La seule difficulté avec Euphémos, par ailleurs excellent pilote, c'est qu'il ne cesse de parler, même à la manœuvre. Et qu'il attend de Pythéas qu'il l'écoute. Qu'on soit à la rame, à la voile, en panne, sur la côte, sur une île, ou en danger de mort certaine, pris dans une tempête infernale. Combien de fois n'ont-ils pas entendu la magnifique histoire des grands ancêtres d'Euphémos, les Phéniciens : « Souvenons-nous du fétiche qui orne la proue de leurs galères : une tête de cheval toute rouge, ornée d'yeux en émail. La mer a chassé, d'une vague un peu forte, leur trace. Et pourtant que de fondations de villes à leur actif ! Leurs cités, sur la côte de Syrie, tiennent dans un mouchoir de poche et leur propre terre n'est guère fertile : ils vivent entre Beyrouth et Byblos, Tyr et Sidon mais ils fondent Cadix, Utique, Carthage, Malte, Palerme, Ibiza, Mogador, Madère... Il leur faut toujours aller ailleurs et plus loin, en Méditerranée comme dans l'Atlantique... Chypre, la Crète, la Sicile et la Sardaigne, l'Égypte, la Mésopotamie, la Libye voient, un millénaire durant, passer leurs gaouls chargés

Navires phéniciens et assyriens. Aquarelle du XIXe siècle. Musée naval, Madrid, Espagne.

dans leurs cales de corail et de poudre d'or, d'encens et d'ivoire, de cuivre, de soufre et d'argent, de bœufs à bosses, d'esclaves, de bijoux, de vases et de coupes. Ils franchissent les Colonnes d'Hercule et trouvent en Espagne l'argent et l'étain qui leur manquent. Ils vont de houle en houle avec leurs élégants vaisseaux faits du cèdre imputrescible de leur Liban natal, du chêne de Bassan pour les rames et du lin de l'Égypte pour les toiles, à la coque si bien courbée, élégamment relevée à l'avant comme à l'arrière, au mât unique avec deux vergues horizontales et une voile carrée. Ils aiment rejoindre le Pharos à Alexandrie, ces aventuriers de la houle, passer de comptoir en comptoir, une journée de navigation à chaque fois, signer des alliances de commerce. Seule Utique, qui précède Carthage, leur servira de base, un temps. Mais ils n'aiment, ces marins au bonnet pointu et à la tunique goudronnée, rien tant que glisser sur les lames, aller, venir, ne jamais rester, juste le temps de rendre grâce aux prêtres qui honorent Astarté, la Dame de la mer. Faire du troc, marchander, conduire l'Orient vers l'Occident, échanger le plomb, l'étain contre les épices, les clous de girofle et l'écorce de la cannelle qui leur viennent de Chine et de l'Inde, l'ivoire et les parfums. Et de tout cela, si fluide, si liquide et maritime, de ce ressac sans violence, il ne reste aujourd'hui pas même le nom d'un vrai héros. »

Euphémos semble inconsolable de ce passé magnifique, celui de sa famille et de ses ancêtres. Mais il aime, après cette récitation rituelle faite du haut du mât, que Pythéas lui parle, salue sa dextérité de marin et lui assure que, quelques siècles après ses aînés, les Phéniciens, Euphémos est en train de réaliser un exploit. Qui le distinguera, lui et les siens, des millénaires durant.

Les oiseaux ont fait le reste, ils ont éclairé leur chemin. Leur bateau a longé des journées et des nuits entières les côtes espagnole et française, a gagné la Manche et est entré dans la mer de Cornouailles. Quelques sternes arctiques traînaient là qui leur ont fait contourner l'Angleterre, l'Écosse, découvrir les Hébrides, les Orcades, l'Irlande, l'Islande probablement, ses brouillards épais, et d'autres terres, toutes

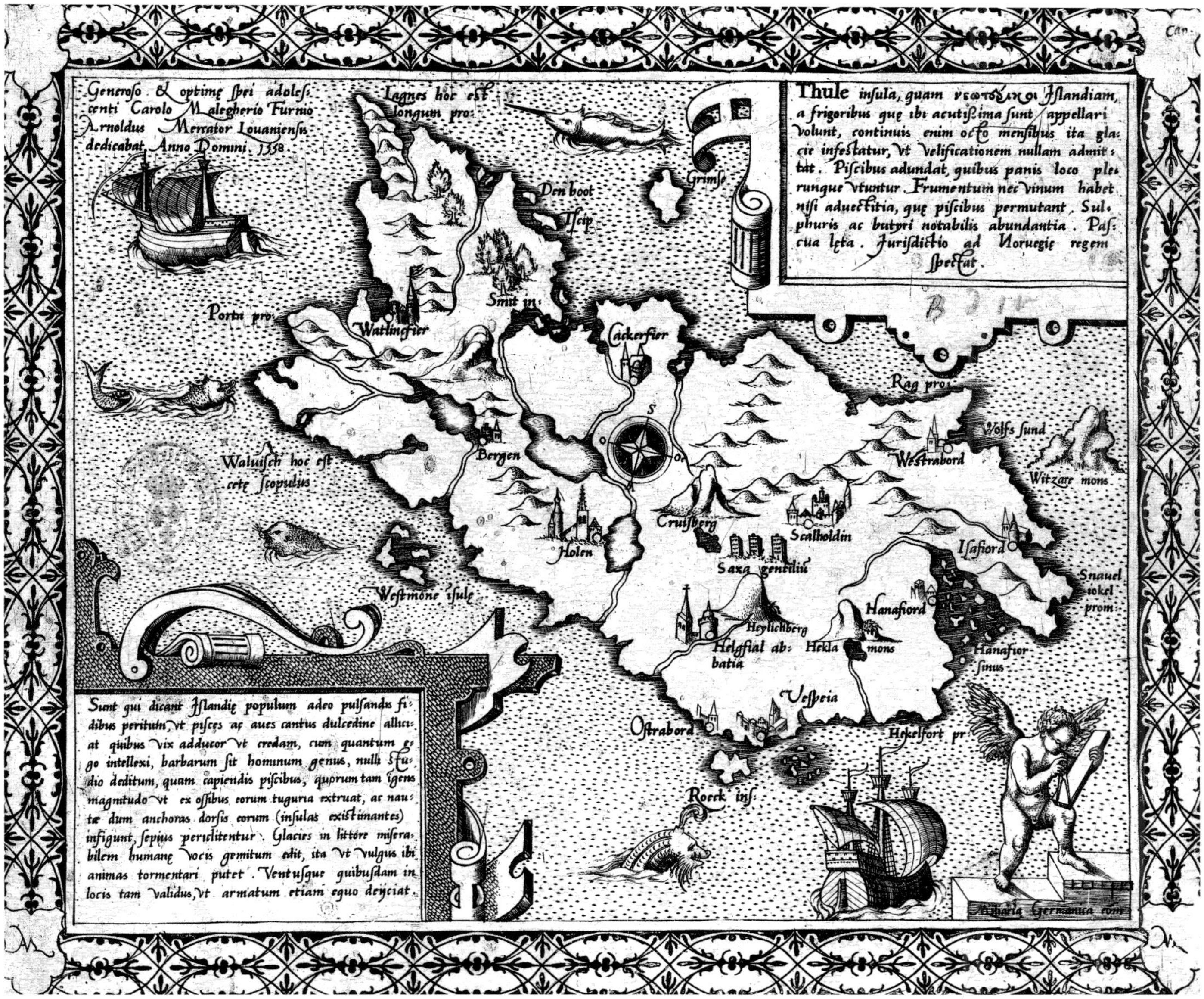

Carte de l'île de Thulé, découverte par Pythéas. Gravure de Carolo Malegherio Furnio Arnoldus Mercator Lovaniensis, 1558. BnF, Paris.

inexplorées. Personne n'est jamais venu là, en un point si septentrional, dans l'histoire du monde. Ils n'oublieront jamais ce froid, cette banquise hostile, cette glace qui gagne ces épouvantables craquements, ce sentiment mêlé d'asphyxie et d'ivresse devant cette immensité, cette solitude que seuls quelques ours et quelques renards parcourent. Et l'illusion du dégel qui ne vient pas, la traîtrise de la glace qui ne laisse plus ses monstres apparaître à la surface. Ni ses monstres ni ses sirènes, rêvées la nuit par ces hommes seuls : une femme à étreindre, avec les seins magnifiques des marchandes de Marseille, un corps d'oiseau, une queue d'écailles. Les vents violents de la mer du Nord fouettent leur sang et attisent des passions qu'ils ne peuvent satisfaire. Euphémos a ramassé sur une plage toute blanche un gros morceau d'ambre balte qu'il rapportera à Marseille et offrira à sa femme. Un corbeau a, un temps, précédé le bateau, puis a cédé la place à un vol d'oies sauvages qui se sont posées sur une île. Une île autour de laquelle « il n'y a ni terre ni mer, mais une mixture comme du poumon marin, dans laquelle air et mer sont en suspension. Ce poumon marin lie toutes choses ensemble », a écrit Pythéas dans son journal de bord. En la nommant. Thulé !

Si haut, si entouré de glaciers, de fjords et de montagnes couvertes de neiges éternelles, le Phocéen s'est alors souvenu qu'il est d'abord un grand astronome avant d'être un marin audacieux. Et qu'il s'est promis, en quittant Marseille, de répondre à quelques questions que ses contemporains se posent : la Terre est-elle plate ou sphérique ? L'Œkoumène est-il continu ou fragmenté ? Y a-t-il à la

La banquise, une terre de glace, un ailleurs, qui repousse les frontières du monde connu.

surface de la Terre plus d'eau que de terre ? Durant la traversée, l'étoile Polaire ne s'est pas située au pôle. En longeant le cercle polaire, Pythéas a surtout découvert la mer figée et ces nuits qui ne viennent jamais. Des variations de la durée du jour sous les hautes latitudes du Grand Nord, du soleil de minuit l'été, des longues nuits les journées d'hiver, il tire donc la certitude que la Terre ne peut être plate. Comment pourra-t-il le faire entendre à ses compatriotes ? Et leur prouver que le monde connu et habitable ne se limite pas à une bande de terre avec, en son cœur, la Méditerranée. Que l'océan n'est pas « ce-qui-ne-se-contourne-jamais » mais bien une mer comme une autre, plus grande, plus au nord certes, mais qui doit bien conduire quelque part. Il écrira un livre, un jour, une description de la Terre et de l'Océan...

Puis un matin, alors que la nuit n'est jamais tombée, Pythéas scrute le ciel. Pas un seul oiseau ne tournoie autour d'eux. Les pêcheurs sur le bateau affirment que la mer n'est plus habitée, et que même les poissons ne la fréquentent plus. Que plus haut encore, dans la vaste mer Ténébreuse, l'eau se met à bouillir, que le soleil est si chaud que la terre noircit et les hommes avec, que les îles sont aimantées et attirent les navires, font exploser leurs coques cloutées, que les sirènes, les dragons et les monstres aiment à manger la chair des marins venus de Grèce, que les albatros sont la réincarnation de tous les navigateurs perdus dans cette boue infâme et saturée d'algues vénéneuses. Euphémos dit alors que c'est le présage de la fin de toute terre et de toute mer, que ceci se nomme *Antichtone*, à l'opposé de l'*Œkoumène*, que sans poisson ni oiseau, le monde est fini et qu'il faut rebrousser chemin. C'est ainsi que Pythéas et les siens, avec le sentiment du devoir accompli et la certitude de n'avoir exagéré en rien leurs prouesses, sont rentrés chez eux. À Marseille, la petite sœur de la Méditerranée, la plus tendre des femmes de marins, là où la nuit tombe, où le jour se lève, où la mer est liquide, la terre ferme, la chaleur une caresse, le froid une rareté et où les marins se prennent parfois, sous l'effet de drogues fortes, pour les rois de Thulé et de l'Atlantide réunis.

Chapitre II

Les moussons d'Hippalus, pilote alexandrin

« Les villes maritimes ont même pour caractère une sorte de dégradation et de métamorphose des mœurs : car elles se mélangent à des langues et cultures ignorées, et, non content d'importer de l'étranger des marchandises, on en importe les mœurs, de sorte que rien dans les traditions nationales ne peut demeurer intact ; de plus, ceux qui habitent ces villes n'ont pas d'attaches sédentaires, mais se laissent toujours entraîner assez loin de leur demeure sur les ailes de l'espérance et de l'imagination. Et même quand ils restent physiquement, leur esprit est en exil et en errance. »

Cicéron, *De la République, II, 1.*

IL EST ÉGYPTIEN, le jeune Hippalus. Citoyen romain si l'on en croit l'état civil et l'époque. Mais, né à Alexandrie au début du Ier siècle après Jésus-Christ, il est d'abord et avant tout alexandrin. Fils de cette cité où les banquiers et les *emporoï* arabes croisent les bibliothécaires et les mathématiciens au café du Musée, où juifs et Grecs tiennent le commerce et les chantiers navals et où les plus belles prostituées viennent, en quinze jours de mer et quelques nausées, directement de Corinthe ou de Byblos. Sa ville est un vaste magasin, ouvert jour et nuit, dont il aime à visiter les étalages : il voyage, Hippalus, tout au long de ces rayons qui se couvrent, à chaque arrivage de mer, d'un peu plus de mystères et de senteurs, d'images, de caresses et d'onguents pour le corps. D'un peu plus de tissus, de céréales, de verres, de perles et de coraux de la mer Rouge, de cotonnades et de pierres indiennes, de papyrus, d'huiles et de boissons rares, d'épices pour les vins romains ou la pharmacopée, de parfums de l'Arabie Heureuse et de la Corne de l'Afrique. Prodiges d'Érythrée. Alexandrie d'Orient. Toutes les caravanes du monde et des Indes se retrouvent ici, avec leurs cargaisons. Ici se trouve désormais le plus grand centre de commerce au monde, tant la demande de Rome en épices et produits rares est forte, et le revenu des taxes du port un miracle pour la ville et l'Égypte entière. Mais tout Alexandrie, longue bande de terre coincée entre deux eaux, l'une douce, celle du lac Maréotis, et l'autre salée, la mer d'Égypte, est aussi une invitation à prendre le chemin de l'écume et des mouettes ; à gagner la mer, ses flots, ses houles, ses tempêtes, à affronter ses vertiges, ses pirates, ses fourmis géantes, pygmées ou monstres aquatiques, à tracer le chemin de la *thalassa* au *pontos*, la route de la mer fermée à l'océan infini. À lever l'ancre, adieu ma ville, ma patrie, mes certitudes ! Que de merveilles, certes, dues aux hommes et à leurs architectes, Hippalus en convient. Le Sebasteion, la rade, la bouche canopique, la grande chaussée Heptastade qui relie une île au rivage, le port d'Euroste. Sa ville est la plus belle ! Mais il faudrait vraiment les quitter, ces merveilles, pour les regretter, aller ailleurs pour en avoir la nostalgie. Monter sur l'un de ces gros *ponto*, avec sa voile carrée, son grand mât et son mât de misaine avec une seconde voile, son gouvernail à tribord. Hippalus sait que ces bâtiments transportent jusqu'à Rome des cargaisons de blé et plusieurs centaines de prisonniers enchaînés en cale, ces adeptes de la nouvelle religion. Pour le coup, afin de traverser la Méditerranée, il rêverait presque d'être chrétien ! Il est si peu grec en cela, Hippalus : chassé par la loi, la famine, la guerre, exclu de sa communauté, le Grec n'est plus rien, tout juste un exilé, un naufragé de la vie. Mais qu'importe ! Si la mer, c'est le naufrage assuré de l'existence, comme le lui dit son père, si les flots agités témoignent des pulsions de l'âme et du corps, des faiblesses, des désordres animaux qui sont en lui, alors il se veut bien banni !

Peu de choses le retiennent à terre, il est vrai : sa mère est morte en couches, il est fils unique et son père est rarement là. Faute de pouvoir tutoyer Hermès, le dieu des voyages, il va à l'école le matin, apprend les langues et aime à pêcher des après-midi entières. Il tourne autour des maisons de plaisir qui lui sont encore interdites : il sait que l'on peut rejoindre par un canal un lieu de culte mais aussi de délices, avec un fameux cabaret et une ou deux auberges à marins où les femmes sont nombreuses. En attendant d'être en âge d'y aller, il traîne autour de la corniche. Sur une île, pour signaler le port, une tour de feu, un phare de cent mètres. On le voit, lui a dit son père, à

PAGE DE GAUCHE
Représentation du phare d'Alexandrie, l'une des sept merveilles du monde antique. *Atlas* de Jansson Jansonius, Amsterdam, 1630.

CI-DESSOUS
Grâce à Hippalus, la Méditerranée n'est plus une mer fermée et le chemin des Indes apparaît enfin.

Myrrha, poursuivie par la jalousie d'Aphrodite, fut transformée par les dieux en arbre à myrrhe.
Pérugin, *Combat de l'Amour et de la chasteté* (détail).
Musée du Louvre, Paris.

plus de cinquante kilomètres en mer. Mais comment pourrait-il en être certain, Hippalus, s'il ne l'a pas vu lui-même ? La nuit, souvent, il grimpe sur le toit de leur maison et regarde longuement le ciel traversé par cet éclair qui signale au monde que là se trouve la Cité des cités. Parfois, son regard se porte sur la Bibliothèque qui porte encore les traces de l'incendie du siècle passé. La ville entière déteste César à qui l'on doit cette blessure, mais Hippalus a appris à l'école que de nouveaux manuscrits arrivant de Pergame retiennent toujours en ville grammairiens et lettrés. Et qu'il y a là toute la mémoire du monde : des trésors, des cartes, des récits de voyages...

Son père est pilote. Non pas sur la Méditerranée, *Ouadjour*, comme on la nomme ici, mais sur le Nil. Batelier pour les riches marchands désireux de visiter les merveilles des Anciens, de s'arrêter aux mouillages, aux auberges et d'y goûter quelque plat aromatisé et un peu de vin épicé. Bateaux de luxe, en effet, que ces thalamèges avec cabines et ponts promenades ! Les ancêtres de Cornelius craignaient les naufrages : leurs bateaux, peu stables, avaient une fâcheuse tendance à se retourner dès qu'ils abandonnaient le cabotage, ils ne s'arrêtaient plus dans les villages côtiers. Avec leurs coques à fond plat et leurs bateaux fabriqués à Byblos, leurs barques qu'ils tiraient chaque soir au sec, leur goût de la caravane antique, ils lui paraissent vraiment d'un autre temps, ces marins dont il est aujourd'hui l'héritier.

Il a treize ans, tout au plus, Hippalus. Et son père, Cornelius, l'a pris à son bord, sur la grande felouque, pour la première fois. Ils vont fêter sa vie d'adulte en remontant ensemble le grand fleuve. Autant de nuits sur l'eau que d'années pour Hippalus. Ce matin, ils abordent, sous un soleil déjà écrasant, la rive gauche du Nil, à Thèbes ; deux ânes les conduisent péniblement jusqu'à un vaste temple qui domine la vallée et une immense falaise. Deir el-Bahari. Son père l'installe devant les grandes fresques qui content l'épopée de la flotte d'Hatshepsout, la plus grande des reines pharaons. Un livre vivant taillé et peint dans le granit roux, sur les murs, dans les panneaux rehaussés de hiéroglyphes, dans le repli de tombes qu'ils visitent en s'éclairant de flambeaux. Le récit de l'expédition de 1481 avant Jésus-Christ lancée par la trop belle reine : une flotte de cinq navires venus d'Alexandrie, puis démontés ici sur les bords du fleuve, pour être transportés par des caravanes sur les rives de la mer Rouge. Faute d'un canal reliant le Nil à la côte...
Le père d'Hippalus semble avoir été du voyage, quinze siècles auparavant, tant l'aventure de cette escadre lui est familière. Le livre de pierre parle pour lui et l'adolescent, guidé par Cornelius, se perd de longues minutes en contemplation devant ces fresques : les ateliers de construction, les charpentiers sur le chantier naval, les calfats qui assurent l'étanchéité... Toute la Vallée des Rois tisse l'épopée de la mer qui conduisit deux cent cinquante hommes venus du delta jusqu'à Thèbes pour traverser la montagne, le désert et gagner l'autre mer. La navigation, à rame et à la voile, le long de la côte, entre Koseir et le pays de Pount. Une route aujourd'hui perdue, affirme Cornelius. Hippalus apprend que des marchands arabes servent désormais d'intermédiaires à ceux d'Alexandrie, et qu'eux-mêmes sont guidés par des marchands indiens. C'est ainsi qu'un kilo de poivre vaudra un gramme d'argent aux Indes,

dix à Alexandrie, quinze à Venise et en coûtera trente à Londres ! Cher comme poivre, disait-on déjà... À chaque fois, les intermédiaires prennent leurs commissions et gagnent évidemment plus que le malheureux producteur, proteste le vieux batelier. Si l'on voulait satisfaire l'énorme demande d'épices qui vient aujourd'hui de Rome et ne pas ruiner l'Empire, il faudrait retrouver cette route directe qui va au pays de Pount et plus loin encore, aux Indes, soupire-t-il. Mais le voulons-nous vraiment ? Contenter Rome ? Risquer sa vie sur les mers pour satisfaire cette passion des aromates ? Hippalus apprend tout de ces bateaux à la coque amincie, avec leur immense éperon d'abordage en bronze à la proue, leur ornement de lotus à la poupe, de ces rameurs dont le mouvement figé dans la pierre ou le dessin semble encore animé des coups de fouet donnés par le chef de chiourme, des cris des gabiers dans la voile blanche rectangulaire tendue entre deux vergues, de ceux des timoniers ou des ordres proférés par les officiers et les chefs d'équipage. Il refait, avec eux, la route du Soleil pour aller chercher les merveilles de Pount et plaire à Hatshepsout : de grands paniers de myrrhe et de poudre d'or, de l'ébène, de magnifiques bœufs et des singes verts, des défenses d'éléphants, mais surtout une bonne trentaine d'arbres à encens qu'il faut soigneusement déraciner en conservant leur motte de terre afin de pouvoir les acclimater de retour à Thèbes. Le livre de bord est d'une précision dont son père lui conte les détails : ici le dessin d'un estuaire, là le détroit de Bab el-Mandeb, des îles, un cap un peu dangereux, le village où les navires accostent, les matelots de la grande mer qui échangent des présents.

Toutes les histoires de mer ne sont pas aussi belles ! Le vieux Cornelius l'emmène voir un autre temple sur la rive. Et lui conte, en marchant, l'histoire des terribles Peuples de la Mer : Ramsès III et ses galères vont combattre ces hordes de marins venus, semble-t-il, des Cyclades, puis installés en Syrie, avant de s'attaquer à l'Égypte en 1177 avant Jésus-Christ. Tête de canard contre tête de lion, proue contre proue. Bain de sang. Les lions égyptiens triomphent des mauvais petits canards noirs de mer. Dans le temple de Medinet Habou, à Thèbes, un bas-relief et une inscription triomphale témoignent magnifiquement du cuisant échec de ces premiers pirates dont les Crétois furent les dignes successeurs. Hippalus frémit.

Sa sensualité a souvent fait assimiler Aphrodite à la déesse orientale Astarté. Ses principaux attributs étaient le myrthe et la rose. Fresque de Pompéi. Musée national d'archéologie, Naples.

La nuit suivante, tandis qu'ils reprennent le chemin d'Alexandrie sur le cours du Nil, son père lui parle longuement. De la reine de Saba, de son royaume de l'Arabie Heureuse et de ses présents d'aromates au roi Salomon. De Myrrha, princesse chypriote transformée en arbre – la myrrhe – qui donne naissance à Adonis. D'Aphrodite, la belle odorante, d'Hélène, la capiteuse. De Sapho à Lesbos, parfumée à la cannelle et à l'aneth. D'Hippocrate qui fait tant de cas des vertus thérapeutiques de ces plantes. De leur pays à eux, Cornelius et Hippalus, l'Égypte, si bien placé, entre la mer Rouge et les voies de terre, pour le commerce des épices, du nectar et de l'ambroisie. Et des embaumements magnifiques, des sacrifices, des médications, des onguents, des baumes, des offrandes, des teintures, des pots-pourris, des condiments, des aliments relevés, des pains d'épices, du plaisir procuré par tous ces piments sous la langue. Il connaît tout de ces racines, Cornelius, de ces herbes fraîches ou séchées, de ces gousses, résines,

La ville d'Alexandrie
et le phare.
Gravure de Luigi Mayer,
1803.
Bibliothèque des Arts
décoratifs, Paris.

tiges, graines, écorces, poudres, feuilles et fleurs qui conservent les aliments en même temps qu'elles ouvrent l'appétit. Un seul mot, *pharmakon*, n'évoque-t-il pas l'épice, le poison comme la médecine et l'aphrodisiaque ! Il sait tout des mille sortes d'épices que porte la terre ! Du poivre, seigneur des aromates, poivre blanc, noir, à queue, de Guinée, souvent falsifié et mélangé à des graines de moutarde ou des baies de genièvre. De la cardamome. De la délicieuse cannelle à l'arôme si doux. Du pavot, de l'anis, de la coriandre. De toutes les épices, la plus rare et la plus chère : le safran, né selon Ovide, du sang de Crocos blessé par Mercure, et dont les stigmates avaient fait courir Sargon, empereur de Mésopotamie, puis avaient accompagné l'entrée triomphale de Néron dans Rome. Le même Néron qui avait fait brûler un an de toute la production d'encens de la péninsule Arabique pour les funérailles de son épouse Poppée… Du laurier dont les feuilles et les baies encadrent le front des empereurs victorieux. Des fragrances, des huiles essentielles de la maniguette. De la menthe dont sa mère, à lui, Hippalus, avait fait sa couronne de mariée. De l'ail, cette rose puante qui protégea Ulysse des philtres de Circé, dont les Hébreux et Kheops faisaient grand usage. De l'arôme entêtant de la muscade, du gingembre, cette tige tubéreuse, à la saveur si puissante. Le vieux batelier livre à son fils en cette douce soirée une passion cachée, cultivée depuis des années dans ces traversées du fleuve, apprise de la bouche des paysans de la vallée et des marchands arabes. Avec Cornelius, les épices relèvent, révèlent, calment et stimulent à la fois, elles font tourner la tête du jeune Hippalus, qui s'endort en faisant le rêve de la mort d'Hatshepsout. Son embaumement d'abord avec le rituel sacré : ses viscères lavés avec le vin de palme et les aromates, le bain dans la myrrhe, la cannelle, l'encens. Les huiles essentielles dont la momie est baignée et dont le parfum attire les dieux : le carvi, le fenugrec, l'anis… Le corps bourré, comme un sac, de

Alexandrie, les anciens murs de la ville. Gravure de Luigi Mayer, 1803. Bibliothèque des Arts décoratifs, Paris.

feuilles, d'aromates, les bandelettes trempées de résine. Les incantations, la fumée du sacrifice venue de l'essence de térébinthe qui met les prêtres en transe. Les grands vases, les brûle-parfum avec le bois de cèdre, le henné, le benjoin et l'encens. Le festin qui suit, les vins aphrodisiaques, parfumés à la muscade, les plats fumants et épicés... Sur sa couche, il semble à Hippalus qu'on lui fait goûter chacun de ces mets. Son corps paraît guérir, il est enveloppé d'une douceur bienfaisante. Il voit, dans son demi-sommeil, que son père a préparé une fumigation sur le bateau et que les fumées stupéfiantes d'encens blanc et de résine de pistachiers commencent à faire leur effet sur l'équipage et sur lui. La voile de la felouque prend le vent de la nuit en même temps que ce souffle chaud de gommes aromatiques, Cornelius veille à la manœuvre. Même drogué, le vieux batelier connaît par cœur la route qui mène de la demeure de Deir el-Bahari à leur maison d'Alexandrie.

Hippalus, ce matin-là, en se réveillant fort tard sur le Nil, sait qu'il n'oubliera jamais le livre de bord de la flotte de la reine Hatshepsout. Il sait qu'il sera marin comme son père. Mais marin de mer, lui, et qu'il ira, un jour, au pays de l'encens, au pays de Pount, et peut-être plus loin encore. Sur les traces du pharaon Néchao II qui, six siècles auparavant, s'ennuyant sur son trône d'Égypte, prétendit avec une flotte mi-grecque, mi-phénicienne avoir quitté la mer Rouge et regagné la Libye et l'Égypte deux ans plus tard. Comme son presque contemporain, ambassadeur à Alexandrie, qui venait de boucler deux voyages aux Indes et assurait avoir fait, lui aussi, le tour du continent des Noirs ! Décidément, la navigation sur le Nil est un exercice trop lent pour Hippalus : malgré ce qu'il rencontre en route, les colosses de Memnon, les temples d'Abydos et de Dendérah, le sphinx de Gizeh et quelques autres merveilles de pierre, l'adolescent s'ennuie à mourir sur la felouque paternelle qui descend vers le delta.

CI-CONTRE
Navires égyptiens remontant le Nil. Aquarelle du XIXe siècle. Musée naval, Madrid, Espagne.

PAGE DE DROITE
La vallée du Nil en Égypte.

De retour à Alexandrie, Hippalus demande à Cornelius l'autorisation de s'absenter une fois par semaine et d'aller visiter ce jour-là la Bibliothèque où des centaines de milliers de manuscrits sont consignés. Un savant, Agatharchilde de Cnide, y dispense un enseignement pour le compte de l'École de géographie. Fort éloquent, ses discours sont de vrais morceaux de poésie. À lui seul, il a amassé toutes les connaissances du moment sur la mer Rouge, le golfe d'Aden, la mer d'Oman, l'océan Indien, la Nubie, le Soudan, l'Éthiopie. Son père, qui va partir dès l'équinoxe d'été sur le fleuve car les brises sont franches et les eaux ne tourbillonnent pas, lui accorde ce droit en lui faisant promettre d'apprendre aussi l'histoire du plus grand de leurs héros. Car il ne sert à rien de prétendre naviguer sur la vaste mer ou de vouloir retrouver la route du pays de Pount ou des Indes si l'on ignore Alexandre, celui qui a créé, en 332 avant Jésus-Christ, dans le delta du Nil, leur ville, le plus grand port de commerce oriental. Celui encore qui a découvert le phénomène des marées, ignoré en Méditerranée, qui a effectué un grand tour de l'Iran et de l'Inde par voie de terre et de mer, a traversé la Syrie, la Phénicie, l'Égypte, franchi le Tigre et l'Euphrate, conquis Babylone, Suse et Persépolis avant d'atteindre l'Indus et l'Inde. Grâce à lui, Alexandrie est aujourd'hui un repaire fameux pour trafiquants d'aromates, le terminus des grandes caravanes qui viennent de Beyrouth, de Pétra ou de Gaza, le port de transit de dizaines de denrées exotiques et une escale indispensable sur le chemin des lignes qui relient la Méditerranée, la mer Rouge et le Nil. Si chaque jour, le blé égyptien y est transbordé sur des bateaux arabes, si l'amiral Néarque a effectué son grand voyage de cinq mois avec la flotte grecque dans l'océan Indien – une première –, si Ptolémée II a pu, après lui, lancer ses expéditions sur la mer Rouge, la côte des Somalis, la rive arabe, c'est à Alexandre qu'il faut rendre grâce. Hippalus devrait s'inspirer de lui : avant de devenir le maître absolu de la Grèce et le conquérant du continent asiatique, le jeune prince avait été l'élève d'Aristote et le disciple de Platon. Alexandre est mort à trente-trois ans, et en si peu de temps son empire s'est étendu de l'Adriatique à l'Indus, du Nil à la mer Noire. Sans parler des cuisines de Darius à Persépolis dont Alexandre s'était emparé avec leurs centaines de cuisiniers et d'esclaves préposés aux aromates. L'empire d'Hippalus ne dépasse guère le faubourg de l'Académie, la cuisine du vieux Cornelius, privée d'épices, et la partie basse de la corniche d'Alexandrie !

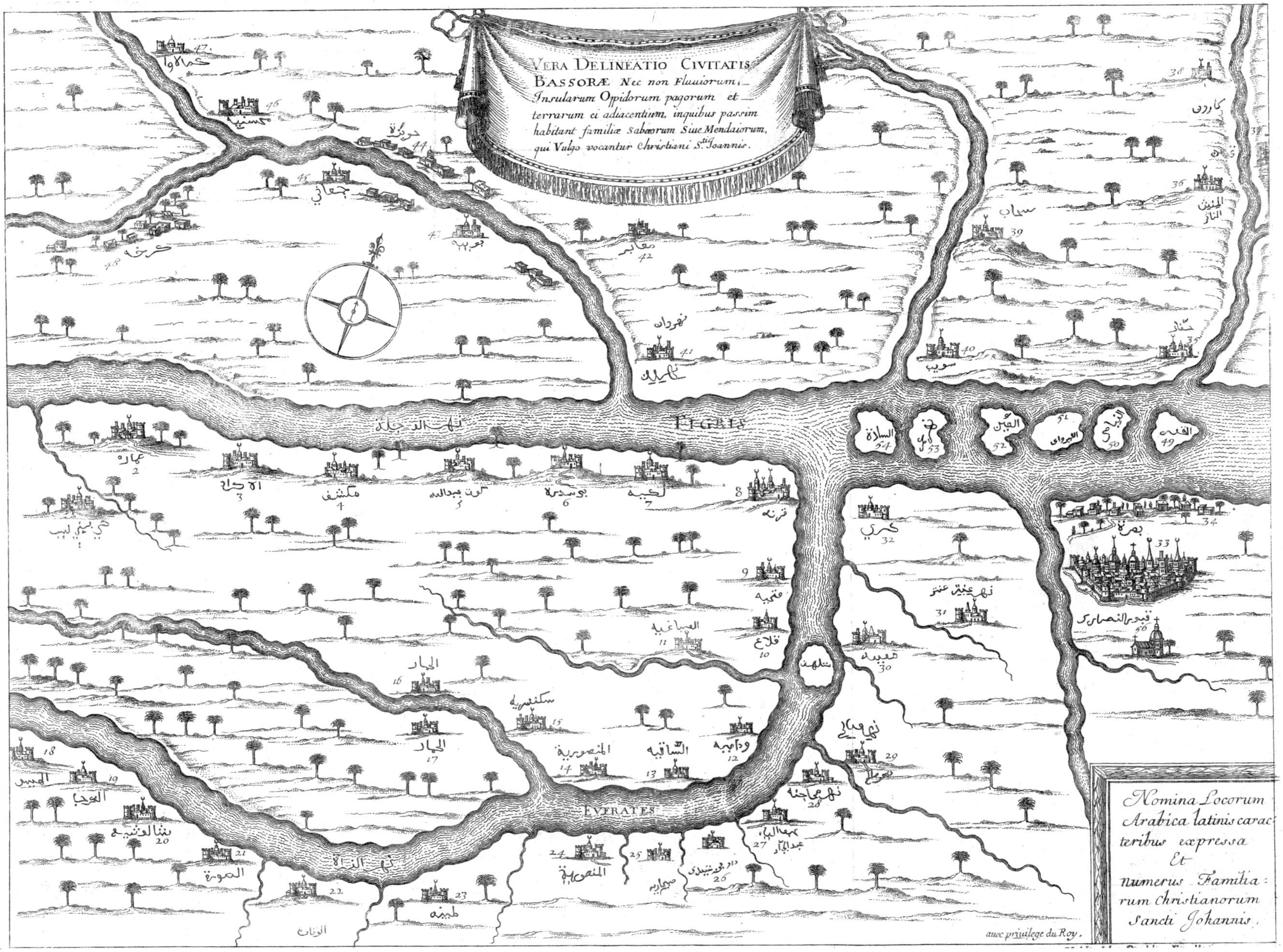

Carte du Tigre et de l'Euphrate. Gravure du XVIIe siècle. Coll. privée.

Une fois Cornelius parti sur le Nil pour cinq bonnes semaines, Hippalus se présente à la Bibliothèque et, bien que n'étant pas étudiant, obtient d'assister à la première conférence donnée cette année par Agatharchilde de Cnide : *Introduction à la mer et à ses composantes générales*. Une foule se presse dans l'auditorium. Très vite l'orateur a conquis son public, impressionné par ce mélange d'éloquence et de savoir qui le distingue de tous les lettrés de la Bibliothèque. Hippalus attend que la foule des admirateurs se retire, il s'avance, modeste, et s'incline. Le savant le relève et l'écoute. Hippalus veut partir à la conquête des épices. Lui-même ! Il sait que les marchands arabes les apportent jusqu'à Alexandrie sur leurs boutres, mais il veut retrouver la voie maritime qu'Hatshepsout avait tracée en son temps ! Là où le roi Salomon a fait construire un port par les Phéniciens et noué des relations avec le pays d'Ophir et la reine de Saba ? Quelque part sur la mer d'Oman, le détroit d'Ormuz, le port de Bassora ou dans le golfe d'Aden, le détroit de Bab el-Mandeb, ou sur la mer Rouge ? Ou tout cela à la fois ? Pour conquérir les mers, il faut d'abord s'instruire, lui assure Agatharchilde. Lire les récits de Scylax de Carianda, qui reconnut les côtes de l'Érythrée, des Indes et le golfe Arabique, de Colaeos et d'Euphémos de Carie qui dépassèrent les Colonnes d'Hercule, lire encore Euthymène, Philon, Ptolémée Philadelphe et son amiral Timosthène, grands voyageurs sur le golfe Arabique, Mégasthène, Patrocle, roi de la Caspienne, Hiéron, Onésicrite. Nombre d'entre

eux étaient alexandrins, qui plus est ! Et en cela, le vieux Cornelius a raison. Ils sont très nombreux, à Alexandrie, parmi ceux de son âge à vouloir naviguer, faire le tour du monde et faire fortune en retrouvant la route des épices. Mais sans rien savoir de ce que leurs illustres prédécesseurs ont écrit ou rapporté de leurs voyages. Méditerranée, mer Rouge, océan Indien, Tigre, Euphrate, Nil : les plans d'eau ne manquent pas dans l'histoire du monde. Ni les candidats au suicide ! Égyptiens, Phéniciens, Grecs, Carthaginois, Crétois, Arabes et maintenant Romains. Mais rares sont les vrais navigateurs, tous aiment le cabotage et ne se risquent guère au grand large. Sache-le, Hippalus ! Car le pays des épices est lointain ! Agatharchilde s'emporte : les jeunes marins d'Alexandrie naviguent toujours à la belle saison, de cap en cap, alors que les vents sont plus réguliers et que la colère des flots est tempérée. Seules les nuits de lune sont l'occasion de poursuivre la route : on voyage alors en compagnie de la Grande et de la Petite Ourse, de la Polaire. Ils dorment souvent à terre, non loin des bateaux, dînent sur le rivage, s'y abritent. Si l'on va en Afrique, on y sème du blé et l'on attend la récolte avant de reprendre le chemin de la mer ! Les convois des commerçants naviguent à l'allure lente des caravanes de chameaux. Rien ne semble les presser. Les cités grecques finissent par être en Méditerranée comme « des grenouilles autour d'une mare », chaque année un nouveau port au tirant d'eau profonde est construit, un nouveau phare, une nouvelle route côtière

Ulysse attaché au mât de son navire pour ne pas succomber au chant des sirènes.
Mosaïque romaine de Dougga, IIIe siècle.
Musée du Bardo, Tunis, Tunisie.

Navires romains.
Aquarelle du XIXe siècle.
Musée naval, Madrid,
Espagne.

balisée par des feux. Mais ceux qui partent loin sont d'une autre espèce : ils sont exilés bien souvent, exclus de leur communauté, de naissance bâtarde ou tout simplement fous. Errant de par le monde, à jamais déracinés. Et si Hippalus veut se distinguer, il ne doit craindre ni les tempêtes, ni les mers lointaines, ni les naufrages, lui affirme Agatharchilde en prenant congé, avant d'ajouter : « Sache que les colères de Neptune et d'Éole forment la jeunesse ! »

L'adolescent ne dort pas de la nuit. De la mer, il ne croit rien craindre. Ce sont les vents qui l'intriguent. Il retourne sur le toit de la maison et suit le chemin parcouru par quelques galères qui entrent, guidées par le phare, dans le port antique. Les paroles du grand savant de l'École de géographie résonnent encore à ses oreilles. Il n'a pas osé dire la vérité à Agatharchilde. De tous ces récits, de toutes ces descriptions scientifiques, il ne connaît que le livre d'Homère. Inévitable Ulysse, courageux parmi les courageux ! Il ignorait tout du cabotage, lui, le héros achéen qui a conquis et pillé Troie ! Lui qui aime parcourir la mer violette aux courants contrariants. Bravant la colère constante de Poséidon, pourtant censé être le sauveur des navires, celle de Zeus qui lui reproche d'être allé sur la mer Vineuse. Naufragé récidiviste, passant d'une belle flotte au plus ordinaire des radeaux pour arriver chez Nausicaa, luttant contre le Cyclope, ses propres navigateurs changés en pourceaux, les blocs de lave jetés dans la mer, le vent du nord, les vents mauvais contenus dans une outre que ses marins finissent par ouvrir, sautant de Charybde en Scylla le détroit de Messine, attaché à un mât, aimé de Circé, Calypso et Athéna. Voilà bien un héros qui plaît à Hippalus : Ulysse est courageux et la mer, gouffre sans limites, habitée de monstres et de sirènes, finit par céder. Il navigue de jour comme de nuit, à la rame, à la voile, invoque les Vieux de la mer, Éole et les Néréides. Si la mer ne lui fait pas peur, c'est la nostalgie de sa terre qui le poursuit. Hippalus l'a déjà éprouvée, cette nostalgie, en accompagnant son père à Thèbes... Et ce n'était pas bien loin ! La nostalgie, voilà le vrai mal de mer, lui a confié Agatharchilde. Et la peur de ne pas mourir chez soi. L'insépulture ! Le cénotaphe des naufragés comme à Délos, ces petites boîtes surmontées d'un minuscule mât, pour signaler un corps de marin à jamais disparu.

Quelques jours plus tard, un représentant de la messagerie fluviale qui emploie son père apporte un message. Le vieux Cornelius est mort noyé, tout près de la grande cataracte d'Assouan. La mort qu'il craignait tant l'a cette fois rattrapé et son corps, que les eaux ont gardé, ne sera pas reconduit chez lui, ni embaumé. Hippalus, déjà fils unique, est désormais seul au monde.

Quand il apprend le malheur qui frappe le jeune Hippalus, Agatharchilde de Cnide l'entoure de ses conseils. S'il n'a plus de père, lui, Agatharchilde, n'a jamais eu d'enfants et ne semble guère pouvoir en avoir. Mais pour être digne d'un père, il faut apprendre de lui, être un disciple appliqué. Qu'Hippalus vienne travailler chaque jour à la Bibliothèque, et qu'il apprenne l'histoire des peuples qui ont aimé la mer. Une fois qu'il aura tout lu, tout appris, déchiffré toutes les cartes que compte la Bibliothèque, alors il pourra se dire le fils d'Agatharchilde et prendre la mer pour y trouver la route des épices et accomplir ses propres exploits.

Hippalus passe les deux années suivantes à lire les manuscrits des grands pilotes et savants dans la Bibliothèque qu'on dit être la plus grande au monde. Deux papyrus lui plaisent particulièrement parce qu'ils témoignent de sensations vécues. Six siècles avant Jésus-Christ, Hécatée l'Ancien, de Milet, est le premier des géographes grecs. Ses descriptions, très précises, s'appuient sur une expérience hors du commun : il navigue lui-même, pénètre dans l'Adriatique, explore la Sardaigne, la Corse, Elbe, signale l'Indus, atteint l'Égypte. Sur ses traces, un bon siècle plus tard, Hérodote, originaire d'Halicarnasse, s'affirme comme le meilleur des historiens et géographes : mais c'est aussi un grand voyageur qui sillonne, sur les mers, l'Asie Mineure, la mer Caspienne, la Scythie, l'Égypte, l'Empire perse, et l'Italie du Sud aussi, où il vit longtemps. À chaque

Les monstres marins peuplent l'imaginaire des équipages.
Historia de gentibus septentrionalibus, Olaus Magnus, Rome, 1555.
Bibliothèque Bertolienne, Vicence, Italie.

fois, un constat ému : la Terre est bien habitée et les hommes qui vivent dans ces pays sont tous différents. Hérodote, enfin, ne cesse de se moquer d'Homère et des Ioniens qui prennent la Terre pour un vulgaire disque.

La Terre est ronde, donc ? Agatharchilde s'agace de la question d'Hippalus. Comment douter après Pythagore, Platon, Aristote et Eudoxe de Cnide de cette évidence ! Fils à peine reconnu et déjà indigne ! Qui ose poser cette question dans la Bibliothèque d'Alexandrie, dans ce lieu que dirigea, il y a trois siècles, le grand Ératosthène ! Hippalus confesse qu'il a aperçu la carte dessinée par le savant à partir des différents récits de voyages qui avaient été consignés. Elle fixe la latitude et la longitude. Mais le plus important est ailleurs, ajoute Agatharchilde : grâce à un savant calcul fait par des arpenteurs entre Alexandrie et Assouan, à des relevés d'ombres et de soleil au pied d'un obélisque, au solstice d'été et à l'allure moyenne d'un chameau longeant le Nil, Ératosthène a déterminé la circonférence de la Terre avec précision, et même imaginé des méridiens et des parallèles. Hipparque de Nicée qui vint après n'a plus eu qu'à partager la surface de la planète en trois cent soixante degrés.

Lorsque Hippalus rentre chez lui, il se plonge dans la lecture d'une copie d'un manuscrit qu'il vient d'emprunter et dont son maître lui a dit le plus grand bien.

La *Géographie* de Strabon est un ouvrage récent qui offre un état très juste des connaissances universelles sur la mer, brossant son paysage du parallèle de Thulé à celui des épices. Son maître lui a fait également lire des extraits d'un texte d'un certain Pline dont l'*Histoire naturelle* promet d'être aussi bien renseignée que la plupart de ces itinéraires côtiers, ces périples, qui sortent tous les jours. La Terre est bien une boule, sur laquelle on peut tracer des lignes, des portions parallèles. Grâce à Eudoxe de Cnide, on sait que la rotation complète prend le temps d'une « année », trois cent soixante-cinq jours et six heures, exactement.

De mois en mois, les progrès en éloquence de l'élève impressionnent le maître. Ce dernier reçoit les félicitations de tous les savants de la Bibliothèque qui assistent aux conférences du jeune Hippalus. Après l'une d'entre elles, consacrée aux vents qui animent les mers, Agatharchilde lui parle de Pythéas, ce marin et astronome marseillais qui a découvert Thulé, traversé l'océan et bravé mille dangers. Son livre, *Sur l'océan ou la description de la Terre*, mérite d'être dans toutes les mains. Même si le sujet d'Hippalus emprunte peu, ce soir, à la vie d'un personnage de cette dimension, il importera dorénavant au jeune pilote de ne pas négliger les « destins », les aventures personnelles au sein des grands phénomènes maritimes qu'il décrit. « Car, vois-tu, recommande Agatharchilde, ce sont une poignée d'hommes courageux qui font l'histoire du monde ! Et pareillement sur terre comme sur mer. Tu te dois d'être parmi ceux-là et de t'illustrer comme un grand marin. »

Agatharchilde n'a pas tremblé une seconde à l'évocation peu flatteuse des Romains sur la mer faite par Hippalus lors de sa dernière conférence. Ils sont, à Alexandrie, à plus de quinze jours de navigation de la capitale romaine. Et le savant de la Bibliothèque n'a que faire de la prudence recommandée en pareil cas ! Il a même tenté de retarder la semaine dernière le départ d'un navire alexandrin, un gros *ponto* destiné au transport de blé, qui devait récupérer un certain nombre de prisonniers, des chrétiens, pour les conduire de Césarée à Rome en passant par l'Asie Mineure, Malte, Syracuse... Parmi eux, un certain Paul de Tarse qui prétendait avoir fait naufrage à trois reprises dans sa courte vie, franchi l'Hellespont, abordé des dizaines de petites îles de la mer Égée et être le disciple de Jésus le Nazaréen. Mais le bateau, malgré les manœuvres des amis des chrétiens, était parti à l'heure conduire les adeptes de la nouvelle foi vers leur probable destin de martyrs. Agatharchilde n'apprécie guère les Romains, c'est évident, et communique sa détestation à Hippalus. Au demeurant, comment aimer un peuple qui n'aime pas la mer ? Si Virgile chante les flots ou plutôt si son Énée les supporte, ses compatriotes détestent l'eau salée. César, dit-on, sait nager, il est même sorti vivant d'un naufrage et d'un guet-apens tendu par des pirates. Ce qui l'a peut-être convaincu d'affirmer son pouvoir sur toutes les eaux qui environnent l'Empire. Mais Rome, pourtant si proche de la mer, lui tourne le dos. Carthage est, elle, entièrement dédiée au culte de la Méditerranée. Carthage *versus* Rome ; l'Afrique, d'un côté, maritime, l'Europe, romaine, terrienne, de l'autre. Les guerres puniques se font souvent sur l'eau. Hippalus le sait, Rome a pris le dessus et détruit Carthage en 146 avant Jésus-Christ. Elle la détruit en mer, mais curieusement, dans ces combats où des corbeaux de fer immobilisent les navires puniques et où les légions romaines, comme si elles agissaient sur la terre ferme, massacrent les marins carthaginois en passant sur leurs embarcations. Rome triomphe des Carthaginois, insiste Agatharchilde, comme elle le fait des Vénètes de l'Armorique, des pirates de Sextus Pompée, le fils de Neptune. Trente et un ans avant l'Incarnation, c'est au tour d'Antoine et de Cléopâtre d'être coulés, par Octave, à Actium, dans la baie d'Ambracie. La mer est purifiée, on interdit, par superstition, de se couper les cheveux et les ongles à bord d'un navire et de souiller les eaux par ses besoins naturels ; la mer est romaine, organisée, tout entière dédiée à la police des côtes et au transport du blé et des épices pour l'Empire. Et au bon plaisir de Caligula qui singe les grandes batailles navales en faisant installer deux galères avec gouvernails à têtes de lion sur le lac de Némi. Et Agatharchilde de conclure par un juron qui résonne sous les hauts plafonds de la Bibliothèque.

La Méditerranée est le théâtre des guerres puniques et des rivalités entre Rome et Carthage.

Agatharchilde voit les progrès faits par son élève et l'accompagne dans le port d'Alexandrie pour le familiariser avec la navigation. Hippalus se révèle aussi bon marin que géographe. S'il ne peut déjà nommer tous les amers, les hauts-fonds et les rochers de la baie, son étonnante maîtrise des vents est louée par tous. Il semble les connaître sans jamais les avoir sentis sur sa peau ou dans ses voiles : brise de terre comme brise de mer, masses froides et chaudes des eaux, vents variables de la Méditerranée, violents sur la mer Rouge, alizés et bandes atmosphériques sur l'Atlantique, vents s'engouffrant dans les Colonnes d'Hercule – le mistral dont parle Pythéas – calmes équatoriaux, vents qui se renversent brutalement en mer de Chine, harmattan filant du Sahara vers l'océan, khamsin si cruel pour les navires au mouillage. Seuls les vents de l'océan Indien semblent résister à sa science : ces masses d'air chaud et d'air froid qui se rencontrent... Le maître, par moment, se surprend à vouloir le dissuader de mener à bien son projet. Pourquoi vouloir trouver la route des épices ? Les Romains en abusent déjà, du poivre particulièrement. Les soldats s'en parfument avant de partir à l'assaut, les jeunes mariés se vautrent dans le safran pour fertiliser le lit nuptial. Une poignée de noix muscade ou de clous de girofle vaut plus cher que bien des ouvrages pourtant extrêmement rares de la Bibliothèque. Les marchands arabes font des fortunes, n'hésitent pas à frelater les mélanges qu'ils vendent à prix d'or. Apicius, dans sa cuisine, en abuse aussi, sans parler de son goût immodéré pour les graines de moutarde. Pour être allé une fois dans la Ville éternelle, Agatharchilde se souvient d'avoir tant éternué dans la Via Piperatica, au-dessus du forum de Trajan, et de s'être mal saoulé dans une taverne avec du vin parfumé à la cannelle et au poivre. À quoi bon alors encourager ces vices ? L'Empire romain se ruine – « cent millions de sesterces par an que l'Inde, la Chine et la péninsule Arabique soustraient à notre Empire », affirme Pline –, et donne tout son or pour s'offrir le luxe d'un peu plus de poivre dans son assiette ! Sa jeunesse, malgré les interdits de ses pères, cède aux charmes de l'Orient, à sa décadence et fait un festin d'aromates. Il faut écouter Pline, une fois encore :

« Les marchands avides, poussés par le goût du luxe,
Courent aux Indes brûlantes et au soleil levant
D'où ils rapportent poivre cuisant et riches drogues
Troquant contre des épices leurs marchandises d'Italie. »

Le savant de l'École de géographie sait qu'il est trop tard pour retarder le départ de son élève : en trois années, Hippalus en sait plus sur la mer, ses dangers, ses vents, ses routes et ses vertiges que n'importe quel marin de l'Empire romain. Il ne lui reste plus qu'à baptiser le bateau qui lui servira à trouver la route des épices : *Fortuna*. Et à acheter un petit autel portatif pour vénérer les dieux, et faire, en route, des sacrifices et quelques libations de vin à Minerve.

Hippalus est prêt à embarquer avec la vingtaine d'hommes qu'il a engagés à son service et qui, pour la plupart, ont été recrutés parmi les marins de la *classis Alexandrina*, la flotte que les Romains continuent d'entretenir en Égypte. Agatharchilde l'accompagne sur le quai à partir duquel sa galère va s'élancer. Les adieux sont tendres. Le marin n'a peur ni des êtres mythiques, ni des monstres qui peuplent la mer, ni des îles mystérieuses, il n'a aucune raison de se méfier des tourbillons qui engloutissent les navires, ni des creux dus aux inversions des courants. Il sait que Pompée, doté de pouvoirs extraordinaires, fait une chasse terrible aux pirates. Il ne craint qu'une chose : que cette expédition soit sans retour et qu'il ne puisse en faire le récit à Agatharchilde ou lui confier un manuscrit pour la Bibliothèque. Pourtant, à l'oasis de Siwa où ils sont allés invoquer l'oracle et immoler un bœuf gras, les dieux se sont montrés optimistes. La saison est courte mais il faut partir tout de suite, pour revenir avant le lever des Pléiades en automne. Son père se méfiait déjà de la mer embrumée d'hiver, des souffles et des bouillonnements de l'automne. La carte et le volume qu'Agatharchilde vient de lui donner le sauveront peut-être du naufrage. Ce *Périple de la mer Érythrée* décrit les différentes étapes d'un voyage rêvé : mer Rouge, mer d'Oman, côte de Malabar, Ceylan, le Gange, le détroit de Malacca, la Chine... Car sans cartes, pas d'issue, comme disait Strabon : « Les Perses et les Libyens, prenant les détroits pour des golfes aveugles,

côtoyèrent de grands dangers et laissèrent derrière eux des trophées de leur folie… »

Leur galère prend la grande route du Nil qu'il avait empruntée avec le vieux Cornelius, il y a plus de cinq ans. La quille en chêne et la voile en lin font merveille. L'étoile Polaire, centre de rotation du ciel, étoile brillante, *stella maris*, les guide toutes les nuits. Mais cette fois Hippalus ne s'arrête pas au temple d'Hatshepsout, il le fera au retour s'il a trouvé la route des épices. Il est pressé, son équipage en fait les frais, car il sait que la saison de navigation s'arrêtera dans deux mois. Ils ne tardent pas: en trois semaines, depuis Coptos le bateau est démonté, traverse à dos de chameaux le désert de Nubie pour être mis à l'eau à Bérénice dans la mer Rouge. Rouge du corail et des plateaux d'Éthiopie, si proches ? Un batelier leur apprend qu'une algue bleue qui rougit quand elle meurt a donné son nom à cette longue étendue d'eau très salée, peu généreuse en poissons, aux violents vents et orages et aux manifestations volcaniques assez régulières. Malgré les pirates de la péninsule qui

Le Nil, fertile et vénéré, où Hippalus reçut ses premières leçons de navigation sur la felouque de son père.

DE GAUCHE À DROITE
Les épices si convoitées : muscade, gingembre, poivre noir et cannelle de Malabar. Planches botaniques du XIXe siècle. Musée des Arts décoratifs, Paris.

les menacent et grâce aux connaissances d'Hippalus et à trois archers postés en proue, la descente le long de la côte est presque une formalité. Les marins se réjouissent. Le golfe d'Aden est franchi, un petit bout de la côte africaine parcouru en cabotage. Demain, ils seront à Bab el-Mandeb, ils descendront un peu sur la côte des Somalis, feront le plein auprès des marchands arabes des épices consacrées et, si tout va bien, prendront le chemin du retour jusqu'à Thèbes, puis Alexandrie et seront chez eux dans deux ou trois bons mois. Ils auront vu l'ancien monde, l'Asie, et ils donneront au nouveau, le leur, des gages de leur traversée : de quoi enfumer cent palais, brûler des milliers de langues, relever viandes et poissons, légumes et boissons, soigner mille plaies, enivrer mille corps !

La galère arrive en effet à Bab el-Mandeb, plaque tournante du plus grand marché du monde, où les attendent d'énormes cargaisons de poivre, de gingembre, de muscade auxquelles les marins arabes, dans un grec parfait, proposent d'ajouter des parfums, de la céramique, des pierres rares, des soieries et des brocarts. Car ici aussi arrive l'une des routes de la soie. Les prix sont élevés : la voie de la mer est la plus risquée et cela se paye ! Des caravanes et des bateaux qui ont apporté ces richesses, les marins égyptiens ne voient rien. Zone interdite. Ils sentent juste l'incroyable odeur de ces mélanges venus d'Orient et destinés à rejoindre le Croissant fertile, la Mésopotamie, la Palestine, l'Égypte, la Méditerranée, Athènes et surtout Rome. La ville embaume, empeste presque, tant les senteurs mêlées du camphre, de l'aloès, de la résine et de l'encens sont entêtantes. La négociation se fait sur fond de maux de tête et d'étourdissements : si la pourpre royale coûte trop cher, on propose aujourd'hui, en remplacement, et pour un meilleur prix, le rouge cramoisi, sorti du corps de l'insecte dit à laque, le sang-dragon ou l'indigo. Personne ne saurait dire d'où cela vient ! Pas plus que les clous de girofle ou les noix muscade ! Ni le poivre ou la cannelle ! Le secret, maître mot, est bien tenu et Hippalus se garde bien de questionner ses intermédiaires qui, malgré des banquets célébrant le vin et les aliments conservés dans les aromates, ne révèlent rien de la carte des chemins

ancestraux. La terre divine, celle des épices, se mérite : ils assènent à Hippalus des histoires fabuleuses pour le décourager d'aller de l'avant, dans lesquelles « des bêtes pourvues d'ailes, fort semblables à nos chauves-souris, poussent des cris effrayants et sont d'une force redoutable ; il faut protéger ses yeux contre leurs attaques pour pouvoir recueillir la cannelle... ». Les marins d'Hippalus le pressent de retourner à Alexandrie. S'il voulait rejoindre les Indes, il s'est trompé de route ! affirment-ils. L'encens d'Arabie, la myrrhe d'Afrique et les épices de l'Inde sont acheminés par caravanes de chameaux sur une piste infernale. Il fallait passer, mais le voyage dure plus d'une année et par terre uniquement, par l'Arabie, Médine, La Mecque, le désert du Nefud, franchir le Tigre et l'Euphrate, longer la côte perse, le détroit d'Ormuz, gagner la vallée de l'Indus puis redescendre sur l'Inde : une voie qu'Alexandre le Grand connaissait bien et qui lui a coûté la vie ! Hippalus entend les protestations de l'équipage, étonnamment sûr de lui, il semble ne rien attendre des confidences des marchands arabes. Il se dit épuisé par la traversée, par toutes ces négociations, et impatient de passer enfin une bonne nuit. En attendant, il offre à boire, plusieurs litres de ce vin à la cannelle qu'on vend en ville, et dont ils se saoulent tous à sa santé.

Le lendemain matin, Hippalus est sur le pont et donne le signal du départ. Ils ne rentrent pas à Alexandrie, c'est décidé, mais ils cingleront face à eux, quittant le golfe d'Aden pour se jeter tout droit dans la mer d'Oman et l'océan Indien. La route est sûre, affirme Hippalus. Les marins, à peine dessaoulés mais conscients du risque qu'ils encourent, refusent d'abord, car la voie est impossible, l'océan immense, les vents toujours contraires et nombreuses les légendes qui disent que si, par un hasard extraordinaire, l'on arrive aux Indes, on ne sait pas comment en revenir. Le ciel se charge de lourds nuages, de terribles tempêtes projettent les navires au sud, des pluies s'abattent brusquement, des rafales coulent les embarcations quand ce n'est pas la puissante houle qui les massacre contre les côtes. Sans compter les naufrageurs, pilleurs d'épaves, détrousseurs et autres pirates indiens qui traînent dans les parages. Si Hippalus ne s'explique pas, ils se mutineront. Le capitaine préférerait ne pas mettre ses marins dans la confidence, de peur que le secret ne soit utilisé par d'autres flottes venant d'Égypte. Il leur promet de leur parler, mais uniquement lorsqu'ils seront en mer. Ils pourront, si la démonstration ne les satisfait pas, demander à retourner à terre. Le capitaine s'explique quelques minutes seulement après avoir quitté le port : « Fini le cabotage en mer Rouge, près de la côte Arabique, de la Perse, du Pakistan... Si nous pouvons aller tout droit vers les Indes, c'est parce que nous sommes en juin. Et que d'avril à octobre, il existe un vent de sud-ouest très fort qui permet aux navires de rejoindre les Indes. Un vent que nous dirons de « mousson », de l'arabe *mausim*, saison ! D'autres voudront bien l'appeler, j'en suis certain, Hippale ! Et, comme prévu, des coucous gris indiens ont indiqué comme chaque année l'apparition de la mousson – cet aquilon – sur le littoral africain aux navigateurs arabes et indiens qui sont dans la confidence mais se sont bien gardés de nous en informer. Quant au retour, nous prendrons les vents d'est et de

Sur la mer d'Oman, Hippalus commence un voyage qu'aucun Méditerranéen n'a encore jamais entrepris.

nord de la mousson sèche, la mousson d'hiver, qui nous reconduira sans difficulté sur cette côte, entre novembre et mars ! À chaque fois, quarante jours nous seront nécessaires pour faire la traversée, à quoi il faudra rajouter une bonne semaine si nous voulons aller à Taprobane, à Ceylan. »

Et tandis que la galère d'Hippalus, quittant Aden et Bab el-Mandeb, s'engage dans la mer chaude d'Oman et se prépare à filer à des vents de trente, voire à des rafales de plus de quarante nœuds, sous la houle, le ciel gris et la pluie de la mousson d'été, le marin d'Alexandrie goûte sa victoire. Il la goûte à la barbe de la bonne centaine de marchands arabes et indiens qui sont restés au port et le regardent ainsi tenter l'impossible. Une navigation hauturière ! Grâce à lui, Rome aura ses épices, et à un prix acceptable, mais surtout, les hommes de la Méditerranée connaissent désormais le chemin des Indes, par la mer, le plus direct, le plus sûr finalement. Plus de cent vingt navires grecs et romains feront chaque année le voyage de l'Indus ! Grâce à Hippalus, un monde nouveau s'ouvre, sans intermédiaires : l'Asie, l'Afrique et l'Europe communiquent. La mer, plutôt que de séparer, rapproche. Hippalus se souvient de ces heures studieuses passées à la Bibliothèque d'Alexandrie, des discussions avec Agatharchilde et des informations qu'il avait pu recouper ici et là sur le régime des vents dans l'océan Indien, sur cette inversion des vents qu'il avait cru deviner entre la côte africaine et les Indes. Il se souvient de cette certitude qu'il a eue, un jour, d'un régime des vents un peu particulier pour cette région, qu'il faut savoir exploiter quand on est sur mer : un phénomène lié aux saisons, à un déséquilibre de pression atmosphérique entre l'océan et le continent indiens, ce courant d'air qu'il faut avoir avec soi, à l'aller comme au retour. Tous les récits de traversées heureuses se passent pendant ces trois mois d'été, comme par hasard... Ces vents alternants, Hippalus les a découverts dans les livres et si l'on en croit la belle allure de leur galère qui cingle maintenant tout droit vers le pays des épices, la vérité se trouve aussi parfois dans les replis d'un papyrus qui se livre, telle une voile chargée de parfums et de souffle divin.

Chapitre III

Le dernier voyage d'Erik le Rouge

« Grimpe sur la quille,
Froids sont les embruns de la mer.
Tente de garder ton courage,
Ici, tu laisses ta vie.
Ne t'en va pas pleurer, vieillard
Si l'averse te saisit ;
Tu es l'ami des belles femmes
Et chacun doit un jour en finir. »

Saga des Islandais

JE NAVIGUERAI TOUJOURS ! Dans l'au-delà, encore ! Leif Eriksson n'a pas oublié ce que son père lui a confié, il y a quelques hivers déjà. Nous sommes dix ans après le premier millénaire du monde chrétien – un monde dévasté par leurs expéditions – et c'est en redoutable marin qu'Erik le Rouge meurt aujourd'hui. Seigneur des mers, saigneur de la terre tout autant. Le temps du dernier exil est venu, pour lui, le banni de naissance, qui n'a pas choisi de fuir mais n'a cessé de pérégriner. La terre natale, trop pauvre, trop étroite, trop peu imaginative, repousse toujours ses propres fils et démons, soit qu'elle les chasse, soit qu'elle ne puisse les nourrir tous. La mer est là alors, sombre et lumineuse à la fois. Sa surface paraît infinie, sa profondeur effraye. Elle assure l'exode vers un ailleurs plus hospitalier, relie toutes les terres habitées et inhabitées, accueille tous les proscrits, fait le tri, rejette, ballotte, recrache et d'île en île les conduit, comme Erik, à se trouver eux-mêmes. Il faut, un jour, quand on vit dans le Nord, quitter sa terre, se jeter à l'eau, aller de l'avant, inventer son territoire, nommer son île, fonder sa colonie. Comme Erik l'a fait. Lui, à qui les tribunaux des hommes n'ont guère été favorables, pour qui la meilleure justice est celle qu'on se fait à soi-même et qui s'est mis, sous la contrainte, à tutoyer Odin et tous les dieux du panthéon des peuples scandinaves. En ce printemps du Groenland qui est le temps sacré des grands découvreurs, mais aussi celui du coucou, de la neige fondue et des semailles, il s'en va les rejoindre ; non sans le cortège de ses walkyries domestiques, casquées et cuirassées, mais dont la chair, contrainte sous l'acier, se souvient encore de la brûlure de ses caresses, de l'entaille de son sexe. Et pourtant Erik n'a pas aimé autant les femmes que ses bateaux, il pourrait en jurer. Le souvenir qu'il garde de ces rencontres, parfois furtives, est celui d'une superposition méthodique, protectrice, pareille aux coques de ses navires, de petites planches de bois, les clins vifs, qui se recouvrent comme les écailles d'une carapace de tortue. Mais à elles, à leurs constructions savantes et parfumées, il préfère ses *knerrirs* et leurs senteurs de bois de pin ou de chêne, de tanin, de résine, de poils de vache lissés avec du goudron : ces bateaux sans pont, avec leurs bancs de rames, leurs rangées de boucliers peints tout au long du bordage. Des bateaux qu'il a conduits partout, roulés même sur des rondins, portés sur ses épaules, qui ont épousé toutes les vagues, n'ont buté contre aucun obstacle et dont les formes valent toutes les hanches des femmes qu'il a possédées. Pour ces bateaux qu'il a menés comme il a toujours conduit sa vie, d'une main, avec cette rame courte mais large qui lui sert de gouvernail à tribord arrière, il donnerait toutes les vierges de sa Norvège natale. Au loin sur la colline, avant la muraille de glace bleue, le cimetière des hommes qui l'ont accompagné si loin témoigne de cet attachement à leurs routes maritimes : une centaine de tombes en pierre qui dessinent au sol une dizaine de navires. Des stèles gravées, comme autant de canoës, filant vers l'ouest, la seule route possible. *Vestrvegr*. Mais la vraie sépulture est devant, là, au creux de ces flots, quelque part au large d'un fjord, sous la vague, dans le ventre chaud de la baleine. C'est par milliers qu'ils reposent dans leur élément, les Vikings, le corps rongé par le sel et les animaux de mer, sur les sables des hauts-fonds, entre les rochers.

De la terreur qui a présidé à leurs conquêtes, de la violence qui a animé leurs mouvements, il ne reste plus rien en cette matinée de soleil blanc : les guerriers de la mer sont calmes désormais. Leurs épées, leurs haches, leurs arcs, leurs épieux sont rangés, non loin de la cotte de mailles et du bouclier rond.

PAGE DE GAUCHE
À bord de leurs *knerrirs*, les Vikings s'imposent sur les mers du Nord.

CI-DESSOUS
Les conquêtes d'Erik le Rouge.

La flotte normande, Tapisserie de la reine Mathilde, XIe siècle, Bayeux.

Leur chef vient de mourir et c'est un empire, magnifique et criminel, qui va bientôt s'effondrer. Dans le grand silence d'une histoire qui a duré un peu moins de trois siècles. Un empire liquide avant tout, composé de lacs, de fleuves, de marécages et de rivières, de fjords découpés, de profondes forêts glaciales, d'îles, de monstrueuses glaces flottantes, un empire peuplé de baleines, de phoques, de daims, de rennes et d'ours polaires. Un empire qu'ils ont parcouru, sans jamais compter, sur leurs *knerrirs* dont la proue relevée était souvent habillée d'une tête de dragon, censée effrayer l'ennemi. Erik a demandé, il y a quelques jours, à son fils Leif que son bateau en soit dépourvu lorsqu'il affronterait la mort, son amie tant de fois narguée. Les guerriers, un à un, rendent les armes, à la mort du plus grand d'entre eux. Mais ils savent que la légende est là, déjà, qui se construit, que la rumeur enfle, que leurs récits atroces font rêver, y compris les descendants de ceux qui ont péri sous leur joug. L'épopée n'est pas close que, déjà, elle s'écrit, se découpe en chapitres, en livres, en contes fantastiques, en sagas.

En ce printemps 1010, éclairé du bleu intense du ciel, il fait presque doux. Comme depuis des décennies. La glace fond, d'immenses blocs dérivent au large, menacent leurs embarcations la nuit, mais apparaissent le jour des prairies presque fertiles et leurs vertiges de chlorophylle. Mousses et lichens recouvrent désormais les côtes du Groenland. La forêt gagne, sortie de la terre gelée, faisant craquer la croûte blanche, enracinant la civilisation. Et eux qui, si longtemps, ont cherché des arbres, du bois pour se réchauffer, qui guettaient les épaves venues du large pour allumer un bon feu qui ne soit pas que de tourbe ! *Ex Septentrione lux*, du nord vient la lumière. Jason y trouva la Toison d'or et Erik son hyperborée, sa paix des braves. Les dernières nuits, le volcan près de la ferme familiale d'Erik et de Leif a grondé, craché. La bouche a parlé, raconté la légende de celui qui étouffait sur terre et qui n'aimait rien d'autre que naviguer, naviguer toujours. Hier, Leif a fait venir le meilleur des navires d'Erik, son *knörr* préféré, jusqu'à l'embouchure de la rivière. Son compagnon le plus cher, l'instrument de sa liberté, de son pouvoir et de sa fortune, bonne ou mauvaise. Le plus long, également, vingt-trois mètres de bout en bout, percé d'orifices sur l'un de ses côtés. Quarante hommes y montent, vingt de chaque côté. Quarante avirons. Au beau milieu du bateau, un cordage est attaché au mât, une toile rouge et noire est dressée. Une longue silhouette mince qui a défié, avec son étrave et sa proue recourbées vers l'intérieur, tant de mauvaises vagues, tant de courants meurtriers. Qui a remonté tant d'estuaires, de rivières. Si fin, si délicat qu'il s'échoue sur les plages, et paraît peser le poids des plumes.

Leif regarde à l'ouest. Sa famille est née en Norvège et il a vécu en Islande, a accompagné son père, plus à l'ouest, au Groenland, et a poussé plus loin encore vers la côte du Labrador, Terre-Neuve, le Vinland. Derrière eux, la Suède, le Danemark, la terre de leurs cousins, puis l'Angleterre, l'île de Man, l'Écosse, ses îles, les Orcades, les Shetland, les Hébrides, les Féroé, autant de pays qu'ils ont pillés, brûlés, où ils ont volé, assassiné, violé. Des centaines, des milliers de prêtres, de moines, d'innocents, d'enfants, de femmes. Des massacres, par le fer, le sperme et le sang. Le monde entier les craint, mais personne n'ose les haïr tant leur violence paraît surnaturelle. *A furore Normanorum libera nos, Domine !* Ce matin encore, ils en ont fait la preuve : Leif et deux hommes ont arraché les portes de la maison d'Erik en hurlant à la mort. Thornild les a poursuivis, mais en vain. Car telle est la tradition avec les morts qui s'échappent de leur famille : ils prennent avec eux les portes du foyer et les conduisent dans l'au-delà. Qu'importe le point de vue des veuves : elles habitent désormais des maisons ouvertes à tous les vents.

Portrait d'Erik le Rouge. Gravure du XVIIe siècle. Coll. Arnamagnaen, Danemark.

Au bord de la clairière, une source gelée, un immense tronc d'arbre, Yggdrasil, singeant une figure humaine. Des voisins, par dizaines, des hommes venus de loin, avec leurs bêtes et leurs tenues de guerriers, gagnent la grande fosse qui a été creusée par une bonne centaine d'esclaves et qui pourrait contenir leur maison de famille. Quelques femmes, autrefois possédées par Erik, sont présentées à l'assistance, couvertes, dans leur nudité, de fourrures très épaisses qui tombent à leurs pieds. La nuit, la douceur est relative, le lait et les œufs ont gelé dans la terre. Un froid coutumier que les invités combattent à grandes lampées d'hydromel. Un peu de bière aussi, pour faire bouger le sang, les membres et le sexe. Bientôt, ils sont plus de trois cents hommes. Immenses, lourds, le regard porté vers l'horizon, les yeux bleus le plus souvent, mais déjà embués par l'alcool. Leif, qui n'a pas dormi mais qui n'a pas bu, sait leur parler.

Vikings transportant leur bateau. *Historia de gentibus septentrionalibus*, Olaus Magnus, Rome, 1555. Bibliothèque des Arts décoratifs, Paris.

Qui veut rejoindre le valeureux Erik
dans son dernier voyage ?

Thornild baisse les yeux. Cela fait plus de cinq ans qu'Erik ne l'a pas touchée. Malgré son dos presque cassé, depuis sa chute de cheval, les reins en feu, courbé comme sous le poids du vent de Terre-Neuve, le marin brûle de désir à chaque instant pour son épouse. Elle se refuse à lui. Devenue chrétienne ! Invoquant saint Brendan qui avait voyagé jusqu'à la Terre promise des saints du paradis. Ce moine irlandais, évangélisateur, dans un canot, un coracle, une carcasse de bois couverte de cuir, qui a traversé un peuple de monstres et d'hérétiques. Un comble pour l'épouse d'un des plus grands chefs vikings. Allant jusqu'à convertir leur fils Leif ! Toute l'Islande se convertit, il est vrai, en ce début de millénaire, tandis que règne sur eux Olav Ier Tryggvesson. Erik aimait pourtant cette femme, ce corps, cette poitrine généreuse qu'il avait caressée la première fois il y a plus de trente ans. « Ma femme à la poitrine de navire », le plus beau des compliments pour un chef qui préférait la poupe et la proue de son *knörr* à tous les seins et à toutes les fesses du monde. Un mariage arrangé comme il se doit. Mais Erik, en bon chef viking, a plus d'une femme dans sa main. Téméraire sur les flots, il l'est également avec l'autre sexe, avide de richesses, de transports, de voyages, de changements. Sur la terre des volcans, on ne cesse de jouir, de se répandre. C'est une femme, d'ailleurs, qui sort de l'assistance et découvre sa poitrine, ferme, blanche, épaisse, sous le manteau de fourrure dont elle écarte les pans devant les hommes de l'assemblée. Leif, un temps, frémit. Car c'est Freydis, sa sœur, la fille naturelle d'Erik, qui vient de se désigner. Mais il sait que le droit lui interdit d'accompagner dans la mort celui qui lui a donné la vie. Une provocation de plus. Freydis est folle à lier. Elle a hérité de son père cette fureur de vivre.

Leif ne sait toujours pas pourquoi on le surnomme, depuis l'enfance, Leif le Bienheureux. Ses bonheurs ont été relatifs, sur la terre ferme du moins. Ses deux frères, Thorvald et Thorstein, sont morts, quelque part entre le Groenland et le Vinland, et il a passé tant de temps à chercher leurs corps, à imaginer une sépulture. Erik, à son tour, la figure obsédante du père, vient de rendre son dernier souffle, dans un

ultime hoquet d'hydromel. Et lui aujourd'hui, le Bienheureux, qui reste seul entre ces deux femmes. Thornild, la mère, rongée de piété, le genou et la langue brûlés par tant de prières, expiant pour quatre générations de meurtriers ataviques. Et Freydis, violente et alcoolique comme Erik, comme eux tous, qu'il faudrait attacher, qui se dénude en public et fait passionnément l'amour avec toutes les queues fourchues du royaume des coureurs des mers. Freydis qui n'a jamais autant joui que lorsque son père et ses frères la violaient. Freydis ou l'insatiable besoin de sexe.

Erik meurt en grand apparat

Son corps est immense : on dit de lui qu'aucun cheval ne pouvait le porter. De lui toute violence s'est enfin échappée. Il repose, non loin de sa tombe provisoire, nu sur un linge blanc de coton, plus de deux mètres de chair, couverte de poils, roux encore, malgré le gris de la vieillesse. Erik, l'homme le plus grand du royaume des hommes du Nord. Le corps est tout noir, brûlé par le froid qui l'a conservé six nuits durant dans la terre du Groenland.

Thornild l'habille enfin. Elle a longuement prié saint Brendan devant une image qui le représente navi-

Au milieu de la mer sans fin, les îles apparaissent comme un espoir de vie.

guant sur les vagues de l'Atlantique, escarpées comme des falaises, pendant quatorze jours sur le dos d'une baleine qu'il avait prise pour une île. Cinq jours entiers, elle a tissé son dernier costume pendant que le corps de son époux reposait entre deux épaisseurs de pierres sèches et plates. Un caleçon en soie, un pantalon large et une paire de bottes de peau, une chemise blanche, un manteau de soie, également, mais peinte, ornée de gros boutons en or. De vastes manches en fourrure de zibeline. Une pierre d'ambre posée sur la poitrine. Leif s'approche à son tour d'Erik, il place un casque de fer, avec sa magnifique visière de bronze, sur la tête du défunt.

Une grande fosse, creusée dans l'argile bleue, contient le bateau d'Erik. Les hommes l'ont roulé, depuis l'estuaire, l'ont hissé sur des tonneaux et l'ont fait descendre, lentement, avec des cordes, dans la terre. Des tapis, de longues bandes de soie peinte achetée à Byzance recouvrent en partie le pont sur lequel un banc a été posé. À son bord, des outils, des armes, un jeu d'échecs pour les longues nuits de l'hiver, le métier à tisser de Thornild, un cadran solaire, des objets en bois sculpté et deux lits ont été montés. Le grand mât, très lourd, taillé dans du bois de pin, est désormais couché, avec l'immense voile rouge et noire de laine brute. La poupe se dresse, en spirale, comme un sarment de vigne. Deux immenses têtes de dragon passées à l'or fin ont été détachées. Avec ce *knörr*, Erik a vaincu les houles de l'Atlantique, les éléments déchaînés. On peut lui faire confiance pour ce dernier voyage : l'océan est son meilleur ami, le seul probablement qu'il ait jamais consenti à nommer ainsi.

Une vingtaine de guerriers se préparent, se couvrent de peaux de loups, s'entraînent à la souffrance en marchant sur des charbons ardents. Fous furieux. Fauves. En transe. Invoquant Odin, de nouveau. Frappant leurs boucliers contre leurs poitrines, mordant leurs mains, menaçant ceux qui s'approchent de leurs lances. Les *berserkers*, songe Leif, qui se souvient, lui aussi, d'avoir succombé à pareils accès de violence. C'était autrefois, il y a longtemps. Seule la mort d'Erik le Rouge pouvait ranimer cette fureur contenue depuis des années.

C'est l'heure de verser le sang et Leif le Bienheureux, fils désormais unique, sait qu'il lui appartient de commencer le rituel. Quelques hommes font courir les deux plus jeunes chevaux de son père afin qu'ils suent toute leur eau. D'une main, Leif se saisit du vieux chien borgne d'Erik, de l'autre, tenant fermement l'épée du défunt, il fend l'animal en deux, en jette les morceaux sanguinolents dans le bateau. Le signal est donné par le fils préféré au visage livide. Ainsi en va-t-il des chevaux, après qu'ils ont parcouru une longue distance et qu'ils sont revenus, exténués, près de la fosse mortuaire. Le marteau de Thor les frappe d'une main ferme. Les *berserkers* ne se contrôlent plus. Des dizaines de guerriers se précipitent sur les deux bêtes terrorisées, en hurlant, font tournoyer leurs lourdes haches, sauter les têtes, saigner les encolures, casser les pattes, crever les panses. Le carnage est atroce, le sang couvre la terre qui ne le boit pas tant elle est gelée : s'ajoutent à tant de charognes le corps fendu de cent coups d'épée d'une vache noire, des poulets et des moutons déchiquetés, tailladés au poignard. Bientôt le bateau n'est plus qu'un étal de boucherie. L'odeur, âcre, terrible, fait s'évanouir Thornild.

Freydis transpire, se déshabille encore. Elle est secouée de vomissements. À sa suite, des dizaines de femmes et quelques jeunes garçons sont pris de hoquets et rejettent leur nourriture mêlée d'alcool sur fond d'une longue et sinistre plainte. Les guerriers sont blêmes, mais ils doivent se retenir, sous peine d'être déchus de leurs droits. Pour faire plaisir au défunt, on oubliera que le pays s'est converti au christianisme. On invoque Odin, le dieu qui domine tous les autres et qui voyage à travers le monde sur son cheval à huit pattes, entouré d'une paire de gros corbeaux, mais on n'omet pas, au passage, de rendre hommage à son fils, Thor, qui traverse le ciel dans un chariot traîné par deux énormes boucs. Quelques *eddas* sont psalmodiés, d'une voix monocorde, par l'assemblée. Puis Leif se détache et lit, une heure durant, la saga de son père, Erik le Rouge.
À peine termine-t-il le récit de cette vie d'incendiaire qu'il questionne de nouveau l'assistance : « Laquelle d'entre vous souhaite mourir avec lui ? »

Un *knörr* viking.
Manuscrit anglo-saxon
du xe siècle.
British Museum,
Londres, Royaume-Uni.

Falaise sur l'île de Foula, Shetland, Écosse.

Une jeune esclave, née en Norvège, mais placée au service d'Erik depuis quelques années, s'avance. Son regard est fixe, ses yeux, clairs, semblent déjà ceux d'une aveugle à qui la vie n'importerait plus. Mais son sourire, exagéré, étonne : un rictus presque, une grimace de douleur et d'effroi dans cette bouche contrainte. On s'empresse autour d'elle, on lui lave les pieds avec de la neige. Comme si l'on s'apprêtait à la marier, on lui noue les cheveux en chignon. Freydis lui parle à l'oreille, lui caresse le visage.

Sur le bateau, maintenant, une tente est placée où l'on conduit, en procession, le corps d'Erik. De main en main passent les objets qui vont l'accompagner. Des fruits, des plantes et des épices, du pain, quelques gros oignons. Une vieille femme, immense, se détache à son tour de la foule et conduit l'esclave au bord de la fosse. La fait boire, longuement, des litres et des litres de bière dans des cornes de bœuf. « Ne te dédis pas, maintenant ! » hurle l'ange de la mort. « Non, je vois mon maître en paradis, et le paradis est beau et vert ! » Groenland ! Presque un litre d'hydromel passe entre ses lèvres, elle boit. La vieille se saisit des deux bracelets de la jeune fille ainsi que des anneaux d'or qu'elle porte à la cheville et qu'Erik lui avait fait mettre pour la distinguer dans la nuit des étuves. On lui sert de nouvelles coupes de nabid qu'elle absorbe d'une traite entre deux strophes d'un chant lugubre qu'elle psalmodie. La vieille la saisit par le chignon et la tire jusque sous la tente où repose le corps d'Erik. Dehors, les guerriers les plus jeunes frappent leurs boucliers de bois afin de couvrir les plaintes de la jeune esclave. Six d'entre eux la rejoignent sous la tente et dressent leurs sexes en elle. « Dis à ton maître que j'ai fait cela par amour pour lui ! » Déjà, elle n'est plus consciente, ensemencée par tout un peuple, maintenue aux pieds et aux mains par les hommes repus. C'est l'heure pour l'ange de la mort de lui passer une corde avec une boucle autour du cou, de la serrer, tandis que l'épée du plus jeune des guerriers lui déchire la poitrine. Les hommes se retirent, les mains couvertes de sang. Déjà, on jette des centaines de pierres sur le vaisseau funèbre. Jusqu'à le recouvrir complètement. C'est fini, désormais. Erik entreprend son ultime voyage. La bière des funérailles, l'*erfiöl*, va couler à flots trois nuits durant. Leif met le feu à l'immense tas de bois qui a été placé autour du *knörr*. À sa suite, des centaines de Vikings enflamment la fosse.

Freydis, ivre morte, s'affale sur le sol. Deux jeunes hommes, voisins d'Erik, la ramassent et la conduisent vers une maison voisine. Même saoule, même inconsciente, elle baise comme une reine. Tandis que son père rejoint le Walhalla, elle connaît, deux fois encore, l'extase.

Enfance

Une prairie grasse de Norvège qui se jette dans la mer, l'immense forêt de sapins où l'on cueille les myrtilles et les airelles. Le gibier et le poisson abondent. Le sol qui devient mou au fur et à mesure que l'été gagne. Les glands dans le bois de chênes pour nourrir les cochons. De petites communautés installées au bord d'un fjord, sur une île. Les champs qu'on fume, la tourbe qu'on extrait, les agneaux qu'on marque, les moutons dont on découpe la laine épaisse. Ces journées passées à chercher les œufs des oiseaux sauvages, les oiseaux eux-mêmes qu'on attrape au filet. La ferme de Jaederen. Le père, la mère et l'enfant, trop grand pour son âge, trop heureux également. Les côtes échancrées que les marins explorent. La neige, la boue, les congères qui ferment les chemins de terre dès qu'octobre vient. Et cette silhouette, magnifique, le bateau de son père, réservé à la navigation côtière. Cette chanson que la mère lui récite :

« Ma mère veut que l'on paie le prix
Pour acheter mon navire aux fiers avirons
Me tenant debout à la poupe
J'écumerai les mers pour faire du butin
Vaillant barreur viking
De ce brillant navire ».

Et cet homme qui part, de longs mois, son père, avec sa cotte de mailles, son casque en métal et un coffre en bois bourré d'armes. Et ce père qui revient pour les fêtes d'octobre, sale la morue, rentre le bétail et le foin, brasse la bière, couvre sa femme de bijoux, lui fait des enfants et l'amour aussi, habille ses poignets et ses chevilles de fines chaînes d'or et d'argent.

Fuir

Une tradition de famille : le bannissement. En 944, son père, Thorvald Asvaldsson, né dans le Hordaland, en Norvège, vient de tuer un voisin au cours d'une querelle sans importance. Erik Thorvaldsson Raudi a huit ans. Déjà, il parcourt les chemins de cette terre que le vent et la mer ont façonnée. Thorvald est riche, son fils, Erik, héritera. Marin, de mai à octobre, il est agriculteur l'hiver. Le bateau de Thorvald est réputé. Sa coque est fameuse, elle ne se déforme pas dans les tempêtes. Sa quille, taillée dans un seul chêne de plus de quinze mètres, assure au *knörr* toute sa souplesse. Avec ses dix tonnes de charge et son faible tirant d'eau, le bateau de Thorvald remonte les rivières comme nul autre. Quand il revient de ses longs voyages, Thorvald fait travailler les calfateurs, sous le regard émerveillé d'Erik : de la laine, du poil des animaux de la ferme colmatent le fond du *knörr*. L'odeur de goudron bouilli emplit ses narines, habite ses songes. Mais Thorvald, en assassinant ce Godrud qui l'avait insulté, condamne la famille à fuir : le Thing, un parlement composé d'hommes libres de la région, le condamne au bannissement à vie et à la ruine. Tous ses biens sont confisqués et remis au roi Harald « À la belle chevelure », connu pour avoir répudié neuf femmes afin d'épouser la trop belle Lagnhild de Jutland. Il faut fuir, quitter la Norvège. Aller à l'ouest, vers la grande île. Plus tard, Erik saura la vérité sur l'enfant que portait sa mère alors et qui venait de naître : Egil, jeté à la mer, parce que Thorvald ne pouvait l'emmener. Egil qui ne vivra qu'une demi-journée. Cruauté du père.

Le premier grand voyage

C'est le printemps. Erik prend la mer pour la première fois. La route des mouettes et des corbeaux, mon fils ! précise son père. Il a déjà joué un été avec un vieux bateau dont la coque, en cuir, était prête à craquer et avec une pirogue creusée à même un tronc d'arbre. Il a senti la terre se dérober et son cœur chavirer dès la première houle. Le *knörr* de son père quitte aujourd'hui Jaederen en Norvège. Pour toujours. Un bel amas de planches de chêne, avec une forte carène ouverte et plate, une coque rigide, un franc-bord important et le fameux gouvernail placé à la droite du bateau. À bord, trois barils d'eau de source, des masses de foin, cinq moutons, du fromage aigre, du porc salé, des poules, des chèvres, des vaches. Deux petits chevaux sont attachés avec des cordages en peau de phoque, ils se sont couchés au fond de la coque. On s'entasse et on étouffe. L'enfant, le cadet de la famille, se protège du soleil éblouissant de ce printemps des glaces sous la voile carrée blanche et rouge et son réseau de lanières croisées qui lui semblent un prodige de science et d'ingéniosité. Il crève de soif tant le poisson et la viande séchés sont salés. Il croque une pomme, mâche des airelles. Mais le mal de mer ne l'épargne pas. La nuit, il se réfugie, entre les deux demi-ponts, sous des couvertures de peaux. Il tremble, l'humidité a gagné ses os. Ils embarquent beaucoup d'eau, le bordage est bas, Erik écope. Un matin, il se réveille au côté du corps d'un homme mort de fièvres pendant la nuit : il se souviendra longtemps de son père qui jette le cadavre dans les flots, de ce bruit sourd d'une masse qui cogne contre l'étrave. Le ciel, d'heure en heure, se noircit : Thorvald navigue selon la latitude, se guide dans la nuit de la mer, décide selon la couleur, la température de l'eau, les bois flottants ou les glaces qui heurtent la coque d'infléchir son cap. Il connaît la dérive des courants, les poissons, les mammifères marins, la rotation du vent, les houles. Le soleil a disparu à tout jamais et l'étoile Polaire se fait discrète. Thorvald, entre deux manœuvres, raconte à son fils que Floki, qui les a précédés il y a un siècle, a découvert l'Islande en suivant le vol d'un corbeau. Ils contournent les Shetland par le nord, les Féroé par le sud. La mer est si mauvaise qu'ils doivent, quelques heures, affaler la voile. Le *knörr* dérive, porté par les courants et les vents. Puis trois jours durant, le brouillard épais sur la mer, et la lune, enfin, qui éclaire le spectacle de l'Islande prise sous les glaces. Une terre inhospitalière, au premier coup d'œil, avec ces tapis d'algues et ces débris de navires échoués, ces nuées d'oiseaux, les sternes, censés animer le ciel. L'île que Nadodd avait nommée *Snaeland*, pays de neige, en grimpant au sommet d'une très haute montagne. Les silhouettes noires des massifs rocheux, celles, signalées par une épaisse fumée, des volcans, la

Expédition viking. Lithographie d'Albert Sébille, XXe siècle. Bibliothèque des Arts décoratifs, Paris.

ligne brisée des glaciers tout bleus. Les origines du monde qui s'épousent ainsi, la glace et le feu, et donnent naissance aux dieux.

L'Islande

Le lendemain, drossés par un coup de vent imprévu, après avoir abattu la voile, ils atteignent l'île qui va les accueillir et dont ils seront les citoyens. Comme eux, des milliers d'hommes et de femmes ont quitté, depuis des années, la Norvège, la Suède ou le Danemark pour habiter l'Islande. S'y partagent entre le commerce des fourrures et l'élevage. Les côtes, vierges il y a encore un siècle, sont aujourd'hui surpeuplées. L'accueil fait au banni de Norvège est glacial. Ils errent le long de la côte, à la recherche d'une terre qui serait à prendre, sont repoussés jusqu'à Drangar, dans la partie septentrionale de l'île, la plus pauvre. Une presqu'île enfin s'offre à eux. Thorvald, selon la coutume, jette à la mer les montants de son haut siège patriarcal avec les effigies d'Odin et de Thor sur les pommeaux, il suit leur parcours jusqu'au rivage et finit par accoster près d'une source d'eau chaude qui fume continuellement. L'enfant pose le pied à terre : il a vaincu, à jamais, le mal de mer. Les débuts sont atroces : blottie contre une falaise faite de pierres sèches, la famille se nourrit d'une bouillie infâme de gruau et d'un peu de viande séchée tandis que Thorvald entreprend de construire une maison. Une longue bâtisse, avec des murs recourbés verticalement et couverte d'un toit de chaume qui rappelle la coque du *knörr*. Erik apprend vite à être heureux. L'Islande lui réussit, il grandit, démesurément, et fait l'admiration du père. À dix ans à peine, il s'enfonce déjà avec lui le long de la mer de Baffin, bien au nord du cercle polaire, chasse la baleine et traque l'ours polaire.

Les hordes vikings débarquent sur les côtes normandes en 911. Musée des Beaux-Arts, Arhus, Danemark.

Mon père est un pillard

De cette enfance, il n'oubliera aucun détail. Son père aime lui conter les exploits de ses ancêtres vikings, de cette marée qui ne reflue jamais. Les premiers, qui avaient incendié, il y a plus d'un siècle et demi, l'abbaye de Lindisfarne, dans le Northumberland. Leurs voiles rouges le long des grèves du littoral, des îles, comme ses cheveux à lui, Erik. Ses cheveux presque rouges tranchent sur sa peau blanche, laiteuse. Erik le Rouge. Le rouge des incendies qui ravagent les congrégations religieuses, les attaques éclair qui font la réputation des marins venus du Nord, les meilleurs au monde ; le rouge des volcans qui crachent leur feu dans la glace de l'Islande. L'enfant aime les récits fantastiques, tel celui du *Livre des conquêtes*, il apprend par cœur les noms des villes que ses pères ont conquises : Londres, Rouen, Paris, Nantes, Cherbourg, Bordeaux, Saintes, Limoges, Périgueux, Tours… Et après la Gaule, l'Irlande, l'Écosse, dévastées, l'Angleterre envahie et des centaines de monastères attaqués. L'Europe est terrorisée, l'Europe chrétienne est amorphe, sa monarchie agonisante depuis la mort de Charlemagne. L'enfant est ravi. Sa géographie, c'est celle des victoires vikings. Mais encore… La légende des hommes du Nord, de Grim, au temps de Harald Haarfagre, qui avait découvert les Féroé, puis celle de Nadodd, pris dans le mauvais temps, dans les vents, s'échouant dans les neiges et la glace de l'Islande. Les bateaux de Floke Vilgerdssön, partis de Rogaland, chez eux, et passant deux hivers dans les fjords encombrés des glaces de cette nouvelle île. Les *knerrirs* dont les coques à fonds plats permettent de s'échouer sur les rochers et les grèves à marée basse. Les oiseaux de mer, rouge sombre, qui font si peur au reste du monde. Il apprend par cœur le nom de ses héros : Gorm l'Ancien, Alfdan le Noir, Sven à la Barbe fourchue, Harald à la Dent bleue, Sigurd Œil de serpent, Huitseah Chemise blanche, Harald à la Dent guerrière, Ivar le Désossé, Björn Côtes de fer, Oleg le Sage, Erik à la Hache ensanglantée, Harald au Gris manteau… Ces seigneurs de la mer, qui ne font

Navires scandinaves. Aquarelle du XIXe siècle. Musée naval, Madrid, Espagne.

qu'embarquer et débarquer, errant d'une vague sur l'autre, d'une île à l'autre, mais qui ne sont eux-mêmes que portés par l'océan. Et pour qui ce tas de planches qu'on nomme chez eux *knörr* est la promesse d'un nouveau monde, d'un monde, bien sûr, plus doux à vivre.

Strandhögg

Son père lui apprend enfin comment surprendre la proie. Violemment, sans prévenir : *strandhögg*. Comment égorger, empaler au bout d'une lance, incendier. De vrais dragons volants, ces Northmani. Embusqués dans les embouchures des fleuves. Le dimanche, à l'heure de l'office, les jours saints. Coups de main, raids éclair : porter un coup, *högg*, sur la rive, *strönd*. Les monastères et les églises sont des victimes aisées. Erik découvre le vrai métier de Thorvald, celui qu'il exerce, loin de sa famille, tout l'été. Aventurier des mers et des embouchures, guetteur de fortunes. À quinze ans, Erik l'accompagne enfin, une fois les semailles faites. Père et fils s'associent avec quelques hommes du voisinage, formant un *felag*. Avec Thorvald, il partage ce goût du luxe qui leur fait transporter l'ambre et les fourrures, placer le serpent ou le dragon à la proue avant d'attaquer leurs proies. Erik part sur d'autres *knerrirs*, et, à son tour, pille, brûle, viole et s'enrichit. Il butine : vases sacrés en or, crosses en argent, pierres précieuses des reliquaires. Fait rouler le *knörr* sur des troncs d'arbres si des rapides se présentent, souque ferme avec ses marins s'il faut que l'aviron remplace la voile par calme plat. Attaques foudroyantes, suivies d'un rapide repli sur les bateaux, avec les trésors, les otages, les esclaves. Commerce des hommes et des femmes. Trafic païen. Son pays, comme ceux des Danois ou des Suédois, est si pauvre : graisse de baleine, fourrures, peaux, poisson… Sans parler de la famine qui sévit en Islande. Et là bas, plus bas, les soies, les fruits, les épices, l'or et les bijoux. Erik, endossant sa veste de cuir doublée d'une cotte de mailles, se couvrant d'un casque qui lui protège le front et le nez, part

quatre années. Il participe au massacre de Cadix, à celui de Lisbonne, jette à la mer les grands piliers de son haut siège, suit leur tracé dans l'eau, fait halte là où ils s'échouent sur la côte, puis les ramasse pour la prochaine escale. De son arc, à la corde tressée de cheveux de femmes, Erik décoche des flèches meurtrières. Taille dans la chair, avec son épée projetée devant lui, crève les yeux avec son poignard, fait tournoyer autour de son corps sa grande hache aiguisée et fend l'ennemi en deux morceaux. Pare les coups de son bouclier en bois renforcé par des plaques de métal repoussé. Mais toujours revient en Islande, guidé par un vol de corbeaux, retrouve sa maison de tourbe et de pierre, décharge les trésors accumulés pendant ses raids, tire, pour l'hiver, le bateau sur des troncs d'arbres et le remise sous le grand hangar de bois. Erik repart à l'assaut des grandes forêts, et s'étant fait bûcheron, taille à la pelle les hauts bouleaux, vend du bois, calfate les quilles des bateaux amis, pêche dans les fjords bordés de volcans, là où l'eau est plus chaude.

Thornild

Sa poitrine, lourde comme « une proue de navire », la distingue de toutes les femmes de la presqu'île. Sven, son mari, vient de mourir en mer, en bon pillard païen qu'il était. Au solstice d'hiver, pour la fête de Jul, Erik épouse la jeune veuve, âgée de vingt ans à peine. Et quitte la maison paternelle pour s'installer près de Haukadal, au bord du fjord Hvamms. Il est enfin chez lui. Il a promis, en se mariant, de ne plus repartir piller et ensanglanter le monde. Avec Thornild, ils défrichent une terre. La nomment Erikstadir. Défient le vent, la neige qui, chaque hiver, recouvre tout. Engrangent du foin, font se reproduire les moutons. Construisent une vaste maison, placent un marteau au fond de la couche conjugale, honorent les dieux de la fécondité, Freyn en tête, font des enfants, deux garçons d'abord Leif, qui sourit à la vie dès qu'il sort du ventre de sa mère, puis Thorvald, nommé d'après son grand-père. Trois ans plus tard, Thorstein naît. La famille est au complet avec l'arrivée d'une petite diablesse, la seule fille de la tribu, Freydis. Thornild n'est pas la mère, mais puisque c'est une fille et qu'elle est la première, elle l'adopte.

Tentations

Erik a juré de ne plus reprendre la mer. Mais il croise des Suédois qui lui parlent de la Russie d'Oleg le Sage, leur chef, de Kiev qu'ils ont fondée, des fleuves qui conduisent à la mer Noire, du royaume de Sicile, de la Méditerranée. De la route du Nord, *nordrvegr*, où l'on trouve l'ambre, de la mer de Barents, de la mer Blanche, de Mourmansk ou d'Arkhangelsk où les leurs se sont installés. D'autres l'entretiennent du long voyage de la mer Baltique qui les conduit dans le golfe de Finlande, de la Neva qu'ils remontent, du lac Ladoga, du Dniepr, de la Volga et du Don, du chemin de Byzance, de la mer Caspienne et des richesses qui viennent de Bagdad, de Samarkand, de Boukhara ou de Tachkent, de la soie conduite depuis la Chine, des épices de l'Orient. On lui parle des femmes à la peau mate de Gibraltar, des Africaines qu'on trouve en Andalousie, du soleil des îles Baléares. Et lui, qui n'a rien à vendre que des ivoires de morse, du poisson fumé, de la laine de ses moutons, des rouleaux de *vadmal*, un tissu de bure qui les habille, et quelques fourrures ! Le mois de mai arrive qui annonce la tonte des moutons, la peau que l'on dégraisse et carde, le patient travail du métier à tisser pour les femmes de la maison. La terre d'Islande se fait petite, il lui tarde de retourner sur la mer. À Leif, il apprend, comme son père Thorvald l'a fait, le goût de la liberté en lui construisant un petit bateau. L'enfant joue à la balle, nage, lutte, aime déjà les combats de chevaux. Un jour, ils iront ensemble, avec Thorvald et Thorstein, chasser les ours blancs et les faucons.

Des hivers durant, parce qu'il ne part pas, Erik s'enivre nuit et jour. Il rêve à des butins fabuleux, tire des plans sur la comète, s'endort à l'évocation de ses exploits futurs. Il joue aux échecs, part avec des patins et des skis casser un peu de glace sur les rivières, couche avec des jeunes vierges que des voisins lui procurent contre un peu d'argent. Sa ferme s'agrandit, la famille s'enrichit de quelques enfants naturels. Un forgeron travaille pour lui, une année durant, une épée dont la lame d'argent sera invincible. Il se sait encore jeune, ambitieux, ne sait comment contenir en lui la violence qui lui vient de son père. Si Thornild continue de porter le trousseau de clefs de bronze à la ceinture, signe qu'elle est la

Fjord norvégien.
C'est dans ce décor qu'Erik le Rouge a passé une enfance heureuse, dans la ferme paternelle, avant l'exil.

Détail d'une stèle viking représentant un *knörrr*
Musée historique, Stockholm, Suède.

première épouse, nombreuses sont les femmes, souvent esclaves, qui partagent désormais sa couche. Il rentre tard dans la chambre où son épouse dort déjà. Le lendemain, Thornild partage le bain avec les autres femmes d'Erik, leur lavant les cheveux pour que son mari ne perde pas le désir d'elles. Freydis vient d'avoir quatorze ans.

Hors la loi

La nuit, souvent, après avoir bu, Erik convoque, dans ses insomnies, le dieu au marteau, Thor. Un soir d'avril, après une journée passée dans la forêt avec elle, c'est à Freydis, sa fille, qu'il fait l'amour. Et la donne à Leif, comme à ses deux autres frères, pour leur procurer du plaisir. Freydis, belle, ardente, aimante, le détourne de plus en plus de sa femme. La fille aime son père. Il remplit son ventre, tous les jours, de sa semence. Un voisin, Eyiolf l'Infect, tourne autour de Thornild, abandonnée ou presque. Deux des domestiques d'Erikstadir sont tués et le crime porte la marque d'Eyiolf. Erik se souvient de Thorvald, son père, et décide de se venger. Avec son épée à double tranchant, il fend le crâne d'Eyiolf et dans la lutte, égorge Harfn le Batailleur, venu prêter main forte à l'Infect. Un procès le condamne à être banni de sa terre, sinon de l'Islande. Erik se déplace alors avec sa famille sur l'île de Sudrey, non loin de son ancienne ferme. Un sol ingrat, une terre pauvre, il boit plus que jamais. Provoque un voisin dont il tue, sans vergogne, les deux fils et quelques serviteurs... Erik, désormais, fidèle à sa réputation d'homme violent, est déclaré hors la loi. Thornild se refuse désormais à lui tandis que ses fils s'éloignent. Seule Freydis reste fidèle. Erik n'est pas mécontent et attend d'être jugé.

985. Trois ans de bannissement !

L'Althing, l'assemblée des hommes libres, ne sait pas encore qu'elle est le premier Parlement en Europe. Mais elle sait, se réunissant pour le solstice d'été, qu'elle condamne Erik le Rouge à trois années de bannissement. Erik n'est pas superstitieux, il ne voit dans la répétition de l'histoire que la confirmation d'une vérité : sa famille est et restera maudite. Mais il sait également qu'il vient de se délivrer du serment fait à Thornild de ne jamais reprendre sa vie de coureur des mers. Car où partir sinon sur l'océan ?

Le vert pays

Il faut partir. Et vite, car c'est l'été. Erik le Banni se souvient de ce récit d'un marin, un certain Gunnbjoeorn, qui avait croisé une terre désolée, lors d'une tempête qui l'avait éloigné des côtes islandaises. Il y avait bien « un quelque chose » à l'ouest. Ils iront là. Trop à l'ouest. Un *knörr* est acheté, à prix d'or, à la famille d'un marin qui vient de mourir. Des charpentiers retapent le bateau, les calfateurs travaillent à leur tour. Erik semble revivre à l'évocation de la mer qu'il va prendre. La voile, rouge, porte en son beau milieu l'image d'un corbeau noir. La traversée est rapide, Erik retrouve, en un instant, le sens de la manœuvre, le bonheur d'être au beau milieu de l'océan. Le « quelque chose » est abordé par sa côte orientale, de très hautes falaises qui se jettent dans la mer, une immense bande de glace, abrupte, dont des morceaux se détachent brutalement et menacent leurs embarcations. Trois semaines à se méfier des courants qui les rabattent contre la paroi de roche gelée. L'île est immense, inconnue, inexplorée. Elle semble se résumer à cette immense calotte glaciaire contre laquelle ils ne peuvent accoster. Erik la contourne, franchit le cap Farewell. Les fjords de la côte occidentale laissent apparaître quelques pâturages. Des vallées presque luxuriantes près de Godthaab où il se fixe et rêve d'installer une colonie, un jour, une république arctique. Le pays vert : Groenland. Un matin, il jette les hauts montants et fait glisser son *knörr* sur une plage. Pour la première fois depuis six semaines, lui et les trente hommes et femmes qui l'accompagnent mettent pied à terre. Ils allument un feu avec du bois d'épaves. Ils s'installent, se dispersent, fondent des communautés, des fermes. Pendant trois ans, Erik explore la côte sud-ouest. Sa peine exécutée, il revient finalement en Islande, convaincu qu'une terre nouvelle attend ses immigrants. Groenland, le nom, sinon la réalité, est désirable : comment pourrait-on y être plus malheureux qu'en Islande ? C'est en 990 qu'il repart à la tête d'une flotte de vingt-cinq bateaux : la mer est terrible cette fois, ils affrontent tempête sur tempête. Onze des navires sombrent, corps et biens. Sur les mille hommes et femmes embarqués, seuls six cents s'installent sur les rives de cette nouvelle colonie. Le mirage apparaît vite trompeur, on manque de tant de choses. Où est donc le Groenland, le pays vert qu'on leur avait si bien vanté ? On vend des peaux, des dents de morses, des fourrures. Les fermes végètent. Des porcs, des moutons et des chevaux pour toute compagnie. Et dans l'intérieur du pays, sauvages, des lièvres, des oiseaux. La mer est plus généreuse et leurs filets et hameçons donnent de jolies surprises. Les longues défenses des morses sont d'un très bel ivoire, les phoques et les baleines donnent une huile excellente et les ours polaires qui traînent des journées entières sur la banquise ont une fourrure très recherchée.

Leif, à son tour

1001. Leif, fils d'Erik le Rouge, quitte le Groenland et la ferme de Brattahild. Avec ses cheveux plus fins que le lin, plus blonds également, il a déjà, à vingt-cinq ans, conquis la plupart des femmes du voisinage. Son père lui a donné le goût des départs improvisés. Il a entendu parler de ces terres nouvelles qui sont riches en prairies et en vignes. Trente-cinq hommes à bord de son *knörr*, dont Bjarne Erikssön, qui a croisé les côtes du Labrador et servira de guide. Au dernier moment, Erik le Rouge ne les accompagne pas : sur le chemin du départ, monté sur un petit cheval censé rejoindre la baie où le *knörr* l'attend, il s'est fracassé une épaule et enfoncé trois ou quatre côtes. Leif propose de repousser son départ. Erik refuse et lui ordonne de partir. Il serait un poids, car il est incapable de manœuvrer. Et Leif, élevé à bonne école, sait faire, et mieux que quiconque ! De longues heures, perché sur le haut d'une colline, le père regarde son héritier prendre une route parmi les plus dangereuses qui soient, une route très septentrionale. Le brouillard se met de la partie, ils manquent de heurter de plein fouet un énorme bloc de glace qui mesure trois fois leur hauteur et dix fois leur longueur. On n'y voit goutte : pas même l'extrémité du mât ou la poupe à quelques mètres. Une terrible averse de glace fait des ravages sur le bateau et parmi l'équipage. Les voiles sont tendues par un vent glacial, qui fait craquer les peaux. Plus de mille deux cents milles sont parcourus sans côte en vue. Leif ne sait pas qu'il est le premier marin au long cours de l'histoire de la navigation des hommes. Aucune île, aucune terre à l'horizon, trois, quatre, cinq, six jours, une semaine enfin. Faim, soif, mal de mer, des vagues hautes comme des forteresses et, à bord, une humidité tenace. Mais Leif, comme Erik le Rouge, est heureux sur mer. Habité par l'instinct, rien ne lui résiste. Au large enfin, une silhouette apparaît. Leif touche la terre de Baffin, aride et inhospitalière, Helluland – le pays des Pierres plates –, le Labrador, plus verdoyant, Markland – le pays des Forêts –, reconnaît une île. Un feu de tourbe les réchauffe. Une baie, poissonneuse, lui offre pendant un hiver un abri raisonnable. C'est Terre-Neuve. Et plus loin la côte américaine. Celle du Nouveau-Québec ? Du Massachusetts ? Une année entière, Leif explore cette terre nouvelle, riche en « fruits de vin », des raisins sauvages, des groseilles peut-être. Il remonte avec ses hommes une rivière, atteint un lac, où les saumons

Passer la banquise et ses terres glaciales pour découvrir des terres plus hospitalières.

sont aussi gros qu'excellents. Comparé au Groenland, ce pays est paradisiaque : le soleil y fait de longues incursions, le fourrage ne pourrit pas l'hiver. Ce sera le Vinland. C'est-à-dire le Nouveau Monde.

La mort de Thorvald

1004. Thorvald, le frère de Leif, décide à son tour d'explorer les côtes du Vinland. Trente hommes l'accompagnent et accostent non loin de la terre découverte par Leif. Thorvald se plaît le long de ces plages de sable, explore la côte à l'est, au nord, de nombreux fjords. Un matin, tandis qu'il tente de réparer la quille endommagée de son bateau, il aperçoit une dizaine d'indigènes dont les flèches l'atteignent mortellement. Trois ans plus tard, Thorstein et sa femme, Gudrid, tentent, en vain, en s'approchant du Vinland, de retrouver le corps de leur frère.

Dernier soir sur le Nouveau Monde

1010. Leif a veillé son père toute la nuit. Erik a déliré, un peu, transpiré, beaucoup. Et s'est soulevé du lit, brusquement au petit matin, en hurlant : « Je vais mourir en riant ! » Il a demandé à son fils d'aller chercher le bateau qui sera sa tombe. Lui a raconté une dernière fois ces nuits passées à bord à guetter, ces grands incendies qu'ils allumaient dans toute l'Europe, ces rapts que Thornild a fini par réprouver mais qu'il a tant aimés : trente *strandhögg*, au minimum, tous les trois mois. Comme l'aigle qui se jette sur sa proie, il a pris l'essentiel, brûlé le reste et filé sur son bateau. Trop de nuits commencées au début de l'après-midi et se dissipant tard, le matin. Et pourtant, à eux deux, lui le père, lui le fils, ils ont découvert le pays vert et le Nouveau Monde. Et, avec eux, les leurs, quelques milliers d'hommes au grand maximum, ont parcouru quatre continents, trois siècles durant. Mais bientôt, jure Erik, on ne les croira plus, le climat se refroidira, les glaciers avanceront vers le sud, isoleront le Groenland, repousseront la végétation. On ne retiendra d'eux que leur fureur de *berserkers*. Leur rêve s'évanouira comme la vie meurt, lentement, sous le poids de la neige. Il est maintenant venu, le temps d'embarquer pour toujours. Et de mettre le feu, une dernière fois, au *knörr* qui va s'abîmer dans la mer profonde de leurs ancêtres.

Chapitre IV

La si longue absence de Marco Polo

« Dans l'arsenal des Vénitiens, l'hiver... bout et rebout la poix tenace pour calfater leurs navires malades (car le temps n'est point de nager)... L'un fait son vaisseau neuf, et l'autre étoupe les flancs à ceux qui ont fait maints voyages ; tel rive clous en poupe et tel en proue ; qui taille un aviron, ou tord des drisses, qui rhabille hunier ou artimon ; telle... bouillait céans une poix noire, épaisse, qui engluait de toutes parts la rive. »

Dante, *L'Enfer*, chant XXI.

TOUT COMME ULYSSE. Il revient chez lui, comme il en est parti en 1271. Sur un bateau. Un quart de siècle plus tard ! 1295. L'adolescent s'est fait homme. Plus riche certes, épuisé, vieilli, sa barbe noire toujours aussi abondante mais tirant sur le gris, et fort d'une sacrée certitude : on ne le reconnaîtra pas. Ni lui ni les autres de l'expédition qui portent son nom et parlent sa langue. Rien en lui, pour les rassurer, du patricien vénitien ordinaire, du grand bourgeois d'affaires, dans son habit décoloré, l'allure un peu « tartare », par le chapeau, les bottes fourrées, la soie de la chemise, la brûlure de la peau et la profondeur d'un regard délavé par tant d'expériences différentes, étrangères. Les voyages tuent la jeunesse, surtout sur la mer. Il a aujourd'hui quarante-deux ans et parle six langues. On le croit mort, à supposer qu'on se souvienne qu'il ait jamais existé. Mort de fièvres, de faim, empalé, découpé, noyé, décomposé, mangé. L'Asie fait si peur. Et les Mongols sont si violents ! Cruelle destinée que la leur ! Depuis si longtemps, on a oublié leur allure, leurs traits, leur nom. Une bien étrange famille, ces Polo-là. Mauvais commerçants ! Trop de temps pour faire fortune ! Une si longue absence ! Ils ont pourtant, ce matin d'hiver du retour au pays, lui, son père et son oncle, des cailloux plein les poches et des pierres précieuses garnissent les doublures de leurs manteaux. Pour épater la galerie. Faire la distribution, s'attirer de nouveaux amis, ranimer les anciens, l'affection oublieuse, les ingrats. Ils ont surtout des histoires à raconter, à dormir sur des milliers de tapis volants, des contes pour enfants et adultes, tant de langues étrangères, d'anecdotes, de paysages qu'ils pourraient décrire, tout comme les mœurs qui ne sont pas celles d'ici. Nul à Venise n'a la science, l'expérience qui est aujourd'hui la leur. Parce qu'ils ont vu des mondes incroyables, parce que la Chine, l'Inde, l'Indonésie leur sont si familières. Ils sont certainement, ces trois Polo, à ce moment précis de l'histoire du monde, en 1295, ceux qui, du monde, connaissent le plus de choses. Ce n'est pas si fréquent, il y a toujours quelqu'un pour rivaliser, mais là, non. Giovanni de Montecorvino, peut-être, chargé d'établir lui aussi des relations avec le Grand Khan, futur archevêque de Pékin, qu'ils ont croisé en route, dans le port d'Ormuz certainement, à l'entrée du golfe de Perse, mais qui allait dans l'autre sens et qui ne peut encore raconter son périple. Mais Venise s'en fiche, qui gagne chaque jour ce qu'ils ont mis tant d'années à amasser. Leur retour n'intéresse personne. Leur gloire ne rejaillira pas sur la cité des Doges, quoi qu'on puisse dire plus tard. Vingt-cinq ans hors de chez soi, ce n'est pas sérieux pour un bon armateur de Saint-Marc. Cette ville est marchande, qu'on ne la croie pas aventurière ! Les lignes de la Sérénissime sont mieux réglées que la famille Polo ne l'est : on part en été, on revient au plus tard à la Noël. Les cales débordant de bonnes, odorantes et coûteuses marchandises.

Le bateau se rapproche, le père, l'oncle et le fils sont sur le pont, se taisent, écrasés par l'émotion, la richesse de cette architecture, l'abondance de nouveaux palais, l'indifférence de l'accueil. Ils ne reconnaissent rien ou presque. Un temps, le plus jeune d'entre eux, Marco, en regardant par-dessus le bastingage la ville qui se découvre à lui, pense à Ulysse. À chacun son Ithaque. Venise est bien ingrate. Mais Marco Polo ne rêve plus qu'à une chose : dormir chez lui, après tant d'années passées à l'étranger. Et boire un peu de vin frais dans un beau verre taillé.

Un long voyage

Il y a trois semaines à peine, grâce à de bons vents, ils étaient à Alexandrie. Grenier du monde où ses

PAGE DE GAUCHE
Navigateurs cherchant leur route dans l'océan Indien à l'aide d'un astrolabe.
Livre des merveilles du monde de Marco Polo, 1410-1412.
BnF, Paris.

CI-DESSOUS
De Venise à Pékin, le fabuleux voyage de Marco Polo et son retour, vingt ans après, par la mer.

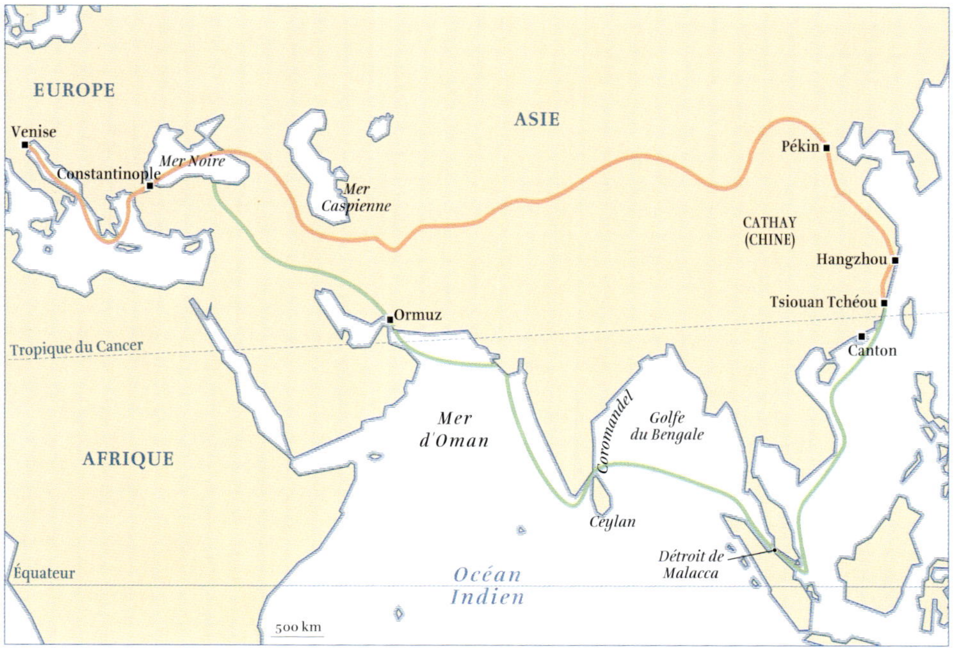

Portrait de Marco Polo (1254-1324) en costume tartare. Gravure de Grevembrock, *Les Vénitiens*. Musée Correr, Venise, Italie.

La caravane
de Marco Polo voyageant
vers les Indes.
Atlas catalan, 1375.
British Library, Londres,
Royaume-Uni.

compatriotes vont charger les galères. Là, quatre siècles plus tôt, leurs ancêtres sont venus récupérer les reliques de Saint-Marc et les ont portées en triomphe dans leur ville. En les faisant passer, dans un coffre, pour de la viande de porc ! Quand Marco sera rendu à destination, il ira remercier l'apôtre dans la nouvelle basilique qui lui a été consacrée. Le remercier d'avoir été plus loin que ses prédécesseurs sur la route de l'Orient. Son trajet par la mer ne connaît pas d'équivalent à cette date. Mais il n'y a définitivement personne, en ville, pour rendre hommage à cette extraordinaire expédition dont ils reviennent miraculeusement indemnes.

Venise, au loin

La Sérénissime enfin. Sa silhouette sortie de la brume. La ville la plus incommode qui soit. Il en a fallu du génie à ses pères, fuyant les Lombards, pour bâtir cette cité dans ce labyrinthe aquatique du nord du delta du Pô, s'appuyant sur quelques huttes et des cabanes de roseaux sur pilotis plantées là par des pêcheurs vénètes. Mais c'est bien lui l'héritier de ces marins qui ont chassé les pirates de l'Adriatique, conquis les îles Ioniennes, libéré les ports dalmates, construit avec le bois des forêts d'Illyrie de nouvelles galères, de belles naves et des galées. Et qui ont imposé au monde leur monnaie, au côté du florin florentin : Marco a trouvé des sequins d'or jusqu'aux confins de l'Asie. Le sequin, *zecchino*, ducat d'or à l'effigie de Saint-Marc. La banque de Saint-Marc, la plus ancienne d'Europe, a très bonne réputation.

Épouser la mer

Il a envie de commettre un geste sacrilège en approchant de la ville. De se prendre pour le Doge, le temps d'une arrivée triomphale, de se croire le jour de l'Ascension, d'échanger leur mauvais navire pour le *Bucentaure* tout à son apparat et de se marier, sous la

Venise et le Grand Canal. Peinture de Giovanni Antonio Canal, dit Canaletto.

bannière au lion de Saint-Marc, avec l'Adriatique. D'un geste précis, il enlève la bague que Kubilay lui a offerte comme cadeau de départ, la jette dans le flot et déclare : « Je t'épouse, ô Mer ! »

Perdre la boussole

La boussole : cette aiguille d'acier, aimantée, plantée dans un roseau, flottant sur l'eau d'un bassin, et mise en rotation par une pierre d'aimant. Ils sont à bon port, grâce à elle. Puisqu'elle ne sert plus, Marco l'envoie rejoindre, au creux de la lagune, la bague du Grand Khan. Et avec elle, tous les instruments de navigation : un compas rudimentaire, un sablier, des tables astronomiques, un astrolabe pour mesurer la hauteur des étoiles et une dizaine de cartes. Il a surtout navigué au jugé, à l'estime ; ainsi va sa vie. Marco Polo s'est fait le serment de ne jamais repartir.

La terre ferme

Ce n'est pas la terre ferme qu'ils vont aborder, c'est Venise, ville qui ne regarde que vers la mer. La terre, à Venise, n'est qu'un stérile marécage génialement transformé en magasin à négoce ou en entrepôts à marchandises. Mais cette ville ne sait que caboter, suivre les côtes : la haute mer lui fait horreur, pour ne pas dire qu'elle lui fait peur. Marco et les siens, en cela, ne sont pas vénitiens.

L'Orient du monde

C'est là qu'il a appris son goût de l'Orient : Venise à l'est du globe. Venise, reine de l'Adriatique, de la mer Égée et de l'Asie. Fille du levant méditerranéen avec ses deux concurrentes : Pise Saint-Sixte, Gênes Saint-Georges. Venise Saint-Marc : *Primo Veneziani, poi cristiani*. Ses doges, longtemps, n'ont relevé que de l'empereur de Byzance, qui déchargeait ses navires quelque part près de Torcello. Byzance épuisée, Venise a pris sa place, avec ce goût de l'intrigue et du négoce qui la caractérise, en occupant la Corne d'Or. La Méditerranée commençait de lui appartenir et s'il n'y avait pas eu ces fâcheuses voisines, Pise et Gênes qui, d'Antioche, contrôlaient les caravanes chamelières chargées d'épices et faisaient affluer l'ivoire, l'or et les soieries en Occident, le monde aurait été à elle. Sidon, Tyr, la Crète, l'Eubée, la mer Égée, Rhodes, la mer Noire... Des comptoirs à Tripoli, à Alep et Damas en Syrie, en Palestine... Et des ambassades commerciales à Bruges, Londres, Southampton. Au début de ce siècle, en 1204 exactement, les croisés, ses alliés, avaient fait tomber Constantinople, ouvrant la voie à la famille Polo, qui cherchait à s'installer à l'Orient du monde. Les rives du Bosphore semblent rejoindre, dans un même mouvement d'intérêt, celles de Venise : Constantinople-sur-Adriatique. Andrea Polo y fait des affaires, avec d'autres Vénitiens. Exemptés de droits de douane, sympathisant avec les musulmans, Andrea et ses deux fils, Niccolo et Matteo, se mettent à voyager, fondent un établissement, sur la route de la soie, à Bukhara, en Crimée, vont en Chine. Venise est alors la maîtresse du monde : sur toute la planète des comptoirs la fournissent, des agents la représentent, des marchands l'enrichissent, des marins la transportent. La bannière au lion ailé flotte sur Byzance mais aussi sur l'Adriatique, l'Albanie, la mer de Marmara. La cité est au carrefour de toutes les routes : de l'Asie méridionale, du monde arabe, de l'Inde... Chaque année, le Sénat décide d'une expédition lucrative, garantit la sécurité des marchands en armant les galères contre les pirates qui arpentent la Méditerranée. Quelques mois d'absence seulement pour faire le plein d'Asie en un voyage groupé. Tout est commerce, navigation, seul le profit importe. Marco déteste les convois. C'est pourquoi, quand Matteo, son oncle, et Niccolo, son père, sont revenus à Venise et lui ont parlé de ce voyage qu'ils voulaient faire de nouveau en Chine, le jeune Marco n'a pas hésité. L'aventure, enfin, dans ce monde de banquiers et d'épiciers de luxe. C'était en 1271, sa mère était morte, et c'était malgré tout une belle année dont il se souviendrait.

La vérité sur les Polo

Marco comprendra un peu plus tard, lorsqu'ils seront en route, que Constantinople, depuis dix ans déjà, s'est détournée de Venise. Que le nouvel empereur grec n'aime guère les étrangers et que son père et son oncle sont rentrés, non pour l'emmener visiter la Chine, mais parce qu'ils étaient devenus là-bas, à Constantinople, dans cette ville si vénitienne, franchement indésirables. Adieu la Corne d'Or !

La Chine s'ouvre à Venise

Voyager pour voyager. Ils prennent leur temps, mais ne passent pas par la mer. Telle était pourtant leur intention à l'origine : éviter la route continentale, la route terrestre de la soie, avec ses hauts plateaux, ses déserts, ses steppes et grandes montagnes, ses cols enneigés toute l'année, ses dangers... Une route effroyable, coincée entre les neiges et le désert de sable, traversée par de farouches brigands à la recherche de caravanes égarées. Avant eux, deux franciscains, Jean du Plan Carpin et Guillaume de Rubroek l'avaient prise. L'autre route est plus sûre : la Méditerranée orientale, la mer Noire, Bagdad, Samarkand, l'Asie centrale, la Chine. Arrivé à Ormuz, Marco s'émerveille : « Sur la rive de la mer Océane, il y a une cité de grand commerce qui est appelée Ormuz, laquelle a un port. Et je vous dis que les marchands y viennent de l'Inde avec leurs nefs chargées d'épiceries, de pierreries, d'étoffes rares, de draps de soie et d'or, de dents d'éléphants et d'autres marchandises. Et ils les vendent à d'autres marchands qui les transportent par l'universel monde. » Mais, à Ormuz, nul bateau pour l'Inde ni pour la Chine qu'on dit fort agitée en ce moment. Il faut reprendre la route de terre au grand désarroi de Marco qui rêve d'affronter la houle. Il faudra attendre

près de vingt ans pour faire le chemin sur un bateau ! Ils finissent, après deux ans de route, après l'Arménie, la Perse, l'Afghanistan, le désert de Gobi, le Pamir et le Turkestan, par atteindre le nord de la Grande Muraille où se tient la résidence d'été de Kubilay Khan, l'empereur de Chine. Rares sont les Européens qui font un pareil voyage : les galères de Venise ne peuvent marcher sur la chasse gardée des marchands arabes qui vont, eux, en Chine. Mais le temps d'un printemps, la Chine s'est ouverte à Venise, Gênes et l'Europe du Nord. Les Mongols ont conquis l'Asie centrale et sont prêts, faisant fi des intermédiaires arabes, à échanger directement avec les ports de la Méditerranée, de l'Adriatique. Un jour, bientôt, cette voie sera impossible, quand l'Empire mongol aura éclaté, et il faudra reprendre le chemin de l'océan Indien et retrouver les frères de la côte !

Kubilay, le sage souverain

Faute de le convertir à la chrétienté, Marco Polo en devient l'un des hommes de confiance, zélé fonctionnaire mongol à la cour de Pékin, gouverneur de Yang-Tcheou, sur le delta du fleuve Bleu, envoyé au Tibet, et en tant d'autres missions. La famille Polo inspecte pour lui son administration aux quatre coins de son immense empire, le renseigne sur l'état de sa bureaucratie, du système des impôts. Ils sont bien récompensés : un titre, un rang, une rente, rien ne manque. L'Empire mongol est immense : du fleuve Jaune au Danube, de la Sibérie au golfe Persique, de la Russie à la mer de Chine. Kubilay aime Marco Polo et ne veut pas le laisser partir. Mais l'emploi d'administrateur ne saurait faire rêver toute sa vie celui qui se voulait marin intrépide. Kubilay, s'il est un Grand Khan, est un médiocre souverain des mers : Marco Polo assiste à ses débarquements manqués au Japon, par deux fois, dans les îles de l'Insulinde et apprend, avec tristesse, que la flotte mongole a été décimée par les vents violents qui soufflent au large.

La Chine et la mer

Marco Polo écume le continent chinois. Se passionne pour le commerce maritime entre la Grande Chine et les mers du Sud, la circulation sur les grands fleuves, le négoce extraordinaire dans les grands ports : épices et cotonnades, perles et diamants. Il ne se lasse pas du spectacle des grandes jonques chinoises à haut bord et quatre mâts ou plus, avec leurs cloisons étanches, leurs luxueuses cabines, les barques et les remorqueurs qui les accompagnent. Admire aussi les *praos* malais avec leurs balanciers et les boutres indiens. Il va à Ceylan, cherchant pour le compte de Kubilay, qui songe à se convertir, des reliques ayant appartenu au Bouddha.

PAGE DE GAUCHE
La baie d'Ha Long, Vietnam.

CI-CONTRE
Portrait de l'empereur chinois Kubilay Khan. *The Book of Sir Marco Polo*, 1903. Coll. privée.

Marco Polo aime la mer

Mais après tant d'années, Venise finit par leur manquer. Peu d'Européens sont revenus de Chine par la mer pour rejoindre le golfe Persique. Marco Polo a insisté pour que cette route-là soit retenue. Les guerres entre Kubilay et son ennemi juré, Khaïdou, rendent la voie continentale improbable à hauteur de l'Asie centrale. Pour un Vénitien, Marco Polo fait preuve d'audace, notent ses père et oncle : ses compatriotes s'aventurent rarement au-delà de la Méditerranée. Marco revient d'une longue navigation autour de l'Inde où il agit comme ambassadeur quand Kubilay leur confie la mission du retour. La dernière en date, qui permet de retrouver Venise, après seize ans de bons et loyaux services à la cour la plus belle au monde : conduire une princesse, fille de Kubilay, la jeune Cocachin, pour la marier au prince mongol régnant sur la Perse, Ilkhan Arghun. Pour tempérer

Le port de Gênes, Italie, la rivale de Venise. Carte de 1597.

les ardeurs maritimes de Marco, Matteo et Niccolo lui parlent, une nuit durant, des steppes et des rives sauvages de la mer Noire qu'ils ont habitées, des tempêtes glacées qui viennent du Nord, de cette mer si différente de la leur, si inhospitalière. Il les écoute à peine, décrit les foires aux poissons, les barils d'esturgeons salés, les grandes pêches, les bateaux qui chargent la viande fumée, la promesse de la Volga, de la mer Caspienne, les caravansérails... De cette route qu'il ne prendra jamais, il pourrait pourtant leur parler des heures. Marco aime la mer, toutes les mers.

Retour à Venise

Ils partent en 1292 du port de Ts'inan-tcheou, chef lieu de la province du Fou-kien, et le cortège est magnifique. Quatorze jonques à quatre mâts, douze voiles, luxueusement équipées, avec des cabines, des bateaux de sauvetage traînés en remorque. Six cents personnes pour escorter une seule femme ! Mais une princesse. Marco Polo ne cesse de consigner des observations sur le mouvement des navires au sortir des ports, en mer, sur leur équipement. La mer de Chine, le détroit de Malacca. Sumatra est la plus longue des étapes, cinq mois à attendre dans un fortin, en craignant que quelque anthropophage ne monte à bord. On se charge d'épices, de muscade principalement. Marco décline l'invitation qui lui est faite d'acheter un couple de rhinocéros et une dizaine de jeunes singes tant le voyage paraît précaire. Ils font leur chemin, patiemment. La côte indochinoise, Singapour qu'ils doublent, Ceylan, l'Inde, immense, Bombay, magnifique, les rives persanes de l'océan Indien, le golfe Persique, puis Ormuz. La princesse Cocachin tombe mal : son futur époux vient de mourir, on la confie donc à son fils, Ghazan, qui cherchait une femme. Trois ans après avoir quitté la Chine, ils seront à Venise. Un bateau, de Constantinople, les conduit chez eux. Marco a quarante-deux ans, il lui reste trente ans à vivre.

Galères

Le bateau remonte le long de l'Arsenal. La plus grande usine à navires au monde, dans la partie orientale du port, avec ses moules, sa fabrique à canons, sa poudrière. Des centaines d'hommes s'affairent autour d'une poignée de galères marchandes qu'on achève de construire. Plus au fond, gardées par quelques soldats, trois galères de guerre n'attendent plus que de s'élancer sur les flots. Leurs voiles latines triangulaires déjà flottantes, les bombardes et les arquebuses prêtes à entrer en action. Avec leurs rangs vides de rameurs. Toute-puissance de l'État-cité qui décide de construire les galères, de ce qu'elles transporteront, de qui les pilotera. Étouffantes règles pour qui vient d'Asie ! Mais ces milliers de navires qui constituent la flotte de la plus grande place de commerce de l'Occident chrétien ne sont pas nés de la fantaisie d'un coureur des mers : Marco retrouve l'étonnante organisation humaine de sa ville. Sa patrie, déjà, lui pèse un peu. Ces galères, avec leur quarantaine de rameurs, leurs centaines de soldats, effectuent en permanence un aller-retour entre le Levant et la Sérénissime. Un trafic pensé, avec ses taxes, ses monopoles. Des messageries pour aller aux quatre coins de la mer. Des fonduqs dans les ports principaux afin de dormir, presque comme chez soi.

Galère qu'on décharge

Leur embarcation se faufile sur le Grand Canal. Des hommes se retournent sur leur passage puis se remettent à leur tâche, finir de transborder le contenu d'une galère dans les caves d'un entrepôt militaire : du plomb, de l'étain, du vin, du blé et du sucre. Du pont, une femme leur fait des signes et leur

Venise, Italie, la ville de Marco Polo. Carte de 1570.

montre des brocarts dépliés sur son bras. Elle tient fermement un gros morceau d'ambre dans la paume de sa main. À vendre. À Venise, tout s'achète.

Encore

Venise, depuis leur départ, n'est plus une ville. Elle est devenue une épicerie. Au hasard des galères qui déchargent leurs butins : poivre, gingembre, cannelle, clous de girofle, noix muscade, sucre, huile, blé, soieries, coton, ébène, santal, fourrures, porcelaines, parfums, musc, ivoire, corail, bitume, chanvre, céréales, peaux de mouton, draps de laine, toiles de lin, ambre, fer, fourrures, cire, bois, alun, cuirs de Barbarie, bois brésil, laine anglaise, velours de Gênes, or, argent, miel, vin, blé encore, coton toujours plus, sucre à n'en plus pouvoir, dentelles. On trouve de tout dans ce bric-à-brac universel. En une petite heure de traversée de la lagune, Marco Polo a vu défiler, sur les galères, toutes les marchandises du monde. Il y a cinq siècles encore, ce petit bourg marin était fier de la taille de ses roseaux. Aujourd'hui, ses armateurs sont les plus fameux de l'univers et, chaque jour, le marché du Rialto dégorge de richesses. Et toujours ce climat malsain de la ville, cette chaleur suffocante et ces odeurs, à l'arrivée dans la lagune. Tant de richesses pour tant d'apothicaires. Écœurant !

Quant au navire de Marco Polo – quarante mètres, deux mâts latins, une cale imposante – sa cargaison est digne des marchés mongols. Et eux trois, riches certes, mais ignorés.

Cher comme poivre

Marco éternue. Les épices, dans la cale. Ils ne sont pas partis pour elles. Mais en rapportent au passage. Elles viennent de l'Inde, de l'archipel d'Indonésie mais aussi de Chine. Une ligne, d'Alexandrie, assure le transport de plusieurs centaines de tonnes de poivre, de clous de girofle et de noix muscade, chaque été. Sous bonne garde militaire, dans l'au-delà des mers.

Une caravane chamelière dans la région du Karakoram.
Détail de la carte de G.B. Ramusio et F.R. Grisellini.
Palais des Doges, Venise, Italie.

Indignités

Les galères, dit-on, servent également à assurer le trafic des esclaves géorgiens et circassiens. Les Vénitiens se rachètent en assurant l'acheminement vers la Terre sainte des hommes et soldats venus combattre pour l'honneur de Dieu. De grosses nefs trapues à deux mâts, très hautes, avec leurs voiles latines. Chaque année, des dizaines de milliers d'hommes et leurs montures s'en vont faire la guerre sainte. Là encore, indignité: les croisades sont un marché pour Venise, qui met à disposition deux cents navires de charge et une cinquantaine de galères d'escorte. Pour garder son poids économique en Méditerranée, celle qui fait le lien entre les chrétiens et les Arabes finance également leur affrontement. Toujours le monopole.

Beautés

Beauté de la soie qu'ils ramènent, mirage des parfums, de l'encens, du benjoin, brillances des pierres magiques, les agates, les turquoises et les onyx, les œils-de-chat, les rubis et topazes, les lapis-lazuli, les coraux et l'améthyste. Tapis et perles également. Épices. Les entrepôts de Venise embaument. Bientôt d'autres galères conduiront ces merveilles en France, en Espagne, au Portugal, en Angleterre, dans le Grand Nord, l'Allemagne, les Pays-Bas, les pays Scandinaves. Venise ne sait plus quoi faire de son or. Un jour, peut-être, repue, elle s'endormira. Un jour peut-être, les maîtres du Levant et des grandes villes italiennes ne seront plus les indispensables intermédiaires entre l'Europe et l'Asie.

En attendant, ils sont partis, il y a vingt-cinq ans, avec un peu de dentelle, de savon blanc, des verres de Murano et ils reviennent aujourd'hui, riches, très riches.

Venise, sa police et ses mœurs

Il sait, maintenant qu'il est revenu, pourquoi il a quitté si facilement sa ville. Cette haine qu'il a de cette organisation méthodique. La Sérénissime fixe tout, chaque armement est décidé par un *incantus galearum*. Et tous ces départs contrôlés: flottes d'Alexandrie, de Barbarie, d'Aigues-Mortes, de Roumanie, d'Égypte, de Beyrouth et des Flandres. La mer fermée, *mare clausum*, d'octobre à mars. Les galères par centaines, par milliers: la *galeazza do mercanzia*, grosse bête de cent trente tonneaux avec voiles et rames, et la *galea sottil*, légère, navire de combat, avec deux cents rameurs. L'Arsenal où, nuit et jour, à Castello, à l'est de la ville, les hommes travaillent, des équipages se préparent: patron, écrivain, maître d'armes, curé, chirurgien, calfats, commis aux vivres, cuisiniers, pilotes, maîtres de manœuvres, gabiers acrobates, timoniers et galiots, ces esclaves à peine affranchis qui n'obéissent qu'au fouet ou à la trique. Les *colleganza* qui lancent les expéditions vers Anvers et Bruges. Et partout, ces oreilles qui espionnent, ces dénonciations. Venise et sa police. Marco déteste cela. Même à l'étranger, Venise a ses espions.

Incognito

Il a passé dix-sept années dans l'Empire mongol de Chine, autant qu'à Venise dans cette famille de nobles marchands qui vit sans nouvelles mais ne s'en inquiète pas outre mesure. Niccolo et Matteo ne sont pas davantage espérés. Marco n'a pas de femme, pas plus que son père ou son oncle ne sont attendus par des épouses. Étrange silence dans cette blancheur hivernale de Venise. Des capitaines,

Construction de bateaux dans l'Arsenal de Venise. Peinture de l'École vénitienne, XVIIIe siècle. Musée Correr, Venise, Italie.

Venise n'a cure de ceux au long cours : capitaines d'industrie, vous êtes en revanche les bienvenus sur la Lagune !

Gênes, en prison

Maudite soit Gênes ! Si Pise crève de sa belle mort, celle-là est bien vivante. En cette année 1298, il est là, dans cette ville haïe, défait, emprisonné pour trois années, partageant une pièce avec cet écrivain de malheur, un certain Rusticien, venu de Pise, l'autre rivale. Quatre ans que son compagnon pourrit dans sa geôle, depuis cette malheureuse bataille de La Meloria où les Génois ont coulé plus de quarante galères pisanes et fait prisonniers neuf mille hommes. Un auteur à succès qui adapte *La Légende du roi Arthur* et qui ne cesse de l'interroger sur son voyage, insistant pour en faire la relation. Faut-il être sot pour se faire capturer à Curzola, faut-il être naïf pour avoir accepté de commander l'une des trente-deux galères vénitiennes sur la côte dalmate ! Les Génois les ont écrasés avec leur flotte mieux organisée. Presque une tradition. Sept mille prisonniers parmi les Vénitiens. Ces Génois sont partout : en Crimée, sur la mer Noire avec leurs comptoirs, en Asie centrale, au Levant dont le commerce est si profitable, à Alexandrie, à Chypre, à Mytilène. Ils ont tous les talents : commerçants, marins, cartographes, constructeurs de navires. Un jour, l'un d'entre eux découvrira certainement le Nouveau Monde ! Laissons-lui un livre qui raconte comment Marco Polo, le Vénitien, a voyagé avant les Génois ! Et inventons ! Par exemple, la description de Madagascar, saisissante, une île où il n'est jamais allé… Rusticien emporte sa conviction : puisque leur retour s'est fait dans l'indifférence générale d'une ville qui ne songe qu'au profit, à ses sequins, à ses

Ciel et mer se confondent à l'infini.

bonnes affaires, à son arsenal et à ses entrepôts garnis, c'est autrement qu'il faut frapper l'imagination. Par le récit, l'évocation, la littérature. Rusticien est sûr de lui : Ulysse aurait bien pu rentrer en Ithaque après vingt années d'exil, si Homère n'avait pas raconté son voyage, le monde n'en aurait rien su. Marco reconnaît : « Nous ne sommes pas de très grands aventuriers, il est vrai... Si la Chine, l'Inde ou le Pamir nous font rêver, si nous montons des caravanes, créons des lignes sur mer, longeons les côtes, ce n'est pas le seul goût de l'inconnu qui nous guide ! » Et, aux yeux de Rusticien, lui Marco, comme les autres, est parti chercher du bois précieux, des étoffes rares, de la soie et du coton, des parfums, des gemmes, des drogues opiacées et tant d'épices... Toutes choses, certes précieuses, mais connues et monnayables.

Où sont les femmes ?

C'est une femme qu'on épouse, celle-là, une bonne aristocrate. Depuis l'âge de dix-sept ans, depuis qu'il voyage à travers le monde, il en a connu des étreintes, des cœurs à prendre. La fille de Kubilay au retour du pays du Khan : trois années de tentations, trois années à partager sur une même jonque. Et à Kan-tcheou, cette étonnante coutume : les maris qui prêtent bien volontiers leurs femmes aux voyageurs. En attendant, il donne trois filles à sa femme. Ce n'est pas Pénélope, non, tout juste Donata Badoer, un excellent parti. Et leurs filles se nommeront Fantina, Bellela et Moretta. Toutes promises à de bons mariages avec des familles patriciennes respectées : Bragadin, Querini, Dolfin... *Nobili di stirpe.*

Le Devisement du monde

Avant de mourir, il se souvient de quelques mots en persan, en turc, en mongol, en arabe... Il est loin ce temps où, à genoux, après tant d'années passées à son service, lui, son père et son oncle suppliaient Kubilay Khan, qui les estimait beaucoup, de les laisser retourner à Venise. Mais Kubilay est mort, l'Empire mongol est disloqué. Venise n'en peut plus, gavée de richesses et ignorante de ses vraies fortunes. C'est fini, la comédie n'a que trop duré. Marco meurt, en 1324. À Venise, la nouvelle ne s'ébruite guère...

Chapitre V

Henri, le navigateur qui jamais ne navigua

« Celui qui veut se préparer beaucoup d'embarras n'a qu'à se donner deux choses, un vaisseau et une femme. »

Plaute

CEUTA, 21 AOÛT 1415. Un jeune homme grave, tout de noir vêtu, portant le deuil, traverse le détroit de Gibraltar. Sa pâleur frappe, son austérité également, un mélange inquiétant de ténacité et de langueur. On devine de terribles colères. Il s'appelle Henri, prend la mer pour la première fois et accompagne deux de ses frères et son père, Jean Ier d'Aviz. Sa mère vient de mourir. Il sait que son frère aîné Duarte, un jour, régnera. On lui apprend, sitôt débarqué, qu'il est enfin en Afrique et que ce port qu'ils viennent de prendre se nomme Ceuta. C'est le Maroc, peuplé de Barbares et d'infidèles, et plus bas, c'est le pays Noir, habité par des monstres à tête de chien et des hommes à la face brûlée au feu de l'Enfer. Son père, dit Jean le Bâtard, croit que cette côte, à l'ouest, n'est guère éloignée de celle, orientale, de l'Inde : pour preuve, on y trouverait des éléphants de part et d'autre. Mais les cartes sont imprécises et le jeune Henri ne sait pas vraiment les lire. Un géographe les accompagne. Il a fait ces tracés et n'a cessé de répéter, comme pour s'excuser, qu'il n'a pas tout pu placer sur cette carte, « faute de place » !

Ceuta lui plaît beaucoup. Henri se met à aimer l'Afrique, puisque Ceuta, c'est l'Afrique. Une grande université, un magnifique magasin d'armes et de poudres, une ville riche, intelligente, sensuelle également. Des dizaines de milliers de boutiques, regorgeant d'or venu d'Afrique, de pierres précieuses, de soieries arabes et d'épices rares. Un grenier magnifique, souk des peuples de l'univers, coloré et bruyant, qui raconte l'histoire du monde, de ses déplacements, du négoce et des folies. L'air, cet après-midi-là, fleure le sang, le cadavre et la poudre, le poivre, la cannelle, la girofle et le gingembre. Ils sont venus la libérer, cette Jérusalem occupée depuis des siècles par des Barbares, des musulmans, et ils découvrent une cité raffinée, qui vaut bien Lisbonne et Porto avec leurs banques puissantes et leurs compagnies d'assurances, leurs grandes foires, leurs marchés, leurs certitudes. Le port est magnifique, des navires viennent du Levant, des caravanes du plus profond du Sahara. La ville, en proie à la piraterie barbaresque, commerce avec Alexandrie comme avec les grands ports du nord de l'Europe. Et les Arabes, surprise inavouable, sont fréquentables. Plus de sept cents ans qu'ils sont là, avant que le royaume de Grenade ne s'empare de la cité, il y a six ans à peine.

Le sang de Jean Ier, en bon roi du Portugal, n'a fait qu'un tour en apprenant cette nouvelle : en ce jour d'août 1415, après avoir traversé l'océan furieux, il a pris la ville, avec sa flotte. Difficile traversée du détroit de Gibraltar, pourtant à peine large de quinze milles : seules trente galères et flûtes échappent au brouillard, aux vents et aux courants contraires qui rabattent le reste des navires vers Malaga. C'est une croisade, une bulle du pape à la clé, et une éclipse de soleil a fourni un présage idéal. Un moine de Porto, avant qu'ils ne partent, a vu la Vierge remettant au roi Jean une magnifique épée. Lors de précédentes campagnes, le roi a fait verser le sang chrétien pour le bien des croisades : ses fils le convainquent qu'il se rachètera en se lavant les mains dans le sang des infidèles. Et, après quelques heures de combat, Jean Ier se tourne vers Henri, le fils cadet à qui normalement rien ne revient : « Cette ville est désormais à toi, et le monde qui est derrière. Je te fais gouverneur de

PAGE DE GAUCHE
Une caravelle portugaise, semblable à celles affrétées par Henri le Navigateur. *The Life of Prince Henri of Portugal surnamed the Navigator*, Richard Henry Major, Londres, 1868.

CI-DESSOUS
Les limites du monde connu – le cap Bojador – sont repoussées.

La ville de Ceuta, au Maroc, conquise par les Portugais lors des croisades.

Ceuta. Fais de cette mosquée une église, une cathédrale, et l'Afrique sera à toi ! »

Dom Henrique vient d'avoir vingt et un ans. Il est passionné de sciences naturelles et d'épices dont il étudie les variétés. Des astrologues lui ont prédit un destin exceptionnel. Il n'est pas marié, on ne lui connaît aucune femme. Vivre à Ceuta ? Ses frères Duarte et Pedro, qui sont également de l'expédition, l'y engagent. Même si la ville lui plaît, il ne s'imagine pas y résider. Sa bibliothèque lui manque déjà. Tant d'ouvrages, de bons auteurs, philosophes ou géographes, l'attendent pour découvrir le monde. Par sa mère, Filipa de Lancastre, épousée pour sceller l'alliance avec l'Angleterre, il est l'arrière-petit-fils d'Édouard III, le neveu d'Henri IV. Il est aussi le fils préféré : entre les deux aînés, Duarte et Pedro, et les cadets, Jean et Fernando. Une sœur quelque part et deux autres, morts en bas âge. Filipa a bien travaillé, mais sans plaisir : huit enfants en onze ans de devoir conjugal. Henri est fragile et taciturne à cinq ans ; glacial et casanier passé vingt ans. Son père, le fondateur de la dynastie des Aviz qui règne sur le Portugal depuis 1383, aime la guerre et l'argent qu'elle apporte. Il aime les femmes également, à l'image de cette maîtresse qu'il a gardée au palais et des servantes qu'il affectionne. Filipa ferme les yeux. Elle s'attache à l'éducation du petit Henri. L'enfant du secret, du silence. L'enfant à l'âme recueillie. Elle lui fait lire les légendes d'Arthur et des preux chevaliers de la Table ronde, mais également des textes religieux. Les autres frères deviennent d'honnêtes chasseurs, d'excellents cavaliers, de trop bons vivants, lui déjà préfère l'étude. Filipa est aussi laide que pieuse.

Gouverneur de Ceuta ? Maître de l'Afrique ? Henri demande à son père une nuit pour réfléchir. Il préférerait naviguer vers Gibraltar pour continuer à combattre les infidèles. Cette nuit-là, il marche dans Ceuta, encore bruissante des combats qui viennent de la libérer des Arabes. Huit morts seulement du côté portugais. Mais les troupes du roi Jean ont mis à sac bien des maisons, pillé bien des magasins et forcé la vertu de plus d'une femme au nom du Christ rédempteur ; les Portugais, soutenus par un régiment d'archers anglais, ont rencontré peu de résistance. Quelques pierres jetées par les Maures, des corps à corps violents, la grande mosquée avec ses mosaïques profanée, puis aspergée d'eau et de sel, les harems évacués avec force viols. C'est l'odeur qui est la plus terrible : il fait si chaud, on jette les cadavres par centaines à la mer et la ville s'offre de nouveau dans toutes ses beautés, verger magnifique aux jardins et vignobles fertiles. Jérusalem a été délivrée. En marchant, Henri trébuche sur des corps. Et pourtant, accompagné de quelques soldats qui lui font une escorte, dans les rues endormies du vieux port, il ne croise que des Arabes pacifiques, bienveillants. Un de ses lieutenants l'attire vers une porte, un long couloir obscur au fond duquel un patio, éclairé de quelques flambeaux, ressemble à un théâtre. Tapis au sol, tapisseries au mur. Un théâtre de femmes, l'un des nombreux bordels de la ville, connue pour être chaude, pour la saveur poivrée des baisers qu'on y échange – ce fameux poivre de Guinée ! –, cosmopolite jusque dans l'industrie du sexe. Tandis que la troupe se répartit le butin de chairs parfumées, une grande créature, presque noire, demi-nue, s'approche de lui, lui parle une langue inconnue, se saisit de son sexe. L'infant est vierge encore. Henri n'a pas

le temps de s'écarter que déjà il jouit dans la main de cette gitane qui s'esclaffe devant la compagnie des putains et des marins forniqueurs. *Panta rei* : tout coule, tout flue, dit le philosophe sans songer aux sexes des infants de grandes cours. L'infant du Portugal est la risée du monde, lui qui n'a jamais couché avec une femme et ne se préoccupe que de sa mère, de Ptolémée, d'Anaximandre et d'Héraclite, de livres, de cartes, de portulans. Livide, il recule de quelques pas, tandis que les regards de ses soldats le mettent à nu. Devant tant d'infamies, il prend la fuite dans les rues de Ceuta libérée.

Au matin, Jean Ier s'entend dire qu'Henri ne vivra jamais à Ceuta. Qu'il accepte cependant d'en être le gouverneur, mais non résident. Qu'il fait de l'Afrique son affaire et l'explorera, comme nul autre ne l'a fait. Cet hémisphère qu'on dit inférieur. Et qu'il se retire à jamais – à vingt et un ans à peine ! – à l'extrême pointe sud du Portugal, au cap Saint-Vincent, à Sagres. Le promontoire sacré, *promentorium sacrum*, pour Ptolémée et Marin de Tyr. Un vieux lieu de culte celte. La province de l'Algarve, du nom d'El Gharb, la plaine, donné par les Maures, pour le commun des mortels.

Sagres, *Villa do Infante*, la ville de l'Infant. Une maison d'abord, en haut de la falaise, puis un château, une vraie ville plus tard. Henri en a décidé ainsi. Il trouve un prétexte pour s'y établir : Sagres sera un poste idéal pour accueillir les navigateurs de la Méditerranée que de mauvais vents empêchent d'entrer dans l'Atlantique. Contre cette terre, à la partie la plus occidentale du Portugal, aux confins de

Portrait d'Henri le Navigateur, (1394-1460), regardant la mer. Azulejo des environs de Lisbonne.

Navigateur portugais étudiant l'horizon avec une arbalestrille. Musée de la Marine, Lisbonne, Portugal.

ce paysage désertique qui convient à son tempérament, il regarde les deux eaux se mêler. Mais Henri a un autre projet. Il ne régnera jamais sur le Portugal, ni sur les femmes, cela lui est impossible ; c'est sur le monde qu'il veut exercer son empire. Le jeune gouverneur de Ceuta ne touchera plus jamais aux créatures infernales, vierges ou prostituées. Sa seule femme sera sa mère, Filipa, et elle vient de mourir. Pour éviter la contagion, ils ont dû la quitter rapidement. Il revoit cette scène, à la veille de leur expédition vers Ceuta : elle, allongée, vieille, plus laide et puritaine que jamais, mourante, crevant de cette fichue peste noire, gonflée de toutes parts ; eux, les hommes, son père et les trois frères aînés, autour d'elle, Filipa qui casse un morceau de la vraie croix en quatre et en donne à chacun un fragment ainsi qu'une épée de chevalier en or et quelques pierreries. Ce morceau de croix, Henri ne le quittera plus jamais : dans sa poche, sur sa table, face à l'océan, dans sa tour épiant le ciel, les astres et le retour de ses bateaux, dans sa tombe enfin.

Il est né à Porto, en 1394. Deux ans après que les Turcs Ottomans ont échoué devant la belle Constantinople. Il naît au bord de l'océan, un théâtre qui a vu les Phéniciens, puis les Grecs, tracer, par le détroit de Gibraltar, un pont entre la grande Afrique inconnue, *terra incognita*, et la péninsule Ibérique. C'est difficile d'être portugais, d'être né dans un si petit pays, coincé entre l'immense Espagne, puissante et conquérante – une Castille que son père a pourtant matée à Aljubarrota – et cette mer qui fait peur à tous mais dont les récits font voyager plus loin que dans le ventre d'une femme. Le Portugal ne compte peut-être qu'un tout petit million d'habitants – moins que le Languedoc – mais il possède plus des trois quarts de la façade atlantique de la péninsule. Quelque cinq cents kilomètres de littoral... Assez pour reconquérir Jérusalem, délivrer le Prêtre Jean, s'attaquer aux infidèles, rapporter l'or de Guinée, des épices... L'océan : seule échappée pour un Portugais, à l'étroit sur la terre ferme. Un pays qui s'ennuie comme s'ennuie l'infant, qui ne gouvernera jamais rien, tout juste ses sens. Un pays qui commerce avec l'Angleterre et que les Arabes ont épargné. Difficile également d'être l'héritier du roi Diniz Ier, un souverain visionnaire qui a nommé le premier grand amiral héréditaire du Portugal : un certain Emmanuel Pessagno, Génois de la famille de l'épouse de Christophe Colomb ; mais un roi à qui l'on doit, partout dans le pays, ces grandes pinèdes qui ne cessent de produire des bateaux plus magnifiques les uns que les autres. Henri a vécu son enfance au son des langues d'Italie : Florentins, Génois, Milanais peuplent la cour de son grand-père, Alfonso, quand la terrible peste noire n'en dévaste pas les richesses. Il lit et relit saint Antoine de Padoue et rêve à un dieu juste, en se demandant s'il ne va pas se faire franciscain. Il rêve également de reconquête, la *reconquista*, de voyages. De s'attaquer à la suprématie de Gênes et Venise réunies, des marchands

Le cap Sagres,
à l'extrême sud
du Portugal.
Détail du portulan
de Luca J. Waghenaer,
1592.

d'Arabie ou des voisins espagnols. Mais si la géographie le passionne, si l'idée de connaître le monde l'habite, c'est comme navigateur en chambre qu'il s'imagine adulte. Lui, le lettré, veut dépasser les limites du monde, le *finis terrae*. À ses capitaines reviendra le soin de réaliser les exploits qui changeront la face de l'univers. L'aventure est spirituelle, intellectuelle : son accomplissement passe par le corps des autres.

C'est à Sagres, en haut de ces rudes falaises, battues par le vent et froides comme son regard, qu'il s'installe donc, et non à Ceuta. Sagres fait peur tant le paysage en est sauvage, violent. La mer, les landes, les embruns, les furieux vents d'ouest, un plateau sauvage où poussent quelques figuiers et amandiers, miraculeusement. Le reste est totalement désolé : des arbustes nains, un rocher qui plonge dans la mer, une falaise à pic, une baie, d'un bleu presque noir, une chaleur épouvantable, un soleil rude qui fait suer les genévriers rabougris. L'Algarve regarde l'Afrique et l'École de Sagres se consacre à ce continent : Henri va de la petite chapelle de Guadalupe, à quelques kilomètres de là, à son cabinet de travail face à la mer, encombré de cartes, de portulans, d'astrolabes et sabliers, de livres. Devant la porte de sa bibliothèque, peu à peu, des voyageurs du monde entier se pressent, des navigateurs suédois, génois, vénitiens, des savants allemands. Sur le sol, un carrelage, lui aussi austère : une grande rose des vents. Henri hait la cour plus que tout et chérit l'ascèse. Il choisit à vingt ans son habit de toujours : une haire et le cilice des pénitents. Il aime les épices certes, et connaît leurs richesses, mais il aime plus encore que le monde soit chrétien ou le devienne. Toute son enfance a été bercée de la légende du Prêtre Jean, celle d'un royaume, quelque part, en plein cœur de l'Afrique, qui serait chrétien et enfermé, cerné de toutes parts par les musulmans. Une fois retrouvé et libéré, le Prêtre Jean permettra l'expansion du christianisme sur cet immense continent. Le temps se prête à cette reconquête : la boussole fait des miracles,

Une vision effrayante de l'inconnu où monstres et serpents marins peuplent les mers. Gravure sur bois, XVIe siècle.

elle fixe un cap, le compas se perfectionne, la carte de Ptolémée également et l'art de la navigation, grâce aux arbres de son grand-père, est au mieux de sa forme. L'équateur n'est pas infranchissable, le péril n'est pas si grand quand on a le goût de l'inconnu, de bons bateaux, des caravelles bientôt. Et une âme de croisé.

De son promontoire de Sagres, à l'angle sud-ouest presque parfait de l'Europe, le monde s'offre à lui. En se penchant, avec une puissante lunette, il pourrait voir Cadix, Tanger et son royaume, Ceuta. Personne n'est encore allé à l'ouest des Canaries, ni plus bas que le cap Vert. C'est l'idée même de découverte qu'apprend Dom Henrique, en feuilletant ses livres et en regardant les côtes. Il veut redérouler la « Grande Carte », monde jusqu'alors inconnu. Un jeune fou qu'on finit, à force de le regarder faire, par nommer Henri le Navigateur.

À Sagres, il n'y a pas de femme. Henri est austère, c'est peu dire. Depuis l'épisode du bordel de Ceuta, il a fait vœu de chasteté. À l'âge où l'on baise, quand on est fils de roi, comme ses deux frères aînés ne cessent de le faire, Henri lit. Ses pulsions, il les gouverne, il les conduit vers sa seule vraie passion : la découverte, pas celle des Vikings, qui se laissent guider par le hasard, mais bien la sienne, déterminée. Henri, immense et maigre, ne mange plus. Il jeûne une grande partie de l'année. La terre le recevra vierge, mais aussi sans graisses, prince austère et désossé... Seule sa passion le nourrit. C'est une école qu'il crée, sans jamais le dire : une magnifique bibliothèque, avec des journaux de bord de capitaines du monde entier, des journaux qu'il contraint ses pilotes à rédiger, des textes qu'il fait vérifier par des savants, des cartes, des portulans... Des tables dites de *martelogio* qui permettront de faire le point sans trop de connaissances trigonométriques. Il lit et relit les *Voyages* de Jean de Mandeville, le *Miroir du monde* de Vincent de Beauvais. La carte d'un moine de Murano, Fra Mauro, ne le quitte plus : en lieu et place des Indes, figurent des serpents à sept têtes, des îles peuplées exclusivement d'hommes ou de femmes, des fourmis géantes. Il collectionne les meilleurs portulans sur vélin qui tracent la succession des ports et des côtes, sillonnés par les lignes de rhumb qui correspondent aux indications de la boussole. Henri se retire complètement dans son château de Tersanahal. Des peintres de paysages affluent vers lui et rêvent l'Afrique sur de magnifiques toiles.

Parce qu'il est le grand maître de l'ordre des Chevaliers du Christ, Henri a les moyens de ses rêves. Le trésor, conservé au couvent de Tomar, va servir à financer cette folie. Ses frères et les aristocrates l'interrogent. Pourquoi l'Afrique ? Le pays exporte déjà ses vins et ses alcools en échange du blé du Maghreb et d'autres céréales. Les ports du pays regorgent de richesses : langoustes, calamars, rougets, merlus, raies, palourdes, tourteaux, lamproies du Tage, saumons du Douro. La mer et les fleuves sont généreux comme l'est la terre, avec les raisins, les figues, les amandes, le miel. La bourgeoisie négocie les cuirs, le fer, la céramique, le bois, les orfèvres sont réputés pour travailler la vaisselle, les joyaux, les bijoux. Mais l'or ! L'or d'Afrique, la poudre et les grains du Soudan font rêver. On ne peut pas vivre que de poisson séché ! Les armateurs, les fabricants de voiles et de mâts, les maîtres de pêche, les patrons, les charpentiers, tout le petit peuple de la mer juge l'entreprise d'Henri sans avenir. Si l'on peut imaginer d'aller en Afrique, en revenir est impossible en raison des

vents contraires qui soufflent du nord au sud, on ne peut remonter contre l'alizé, à moins d'aller chercher des vents d'ouest, près de la mer des Sargasses. Comment lutter contre les anticyclones des Açores, contre l'harmattan ?... Et ce ne sont pas les quelques instruments de navigation dont Henri se prévaut – cartes, almanachs, aiguilles aimantées, sabliers, bâtons de Jacob ou compas – qui pourront permettre le retour au pays.

Pourtant, de jour en jour, les expéditions se préparent. Les vaisseaux s'arment, les marins s'impatientent. Comme le Portugal est si petit, ils se connaissent tous. D'autres, d'ailleurs, attirés par la réputation de Sagres et par des fortunes nouvelles, viennent frapper à la porte de l'infant. C'est l'Afrique orientale qu'il veut explorer pour rejoindre l'Orient. Ces fameuses « îles Fortunées », connues des Vénitiens et des Génois, des archipels cartographiés à Sagres. Fini le cabotage, que vive la haute mer, faisant fi des vents et courants menaçants. D'abord Madère, aux arbres si hauts et denses qu'ils permettent à peine au soleil de toucher la terre, qui se découvre en 1419 avec João Gonçalves Zarco : l'île a déjà été repérée par les Génois, un siècle plus tôt, mais il la nomme et entreprend d'élaguer ses forêts. Un incendie, accidentel, s'empare d'elle et la ravage sept années durant. De la potasse ainsi produite naîtra une terre idéale qui permettra aux Portugais d'implanter la vigne venue de Crète. Lui, Henri, qui

L'ambition d'Henri le Navigateur est de dépasser les côtes nord-africaines conquises et de descendre le long de l'Afrique noire.

La *Mappa Mundi*
de Fra Mauro, monastère
San Michele à Murano,
1459.
Venise, Italie.

ne boit jamais d'alcool offre à Madère son fameux vin ! Puis se dévoilent en 1427 les Açores, peuplées de faucons, grâce à Diego de Silves. Ce n'est qu'un commencement. Car c'est le cap Bojador – du nom de l'eau qui bout ! – qu'il veut franchir. Lui, ou plutôt ses capitaines, qu'il défie d'atteindre ce presque Équateur. Les premiers bateaux partent. Les nobles du royaume veulent maintenant en être. Henri s'en méfie et s'il leur donne la tête de l'expédition, il passe plus de temps à chercher de bons capitaines. Qu'il paye bien, très bien. Des capitaines qui n'auraient pas peur de cette mer Ténébreuse, aux eaux bouillonnantes, peur de basculer dans le grand vide de la fin de la terre.

L'Afrique se découvre, peu à peu. Des royaumes que seuls les Arabes connaissent se livrent. Celui des Yorubas, au Bénin, l'Empire Songhaï, les Mossis, les Haoussas, mais des tribus également, les Malinkés, les Diolas, de grands commerçants. Avec eux, de grandes pistes caravanières s'ouvrent et mènent à Tombouctou, Gao, Djenné : or, esclaves, ivoire attendent les conquérants. Islam et animisme font bon ménage. Les chrétiens viennent piller ces richesses de la terre, ces richesses des hommes. Les coffres se remplissent à Lisbonne. Mais Bojador n'est toujours pas franchi.

À Sagres, Dom Pedro, le frère d'Henri, vient le voir un jour de 1428. De ses pérégrinations en Europe, auprès des grandes cours, depuis des années, Pedro lui rapporte à chaque fois des livres. Cette fois, c'est une carte, dressée à partir de notes de marchands, une carte du monde connu. Mais également une traduction manuscrite d'un ouvrage légendaire dont Henri cherche une copie depuis longtemps. *Le Devisement du Monde*, d'un certain Marco Polo.

Plusieurs nuits durant, Henri veille. Il repousse les plats qu'on lui tend. Ne boit qu'un peu d'eau sucrée. Du haut de son observatoire, une belle tour, il scrute le monde, inquiet, fiévreux.

Il lui faut vraiment un nouveau type de navire, il en est convaincu, pour aller plus loin dans sa découverte de l'Afrique, pour franchir Bojador. Castillanes ou génoises, les barques qu'il utilise savent à la fois remonter les fleuves, les vents et traverser les mers. Les galères, les galées, les vieilles hourques plates et ventrues ne peuvent faire des miracles. Le bois léger de Madère afflue. Bois de chêne pour la quille et bois de pin pour la coque ne viennent pas de loin. Les pinèdes, fauchées, font des merveilles, qui portent désormais le nom de caravelles. Ainsi en décide Henri. Des navires avec un haut bord, de hauts gaillards, des navires rapides qui se manient aisément face à la haute mer, vent debout et dont le faible tirant d'eau permet de remonter les fleuves et de longer les côtes au plus près. Après le navire à rames, celui à gouvernail et voilures complexes, le navire hauturier idéal est inventé. Un mariage heureux de techniques venues du Grand Nord comme de la Méditerranée. Les gens de mer de Lagos, port situé près de Sagres, sont à l'œuvre. Chaque jour, dans l'arsenal de Lagos, Henri visite les chantiers : un bateau de relativement petite dimension à la coque ronde, à franc bord, à pont unique, est en train de naître des mains des charpentiers portugais. Poupe haute et étroite, large proue, ainsi en décide-t-on. La voilure, importante et complexe, prend plus de temps à être imaginée : trois mâts, voiles carrées et triangulaires pour une manœuvre efficace et une navigation à la bouline, qui permet de louvoyer au plus près serré. À Lagos, on s'emploie à fabriquer voilures et cordages. La résine de pin sert à calfater la caravelle. En naviguant contre le vent, on longera facilement la côte de l'Afrique. Un gouvernail d'étambot – pièce de bois mobile, fixée à l'arrière, dans l'axe de la carène – complète le miracle, destiné à porter plus loin encore la vision de l'infant du Portugal. Avec la caravelle, les routes s'ouvrent. Tandis que les anciennes barques ou autres caraques, parfaites pour la Méditerranée, ne naviguaient qu'au vent, la caravelle assure à l'équipage un retour plus sûr. La caravelle est petite, vingt mètres de long et tout au plus six à huit de large. Elle ne coûte pas cher à fabriquer, à armer, ne requiert qu'un petit équipage. Pourvue de bonnes cales, elle peut embarquer les vivres, les salaisons, les viandes, le poisson séché, les fromages, la farine, quelques cadeaux pour les indigènes : des clous, des miroirs, de mauvaises étoffes, des bijoux, faux évidemment, des peignes en bois... Et l'eau : trois litres par marin et par jour – pour boire, cuire, faire la soupe... L'optimisme de l'infant est à son apogée, tandis que des améliorations sont apportées chaque jour aux nouveaux bateaux ainsi fabriqués : les coques lisses à planches qui se joignent remplacent les coques à planches superposées. On sait de mieux en mieux, pour trouver la latitude, calculer la hauteur de l'étoile Polaire et observer la hauteur méridienne du soleil.

Les critiques fusent. Henri est fou, misanthrope, dépense les richesses du royaume pour des voyages inutiles. Il réplique : « Nul marin ou marchand ne se risquerait à se rendre en un lieu où son profit n'est pas assuré. Moi, seul, peux et dois le faire. » Les calomnies se multiplient : l'infant se désintéresse des croisades, il n'en finance aucune, pour un peu on dira de lui qu'il est mauvais chrétien. Il répond inlassablement que c'est pourtant à l'Islam qu'il s'attaque, indirectement, en volant aux Arabes leur monopole des routes des épices et de l'or, en cherchant une nouvelle voie. On lui rétorque qu'à trop fréquenter ces infidèles, leur science et leurs savants, il pervertit

la chrétienté. Henri est furieux, menace les prêtres du morceau de la croix de sa mère, les chasse de sa cour. Et leur explique, au pas de la porte, que la Terre n'est décidément pas plate, mais que le monde, avec eux, ne tournera jamais vraiment rond ! Les prêtres, ébahis, s'en retournent à leur propre drame : le grand schisme qui écartèle depuis des années l'Église et la papauté entre Rome et Avignon.

Sagres devient, avec la passion d'Henri, le centre du monde et de ses découvertes. Il fait du port l'un des abris les mieux protégés de la côte, prêt à ravitailler les navires passant du Levant au Ponant. La nuit, il ne quitte plus son observatoire astronomique, fait des relevés avec des savants venus du monde entier. Juifs, Arabes, Africains, Vénitiens, Génois, Scandinaves font de Sagres le premier laboratoire de l'univers. Ils perfectionnent le compas de route, le relevé de la latitude, l'arbalète qui permet de mesurer la hauteur du soleil sur l'horizon, le quadrant, les nouvelles tables de déclinaison. Sans faire de miracles. Henri le sait bien qui nomme le *ponto de estimativa*, *ponto de fantasia*. La mer garde ses mystères, le compas ses erreurs, les navires leurs dérives.

Le jour, Henri se consacre à l'école : une école de cartographie et de navigation où des marins et des géographes, étrangers pour la plupart, enseignent les dernières techniques à de jeunes élèves. Manuscrits, planisphères sont consignés, de nouvelles cartes, établies à partir des journaux de bord des capitaines et de leurs récits, placées dans des coffres. Car Henri est obsédé par le secret. Ces documents ne peuvent être reproduits qu'avec son autorisation, il craint les puissances ennemies, certain de détenir là les clefs du monde. Si les prêtres et les aristocrates sont contre lui, les bourgeois et les marchands le soutiennent : les marins venus de Gênes ou de Venise, recrutés contre de fortes sommes d'argent, leur ouvrent de nouvelles routes. Les premiers profits encouragent la passion des découvertes. Henri ne se sépare jamais d'un juif espagnol venu de Majorque qui actualise les positions des ports et des côtes sur de nouvelles cartes, dont Sagres devient l'un des plus grands producteurs. Maître Jehuda dessine le monde, de jour comme de nuit. Pour son souverain, son ami, plus peut-être. Pour lui, il se convertit et se fait appeler Jaime Ribes. Le juif des boussoles et des mappemondes devient un allié décisif de l'expansion chrétienne en Afrique, voulue par Henri.

Jehuda fascine Henri : il est le fils d'Abraham Cresques, qui vient de rédiger en 1375, pour le compte du roi d'Aragon, le fameux *Atlas catalan* dont le Navigateur possède une copie dans sa bibliothèque de Sagres. Chassé par les persécutions contre les juifs, Jehuda trouve refuge auprès d'Henri. Il apporte avec lui les secrets de cette « mappemonde, c'est-à-dire une image du monde et des régions qui sont sur terre, ainsi que des diverses sortes d'hommes qui l'habitent ». Sur les cartes de son père, Jehuda montre à Henri les grands vides laissés sur les côtes de l'Afrique. Même pas de monstres marins, juste cette absence totale d'indications.

Henri cherche un marin d'exception pour contourner le cap Bojador. Un minuscule renflement, au sud des Canaries, avec une grande barrière sableuse, des courants dangereux. Rien ou presque et pourtant l'obstacle symbolique par excellence ! Après Bojador, le chaos imaginé... Quinze expéditions ont renoncé, au dernier moment, à franchir le cap. Les équipages préfèrent se mutiner ou mourir de dysenterie plutôt que d'affronter Bojador. Penauds, épuisés et terrorisés, les pleutres capitaines se font tancer à leur retour par l'infant. Cette mince bosse sur la carte d'Afrique vaut à Henri de terribles critiques : c'est cher payé que de vouloir toujours aller de l'avant, pour accomplir les folies d'un solitaire enfermé dans sa tour. L'infant trouve alors un jeune écuyer de la cour, Gil Eanes de Vilalobos, natif de Lagos, à qui la vie n'importe guère pourvu qu'elle soit extrême. Les courants contraires, alizés et harmattan confondus, les cascades de terre rouge qui tombent des falaises, les tourbillons, les eaux bouillonnantes, les hauts-fonds, les récifs qui conduisent à naviguer très au large au risque de se perdre à jamais dans la mer Ténébreuse ne l'effraient pas. Pour une raison simple : Gil n'a jamais navigué. Qu'importe !

Autant de récifs, autant de dangers mortels à éviter sur les flots agités.

L'homme paraît assez fou pour dépasser Bojador. Il plaisante même lorsqu'on lui promet qu'il sera changé en Noir s'il franchit le cap : puisque Henri attend de lui que le Maroc des infidèles soit contourné pour être mieux attaqué et que le trafic de l'or du Soudan soit détourné au profit du Portugal, mieux vaut avoir la peau noire pour accomplir ce forfait aux yeux de l'Afrique.

Août 1433. Jean Ier, le père d'Henri, vient de mourir. Duarte, son frère aîné, est fait roi. Eanes longe les côtes du Maroc, rejoint les Canaries avec les cartes de Sagres, y fait des provisions, puis file vers la côte, vers Bojador. L'Afrique qui terrorise. Ni eau, ni terre, ni arbre, ni pousse verte. Une seule mer, par-delà les Colonnes d'Hercule, qui relie l'Atlantique et la mer d'Érythrée si l'on en croit Hérodote, l'homme informé. Le fleuve Sénégal, affluent du grand Nil !

Et au milieu, le paradis, lui assure-t-on ! Trois grands Nils. Mais il faut passer Bojador, qui effraie son équipage, dont Gil connaît les faiblesses depuis des jours de navigation. Les marins ne parlent plus, ils prient. Après Bojador, ni hommes ni lieux habités. Des mers de sable succèdent à une mer si peu profonde que la vase fait surface, à une brasse à peine. Une grande vague chaude, celle du désert, qui a cuit les derniers hommes qui y vivent et dont le « sang est brûlé par la grande chaleur du soleil, et le souffle du vent du sud-ouest... le plus chaud des vents ». D'un casier à poules, sur le pont, il retire un œuf frais. Gil le fait cuire sur l'avant du bateau et se souvient de ce que Bède le Vénérable a dit : « La terre est au milieu du monde comme le jaune dans l'œuf. » Mais le jaune est brûlant, sous la langue, dans le palais, comme cette terre, là, à bâbord, cette terre qui n'est qu'un incendie et dont le diable a fait sa demeure.

Gil Eanes a mal dormi cette nuit encore, il s'est assoupi sur le grand livre de Caius Julius Solinus, dit Solin, un ouvrage prêté par l'infant Henri, mais qu'il n'aurait jamais dû laisser dans sa cabine. Eanes fait un cauchemar, il s'imagine débarquer sur la terre d'Afrique et y croiser les monstres décrits : ici un Blemmye avec sa bouche et ses yeux à la place du nombril qui discute avec un Virgogique, bouffant des insectes, et dont la seule lèvre inférieure sert de parasol à tout le reste du corps, là deux Himantopes aux jambes molles, rampant sur la terre, poursuivis par un Troglodyte, muet, chassant des lions, des Parvinis avec leurs deux paires d'yeux, un Ambari, sans oreilles, à la plante des pieds brûlée de tant de soleil, et une bande d'Artabatites, plus rapides, parce que quadrupèdes. Le réveil n'a pas été moins cauchemardesque : en voyant passer, avec sa jambe de bois, le marin Cao qui lui portait un peu de thé, il a cru retrouver en lui un digne descendant de ces Scinopodes unijambes de ses rêves, capable de s'ombrager sous la plante de son pied unique. Et tous ces cuisiniers qui se bousculent, soudainement volubiles, autour des rations, en faisant des bruits de vaisselle : des Égipans, rois des orgies sur fond de tambourin et de cymbale, des Agriphages, bouffeurs de panthères et de jeunes lionnes. Hallucinations, hommes-animaux, nourris par la narine, sans bouche, vivant dans des trous, rampant tout le jour.

L'équipage paraît pourtant joyeux, animé, lorsque Gil se réveille. Après des journées de silence, les hommes parlent. Le pilote se dirige vers lui, embarrassé, et lui explique : cette nuit, pendant qu'il dormait, les hommes ont menacé de se mutiner si l'on ne faisait pas demi-tour. Et, comme le soleil l'atteste, ils font demi-tour ! Pas pour longtemps. Eanes tonne.

Août 1434. Une chaleur à crever et faire sauter les barils de poudre dans la cale. Bojador est une fois encore en vue, ce cap de l'Afrique occidentale. Au-delà, les marins affirment que l'eau atteint des températures inouïes, que leur bateau va exploser en mer, attiré par des coquillages malins dont la principale activité consiste à aimanter les clous et les fers des coques des audacieux qui veulent s'aventurer plus loin. Des coquillages à aimanter ! Le dernier délire ! Mais cette fois, Gil Eanes ne rêve plus. Henri le Navigateur ne l'a pas bien accueilli l'année dernière lorsqu'il est revenu à Sagres après avoir rebroussé chemin. Il lui a ordonné de repartir, avec un nouvel équipage, mieux payé, et un pilote plus expérimenté. Et il a interdit par décret à quiconque qui n'aurait pas

Carte de l'Europe du Nord et de l'Afrique du Nord-Ouest.
Portugaliae Monumenta Cartographica, d'après les découvertes de Fernão Gomez en 1470-1475.
Luis Lazaro, XVIe siècle.
Académie des Sciences, Lisbonne, Portugal.

Portrait d'Alvise Cadamosto (1432-1488), navigateur vénitien. Gravure du XVIIe siècle.

son agrément de franchir la limite de Bojador. C'est la nuit qu'ils passent, presque tranquillement, incroyablement tranquillement, le cap Bojador et font route, un peu plus au sud, dans une baie. Gil et quelques hommes descendent à terre, ne rencontrent aucun indigène ni trace d'un être humain. Une rose des sables est ramassée, vite baptisée « rose de Sainte Marie », parce que c'est le mois d'août qui témoignera de l'exploit auprès de l'infant du Portugal. La *rosa* de *Sancta Marya* fera grand effet à Sagres.

Le cap de la peur est vaincu. Eanes est accueilli triomphalement à son retour. En attendant de repartir l'année suivante avec deux navires et un autre noble, Alfonso Gonçalves Baldaia, échanson de l'infant, avec lequel il dépasse de nouveau Bojador de plus de trois cents kilomètres, et atteint l'endroit où meurt le Sahara. Ils rêvent d'y trouver de l'or en poudre et des Maures, et baptisent la crique Río de Oro. Des traces d'hommes et de chameaux sur le sol les attirent. Un an plus tard, Baldaia remonte le large Río de Oro, y pêche d'énormes loups marins dont il traite les peaux.

D'autres expéditions se succèdent des années durant, le long de la côte : le cap Blanc en 1441, le cap Vert et l'embouchure du fleuve Sénégal en 1444. Cette année-là, Henri fonde la compagnie de Lagos, la première entreprise de ce type, construite autour du commerce triangulaire : du Portugal viennent les tissus et les produits manufacturés, des Açores, du bon blé et de beaux chevaux, d'Afrique, de l'or et des esclaves. Des épices également : la maniguette, un poivre de Guinée, qui donne au littoral son nom : la côte de la Graine. Hommes, femmes et enfants noirs deviennent la principale monnaie d'échange dans un cycle infernal. La couronne portugaise se réjouit car le commerce des esclaves avec l'Afrique noire est prospère, il permet peu à peu de repeupler le petit Portugal, décimé par la peste, de fournir des bras pour l'ambitieuse entreprise de conquête du monde qui est prioritaire. Henri a cédé aux siens, a vendu son âme pour poursuivre son projet, son grand rêve de découvertes : deux cents Africains sont échangés comme esclaves à Lagos et ramenés par Eanes. Henri est pris à son propre piège : d'humaniste, il devient marchand de chair pour financer ses visions. Du coup, l'infant ne sort plus, enfermé dans son observatoire, loué par son peuple, mais rongé par l'amertume et la culpabilité. Tout juste console-t-il sa conscience en se persuadant que ces indigènes sont sauvés de l'ignorance par le baptême qui leur est imposé. L'infant fait alors appel à un Vénitien ruiné, marchand de son état, qui traîne non loin de Lagos et qui passe plusieurs mois à apprendre le métier de coureur d'océans auprès des hommes de l'infant. Alvise de Cadamosto, par deux fois, en 1455 et 1456, repousse les limites du monde connu. Cap Blanc, l'île d'Arguin où les marchands arabes, approvisionnés dans les grandes foires du Sahara, lui cèdent contre des tissus et des céréales une bonne quantité d'or et d'ivoire… Et des esclaves, encore et toujours. De plus en plus. Cadamosto observe également des baobabs dont la grosseur l'impressionne, renonce à en porter un à l'infant Henri, mais succombe au plaisir de lui faire goûter, au retour, un peu de chair d'éléphant qu'il a fait saler. En prime, il rapporte à Sagres un pied et une défense de cet animal préhistorique. Les hippopotames, qu'il nomme chevaux

Caravane d'esclaves.
Les Voyages de Mungo Park, 1820.

des mers, le fascinent tout autant. Ses réflexions sur le ciel d'Afrique troublent encore plus Henri : l'étoile Polaire, le guide préféré des navigateurs pour se repérer et mesurer la latitude, se fait rare en ce point de la côte. En revanche, « six étoiles basses sur la mer, grandes, lumineuses et brillantes » ont servi de repère à Cadamosto : la Croix du Sud... Une nouvelle expédition part : cap Vert, au large de Dakar, le Sénégal, les îles dont les tortues deviendront bien vite à la mode pour guérir la lèpre et dont on mange la chair avant de se baigner dans leur sang... Viennent ensuite la Gambie, le fleuve Gambie, les îles Bissagos... Le Portugal est riche, toujours plus riche. Chaque année, plus de vingt caravelles font le chemin de l'Afrique. Repoussent les points sur la carte, explorent. Portent le sucre et le vin de Madère, livrent la laine, la soie, les chevaux, du sel, de l'or. Un tarif est fixé : un cheval contre quinze esclaves. On ne fait plus de razzias comme avant, c'est trop dangereux. Désormais la traite est organisée : on négocie avec des chefs locaux africains ou des marchands arabes. Un circuit idéal est établi pour le voyage en Afrique : on appareille du Portugal, on s'avitaille à Madère, on y prend du vin, on s'arrête aux Canaries, on charge les esclaves en Afrique. La fortune du Portugal est faite ! Celle d'Henri aussi ! Des croix de bois sont plantées tout au long de la côte africaine, parfois c'est la seule devise de l'infant qui est gravée, en français, dans l'écorce d'un arbre : « Talent de bien faire. »

Les côtes de la Sierra Leone, la Terre promise...

Mais le Maroc, agité, occupe de nouveau le royaume, tout comme une guerre civile dans le pays et la lutte contre la Castille. Les folies d'Henri passent au second plan. C'est son tout jeune neveu, Alphonse V, qui hérite de la couronne à la mort de Duarte, le frère bien-aimé, en 1438. Avec l'aide, jusqu'en 1449, du régent du Portugal, Dom Pedro, Alfonso étant mineur. Entre-temps, en 1437, son autre frère Dom Fernando a été fait prisonnier à Tanger, lors d'une expédition contre les Maures.
Fernando ne rejoindra jamais Henri à Sagres, il mourra, captif, six ans plus tard. Quant à Ceuta, elle est l'une des rares expéditions maritimes conduites directement par le Navigateur et perdue pour les Portugais en 1438 : les Maures ont reconquis la belle.

À Sagres, Henri voit alors la mort venir, il se sait seul, sans descendance. Entouré de savants, d'aventuriers mais aussi de fourbes et de flatteurs. Un hagiographe qu'il a fait venir, Zurara, a écrit la légende d'Henri, *La Chronique de Guinée*, qui vient rejoindre les rayonnages de la bibliothèque de Sagres. En tête de l'ouvrage, une miniature du prince solitaire, grave, déterminé. Une dernière fois, Henri arme en 1458 une expédition, trois caravelles avec Diogo Gomes aux commandes qui dépasse le fleuve Gambie, file vers Cantor à quatre cents kilomètres de là. De son vivant, les expéditions d'Henri le Navigateur, qui n'aura navigué que trois fois – en 1415, pour Ceuta, puis en 1437 et 1458, mais uniquement pour se rendre au Maroc – n'iront donc pas plus loin que la Guinée. Mais il a tenu son pari, lancé à son père, un matin à Ceuta : il est le maître absolu de l'Afrique, le plus grand des navigateurs qui naviguera si peu. Henri meurt le 13 décembre 1460, dans son château de Tersanahal, après plus de quarante années d'expéditions qui ont ébranlé le monopole des épices détenu par les Arabes et changé le visage de l'univers. Il meurt seul, sur une paillasse, en croisé qu'il est, en haut de son observatoire, un morceau de croix enfoncé dans la paume de sa main. Il meurt vierge à soixante-six ans, le corps rompu par tant d'insomnies, les yeux épuisés d'avoir tant regardé le monde.

Chapitre VI

Zheng He, amiral de Chine

« En pleine mer, on est conduit à penser à son pays et à en avoir la nostalgie ; plusieurs en sont morts. »

Histoire des Han postérieurs

LE PORT DE CANTON, 1433. En presque trente ans, c'est la septième fois seulement qu'il goûte à ce moment. Un jeune barbier qui lui taille soigneusement le poil de la barbe et les cheveux, une servante aux pieds comprimés dans des bandelettes qui lui lime les ongles des mains en veillant à ce qu'ils gardent une taille tout de même impressionnante, un vieux tailleur qui rectifie à même le corps la robe qu'il porte, tout ce cérémonial délicat, en pleine mer, tandis que le port de Canton se découvre. Au loin, des villages, agricoles, plus près, le grand marché vers lequel se pressent, venant des collines, des milliers de silhouettes affairées qu'accompagnent une bonne centaine de chevaux chargés de sacs. Toutes les marchandises du Fujian et du bassin de Jiaangnan affluent là, les bateaux remontent jusqu'à Humen, la Bouche-du-Tigre, s'engouffrent dans la rivière des Perles sur une centaine de kilomètres et déchargent leurs cargaisons. De là, les sampans prennent le relais et approvisionnent le marché de la cité, entre les canaux et le temple taoïste Taipingguan.

L'après-midi est bien avancée en ce mois de mai et la navigation est aisée à l'approche des côtes. Les jonques semblent épouser la mer, réagissant à la moindre plissure de voile, à un écart de gouvernail. Devant eux se dressent les installations portuaires, mais étrangement aucune embarcation ne semble au mouillage. Leur arrivée ne peut pas passer inaperçue, il le sait. Ils sont si nombreux, tant de voiles, tant de bâtiments, tant de destins, de pères, de frères ou de fils absents deux ans du pays. Jusque-là, lorsqu'ils rentraient d'un aussi long et fabuleux voyage, une foule considérable se bousculait pour les accueillir et glaner quelque information sur les pays visités, voire des présents venant de l'étranger. De longues fêtes populaires étaient organisées pour célébrer leur retour. Zheng He note cette fois, avec un amusement teinté d'une légère inquiétude, que les bords de l'estuaire, ceux de la côte, sont totalement désertés, comme interdits. « Fermés au public par des sentinelles en armes, amiral », lui confirme un de ses officiers, lunette à la main. « Personne ne passe ! La ville est ceinte par l'armée, le port est confisqué. » Nous jouerons donc, je m'en doutais, cette fois, sans public, pour le plaisir de représenter, pense l'amiral en passant sa main dans cette barbe taillée en pointe qui rend sa silhouette si familière à tous. Il est, de toute manière, trop tard pour renoncer à entrer dans l'estuaire. Les cartes, les boussoles, les compas sont déjà remisés dans les coffres placés dans sa cabine. Le bazar sur le pont vient de fermer et un serviteur s'approche de lui, un livre en main, et s'apprête à lui réciter, pour la centième fois peut-être depuis qu'ils naviguent ensemble, le conte d'aventures et de voyages le plus populaire alors en Chine, celui du moine à qui le bouddhisme chinois doit tant, le moine Yuan-tsan.

L'amiral Zheng He n'entend rien changer à un cérémonial si bien réglé depuis la première des expéditions qu'il a entamée, voici vingt-huit ans, à la tête des immenses jonques de son empereur, le grand Ming, Yongle. Autour de lui, ses officiers ne font pas preuve du même calme. Ils semblent deviner le sort qui leur sera réservé à terre. Mais, noblesse oblige, on continue à s'adresser à Zheng He avec la déférence qui lui est due : il est tantôt l'amiral du triple trésor, tantôt l'eunuque aux trois joyaux, *Sanbao Taijian*, sans bien savoir s'il s'agit de Bouddha, Dharma et Sangha réunis ou des pierres précieuses dont Zheng He fait souvent cadeau, pour le geste. Pour la grande gloire de l'Empire céleste.

PAGE DE GAUCHE
L'une des jonques de l'amiral chinois Zheng He.
Gravure du XVe siècle.

CI-DESSOUS
Grâce aux expéditions de Zheng He, l'Empire céleste acquit un immense prestige dans toutes les mers de l'Asie orientale et dans l'océan Indien.

A.
B.

En attendant, le lecteur officiel de la flotte impériale – un vieil eunuque, lettré de la province du Nanjin que Zheng He a pris à son service vingt ans auparavant – reprend son récit là où il l'a abandonné, il y a quelques jours, au large du Japon : la naissance en 600, dans la province du Honan, de Chen Wei, plus connu sous son nom bouddhique de Yuan-tsan. Ses études, son savoir extraordinaire, sa vie de moine avec son frère, leur refuge dans la province de Szechuan. Puis une fois rendu au nord, en ce lieu alors appelé « la Mer humaine » parce qu'il est fréquenté par les races et les croyances les plus diverses, son désir, après de nombreuses conversations avec de grands sages bouddhistes, de chercher les textes originaux de ses croyances en Inde. Un très long voyage, plus de trois cents milles chinois, à pied, à cheval souvent, la traversée si éprouvante du désert de Gobi, la faim, la soif, l'épreuve des femmes, le franchissement de si nombreux fleuves et d'autant de petits États, d'immenses montagnes et l'arrivée dans le nord de l'Inde. Ces cinq années passées à lire, à étudier dans le temple de Naranda, en Inde centrale, auprès d'un abbé célèbre, la pratique du yoga, les prédications. L'incroyable réputation de ce moine chinois dans le monde indien, les rois, les prêtres bouddhiques, les brahmanes qui viennent de tout le continent s'incliner devant lui, écouter sa parole. Dix-sept années au total à vivre loin de son pays, puis dix-neuf ans encore, une fois revenu à Chang-an, à traduire les quelque six cent cinquante-sept œuvres hindoues qu'il a rapportées dans ses portefeuilles et qui doivent constituer le fondement sacré du bouddhisme chinois : soixante-quinze œuvres en mille trois cent trente-huit volumes !

Le lecteur s'interrompt à ce moment précis. Comme s'ils s'étaient concertés depuis longtemps, en vieux couple d'acteurs rodés dont ce serait la dernière représentation d'une pièce jouée tant de fois, c'est l'amiral qui se propose de terminer le récit. Il le fait devant un parterre d'officiers que la vie semble avoir quitté à mesure que les installations portuaires se rapprochent. « Yuan-tsan mourut en février 664 et le deuil fut général, plus d'un million de personnes assistant à son dernier déplacement. Le monarque de l'époque, régnant sous le nom de Lin-teh, n'en fut-il pas profondément affecté, au point de déclarer à l'un de ses ministres : « J'ai perdu mon trésor national… »

En achevant le récit de Yuan-tsan, l'amiral Zheng He se regarde une dernière fois dans la glace, contemple ses doigts aux ongles interminables, passe sa main sur sa barbe taillée, défroisse sa tenue soyeuse d'une main vive et aperçoit, derrière lui, le visage blême de quelques-uns de ses officiers qui s'attendent au pire en débarquant. Ils savent tous que le nouvel empereur ne considère pas l'amiral comme son trésor national. Loin de là ! Il le méprise ! Zheng He les rappelle à l'ordre, eux qui, sentant le vent venir dans leurs grandes voiles, sont prêts à sauter par-dessus bord. Un peu de tenue ! Jusqu'au dernier moment, quand on est marin de la dynastie des Ming ! Tout l'état-major, ou presque, de la marine impériale est au garde-à-vous sur les ponts des jonques : cent vingt-huit officiers ou dignitaires, dont une bonne moitié du camp des eunuques. Il faut savoir tenir son rang quand on rentre chez soi après tant d'années ! C'est alors qu'une voix fuse à l'arrière de la jonque : à quoi bon être présentables puisque nous allons tous mourir ! Elle semble résumer l'opinion générale de quelques milliers d'hommes ballottés sur les plus belles jonques au monde.

À terre, en effet, tandis que ces dizaines de hautes voiles lattées emplissent l'espace avant d'être abattues brusquement, une brigade de soldats lourdement armés attend que les jonques et la multitude de petits bateaux de remorquage accostent pour délivrer des arrestations en bonne et due forme à l'amiral Zheng He, à ses principaux officiers, puis dans un second temps à ceux, mousses ou pilotes, qui viennent de faire le dernier grand voyage maritime de l'Empire Ming et de la Chine.

Hier, l'amiral n'a pas dormi. Toute la nuit, il est resté sur le pont supérieur de la jonque impériale, dite du Trésor. Les marchands en dessous font un peu trop de bruit, buvant trop, certainement ; les blanchisseurs s'activent pour laver, préparer et sécher les habits des officiers et le costume de cérémonie de Zheng He. Les affaires ont été bonnes, des Indes au golfe Persique

Navires dans le port de Canton.
BnF, Paris.

Les jonques de la flotte de l'amiral Zheng He. Gravures du xve siècle.

l'accueil a été excellent pour leurs marchandises : on a cédé toutes les porcelaines, les soieries et les métaux précieux contre les épices recherchées par les marchands de Canton. Une fois de plus, l'Empire du Milieu a fait preuve de générosité et ses marchands ont agi également en diplomates, ne discutant aucun prix et offrant leurs marchandises à celui qui convenait à l'acheteur ! Zheng He les a laissés fêter joyeusement le retour. Ils ne savent rien de ce qui les attend ! Ce n'est qu'après le lever du soleil sur la mer qu'il est passé dans son cabinet de toilette, faire, avec ses vases, quelques ablutions et se frotter énergiquement avec une pommade camphrée.

Les étoiles ont, une fois encore, accompagné l'impressionnant cortège de trente jonques, portant, à elles toutes, plus de dix-huit mille hommes. Enfant, après avoir quitté son Yunnan natal, Zheng He a appris de son maître, un vieux géomancien de Canton, autrement nommé Zaïtun par les Arabes, l'usage des astres. Il a dévoré un long traité d'astronomie, des contes qui parlent des mers intérieures et du littoral. C'est dans le ciel qu'il a découvert la mer. C'est par la mer qu'il a connu les étoiles, mesuré la latitude de ses courses selon la hauteur de l'étoile Polaire et des astres dans le ciel. Parfois, si le ciel est chargé, il utilise l'aiguille posée sur l'eau contenue dans un bol en céramique. Cette aiguille – que Zheng He a fait transformer en un poisson en métal rempli de magnétite – indique la Grande Ourse ou une étoile proche qui appartient à la Petite Ourse, la très belle T'ien Yi, *l'Unique au ciel*. Mais bien souvent, c'est à l'œil seul que Zheng He conduit ses jonques. À trois heures du matin, le pilote Shao-la, monté sur le pont supérieur pour faire le point, lui annonce qu'ils arriveront à Canton à la mi-journée. Ils ont longuement devisé, calmement, en fumant. D'une largeur de doigt, ils ont mesuré le *chih*, se sont amusés de ce que l'aiguille flottante qu'ils appellent *Zhi nan zhen*, littéralement « l'aiguille montre sud », n'indique pas cette nuit le sud, la place de l'empereur. « Mauvais présage pour qui sait lire dans les boussoles », a songé l'amiral. Demain, après-demain au plus tard, il sait qu'il sera conduit devant le nouvel empereur, qu'il connaît mal, et probablement démis de ses fonctions. Rêveur, il interroge son pilote : « Est-il vrai que le grand Yongle est déjà mort depuis neuf ans ? Que le temps passe vite ! »

Le temps passe vite, en effet, comme la gloire. Yongle est bel et bien mort, et avec lui tant de belles choses. C'est à cet empereur Ming, le troisième d'entre eux, que Zheng He doit sa fortune d'amiral en chef de la flotte chinoise. Du moins ses cinq premières expéditions, les deux dernières, dont celle-ci, la toute dernière, ayant été commandées, bien malgré eux, par ses successeurs. La première expédition, partie de Yang-tcheou, entre 1405 et 1407, a probablement été la plus spectaculaire : plus de trois cents jonques de cinq à sept mâts de type *boachuan*, trente-sept mille hommes, qui sont allés, grâce à la science exception-

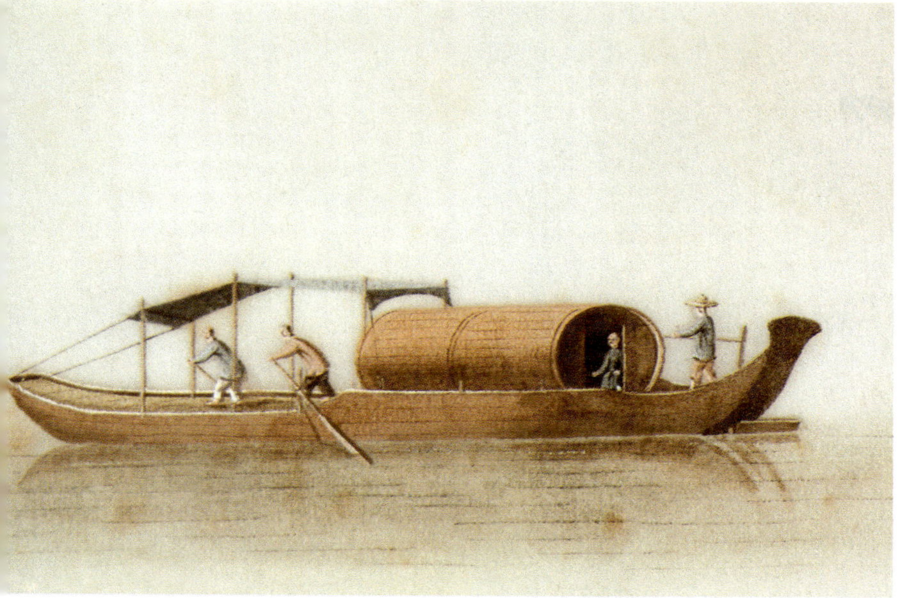

nelle de Zheng He, au Vietnam, à Java, à Sumatra, à Ceylan, à Calicut enfin. Les suivantes ont mené les jonques, d'une mousson d'été à une mousson d'hiver, jusqu'au Siam, à Malacca sur le chemin des Indes orientales, dans le golfe du Bengale, aux Maldives, à Ormuz, dans le golfe de Perse, à Aden, à Brunei, sur la mer Rouge, la mer d'Oman, sur les côtes africaines de la Somalie et du Kenya. De Bornéo à Zanzibar, une cinquantaine d'États ont été ainsi visités, se sont déclarés tributaires de l'Empire céleste, ont reçu avec émotion la flotte du Pacifique, la plus importante flotte jamais encore déplacée sur les mers dans l'histoire du monde. En moins de trente ans d'expéditions, la Chine est devenue l'une des plus grandes puissances navales au monde. Son nom, sa puissance, sa langue, grâce à de nombreux interprètes montés à bord, sont aujourd'hui connus bien au-delà de la mer de Chine et de l'océan Indien, au Japon, en Malaisie, en Méditerranée également, en Afrique bien sûr... Le peuple de la mer, comme on disait il y a encore peu de temps. Malacca : Zheng He aime ce port récemment créé, ce long détroit qui relie le golfe du Bengale, dans l'océan Indien, à la mer de Chine dans l'océan Pacifique. De cette ville inventée par un prince de Sumatra qu'il a rencontré lors de la troisième expédition, c'est le climat qu'il préfère, et la fréquentation d'un certain nombre d'établissements, également appréciés par les Mapili, les marchands musulmans de l'Inde, où la chère est fort bonne.

Pour la dernière fois, les jonques ont fait le plein de richesses, achetées aux Arabes et aux Indiens en échange d'une quantité invraisemblable de soie et de céramiques parmi les plus belles de l'Empire. Shao-la, le pilote sait lui aussi que sa carrière se terminera demain dans le port de Canton, mais il a à cœur de mener la flotte à terre. Le nouvel empereur a beau décider que ces longs et coûteux voyages ne servent à rien, que la Chine se suffit à elle-même, il a eu beau interdire le commerce privé des grains par la mer, il y a quelques années, la dernière expédition mettra un point d'honneur à arriver dans l'ordre le plus impeccable qui soit : ponts lavés à grande eau, cales remplies, incantations faites au grand Bouddha, équipage frais et préservé des infections grâce à d'habiles médecins à bord, marins portant des vêtements propres.

Le pilote, cette nuit, a trouvé l'amiral étrangement calme, tout à ses récits de la Grande Chine, à celui du moine Yuan-tsan. « Crois-tu, ami, que notre nouvel empereur dira de moi, quand je serai mort, ce que l'empereur Lin-teh a dit de notre cher moine lorsqu'il rendit son âme : "J'ai perdu mon trésor national" ? Crois-tu qu'un jour on rendra grâce à nos trente années de course à travers le monde ? » Le pilote ne croit rien, lui qui a accompagné Zheng He dans ses sept expéditions. Il sait que la Chine du nouvel empereur se désintéresse complètement de leurs aventures, que les routes maritimes du pays ont déjà été

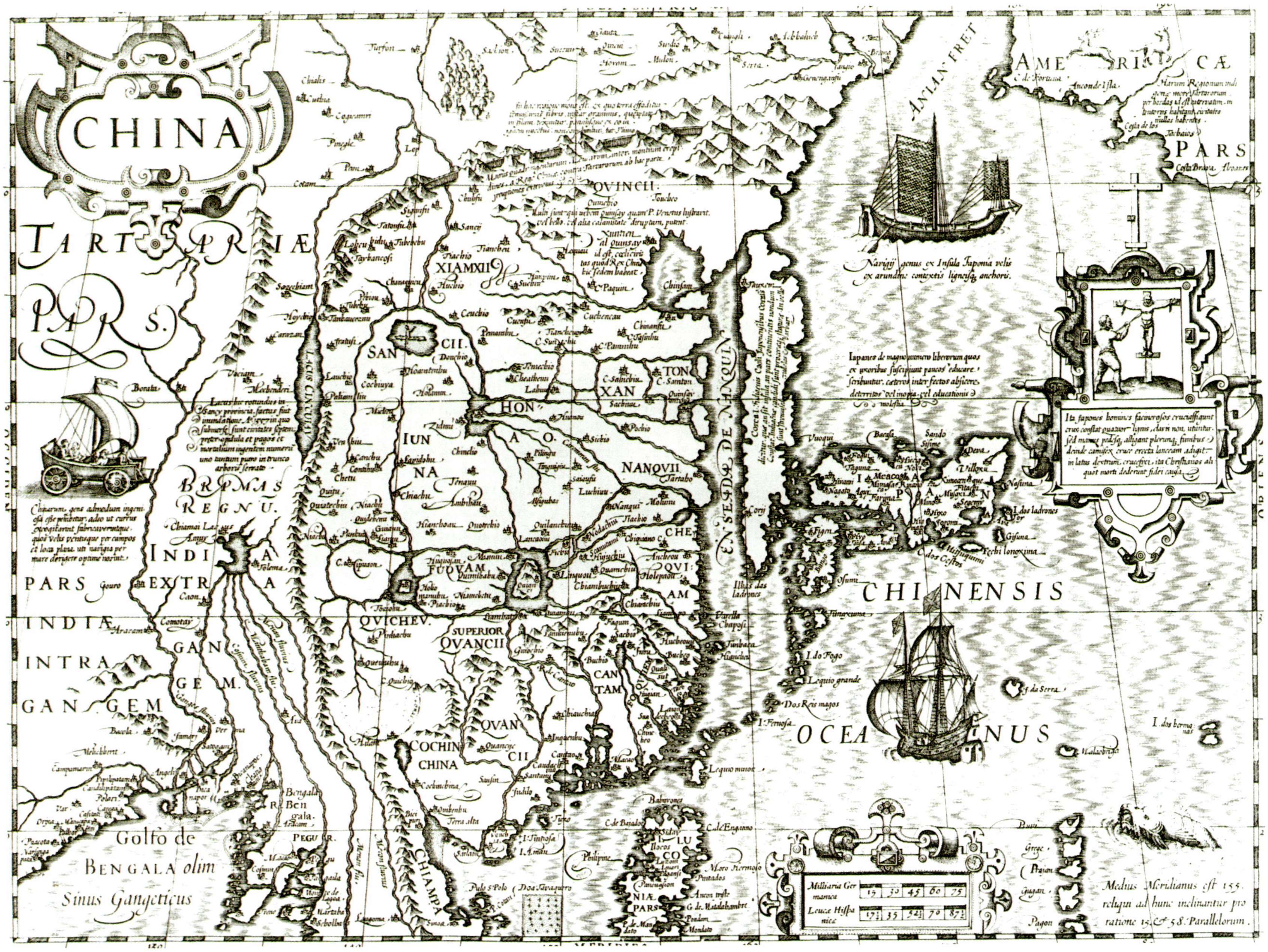

Carte de la Chine. Détail de l'*Atlas* de Mercator publié par Jodocus Hondius, Amsterdam, 1606. The Stapleton Collection.

fermées, tout comme la plupart des arsenaux et des chantiers navals. Le commerce maritime privé est interdit, celui avec les étrangers également. L'armement des bâtiments marchands et des navires de haute mer est aujourd'hui une infraction, demain on en interdira la construction, on punira de mort quiconque s'y essaye ! Tous les marchands chinois qui s'étaient installés, ces dernières années, dans des ports voisins d'États étrangers sont priés de retourner au pays. On prétend que la nouvelle administration vient de brûler tous les documents relatifs aux six premières expéditions, pour ne pas donner envie à la future génération de s'embarquer sur la mer. « Mais pourquoi cette fermeture ? marmonne l'amiral. Tous les peuples du monde commercent ! Si nous abandonnons la mer, nous ne la retrouverons jamais ! Déjà les Portugais, les Espagnols ont rejoint les Arabes, les Génois et les Vénitiens dans cette course ! Nous serons le peuple des découverts, mais nous ne découvrirons plus rien ! Des Marco Polo par centaines viendront nous visiter avec des cartes précises des océans, des terres qu'ils auront conquis ! Bientôt, la Chine s'effacera complètement... Le monde extérieur n'existera plus pour elle, elle n'existera plus pour lui non plus ! »

Zheng He s'est retourné sur la flotte qu'il commande. Cette nuit encore le spectacle est bouleversant : les très hautes silhouettes des « grandes jonques », leurs mâts, ces étages, ces ponts qui se superposent et sur lesquels des hommes marchent, faisant le guet, dans un ordre impeccable. Le regard se perd loin, tant la flotte est nombreuse, plus de deux cent cinquante navires en comptant bien sûr les petits escorteurs, les coques calfatées des boutres portant les vivres... Cette nuit, ce sont près de vingt-sept mille hommes qui veillent ou dorment sur cette mer de Chine, leur dernière nuit de marins. « Tu te souviens, Shao-la, toi qui as tout vu avec moi, la première de nos expéditions ? Nous étions trois cent dix navires et plus de trente-sept mille hommes ! Jamais le monde n'a vu pareil cortège sur les mers... » Shao-la, le pilote, n'a rien oublié du faste commandé par le grand empereur Yongle : un homme curieux de tout, de sciences – et ses savants n'ignoraient rien de l'art de la navigation sidérale – qui savait utiliser lui-même les fameuses *Qan xin ban*, ces douze petites planchettes en ébène qui permettent de se guider à la vue des étoiles... L'ouverture, la curiosité de l'empereur avaient trouvé en l'amiral Zheng He le fidèle interprète de ce pays qui reprenait le chemin des grandes routes commerciales abandonnées par les Mongols. Zheng He, s'il aimait le moine bouddhiste Yuantsan, n'en était pas moins musulman. Avec lui, avait pensé l'empereur, nous ferons du commerce. Sans le dire, tout de même... Yongle prit comme prétexte pour la première expédition la recherche de son neveu qui avait trahi et quitté le pays... En rappelant que la grande Chine n'avait, bien entendu, pas besoin de commercer, de convertir ou de gagner des colonies. Se montrer seulement, dans toute sa splendeur, faire l'admiration du reste du monde. Juste faire savoir, ou rappeler, que la dynastie des Ming était la plus considérable de cet univers clos. Et que lui, Yongle, le nouvel empereur, était un souverain aussi puissant que magnanime. Pas de pillage, pas de massacres, pas de vol ! L'amiral s'était signalé jusqu'alors par ses grandes qualités de guerrier et de diplomate. Il était l'un de ces hauts fonctionnaires sourcilleux et courageux à la fois dont l'Empire Ming avait le secret. Il nous faut un homme sûr, insistait l'empereur. On diligenta une enquête sur l'amiral : un mois durant, il fut suivi à chaque instant de sa journée, le moindre de ses mouvements noté tout comme ses fréquentations, ses

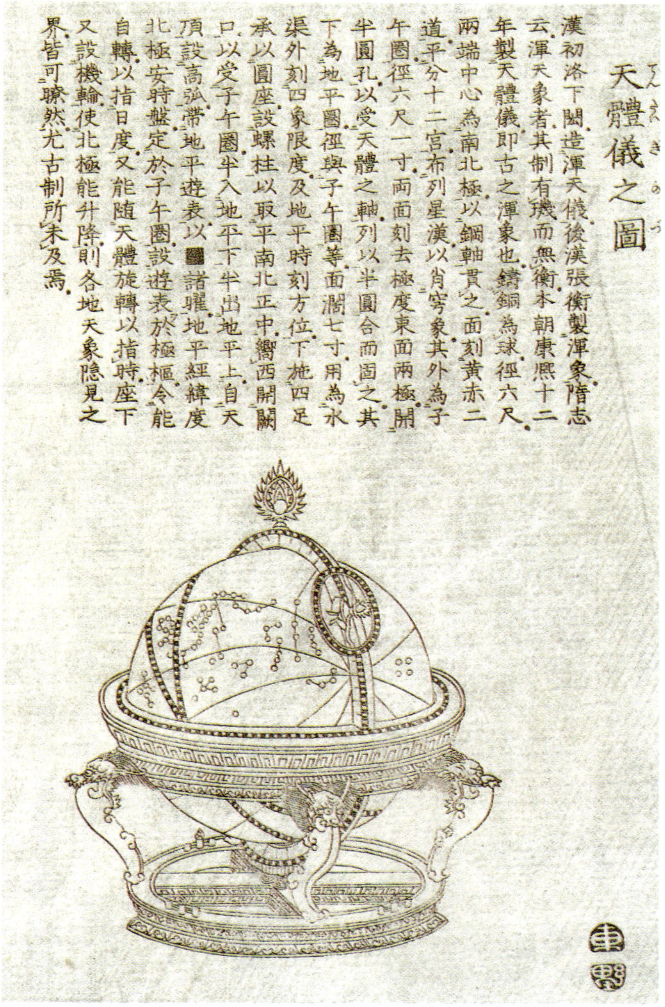

Un document chinois représentant le globe terrestre.
Gravure anonyme.
Coll. Selva.

conversations. Ses domestiques furent habilement interrogés. Yongle dut se rendre à l'évidence : on tenait là un homme irréprochable. Quand on lui confirma, en plus, que Zheng He était eunuque, il fut certain de son choix. Pareil homme, ou ce qu'il en reste aux yeux du sexe opposé, ne peut, dans les ports qu'il visitera, perdre son temps, sa raison et l'argent du royaume dans les mauvaises maisons.

Gardien du lit ? Eunuque ? Zheng He est de cette espèce qui, d'Origène, l'un des Pères de l'Église grecque, à de nombreux généraux ou hauts fonctionnaires byzantins, égyptiens, produit des personnages d'exception, souvent liés à la cour. En Chine, la caste des eunuques a depuis toujours un accès direct à l'empereur, mieux placée à ce titre que celle des ministres. Depuis la fin de la dynastie des Han, ils gouvernent souvent, indirectement, le pays, s'opposant régulièrement aux bureaucrates, aux lettrés, jaloux de leur immense pouvoir. Zheng He, fils d'un modeste paysan du Yunnan, est de ceux-là. Des

Province de Guangxi, dans la région de Guilin, rivière Li à Xingping. Le parfait équilibre du yin et du yang.

origines que Yongle, l'un des successeurs du premier des empereurs Ming – lui-même fils d'un pauvre ouvrier agricole –, ne manque pas de remarquer très tôt. Quittant Nankin, son quartier général en même temps que la capitale du sud, le nouvel empereur s'installe à Pékin, non loin de la Grande Muraille, fait construire de magnifiques palais et jardins autour de la Cité interdite. Et bientôt les jonques impériales de Zheng He. Il se souvient que sa dynastie est originaire de l'Anhui et connaît la valeur de la mer, la sécurité qu'elle procure, la rapidité de ses routes.

Toujours en cette dernière nuit de navigation, Zheng He semble perdu dans un rêve. Les yeux rivés sur l'étoile Polaire, les mains sur le bastingage, respirant de manière saccadée, l'amiral parle tout seul. De ses lèvres presque immobiles, quelques mots s'échappent, des noms principalement, qui disent les pays qu'ils ont visités pendant ces trente années de navigation : Tchampa, Cambodge, Siam, Java, Bornéo, Malacca, Calicut, Sumatra, Bengale, Inde et Insulinde, Maldives, Ceylan, mer Rouge, Arabie, golfe Persique, détroit d'Ormuz, Aden... Tant de marchés offerts au royaume, jusqu'à l'Afrique qu'il a explorée avec ses ports de Malindi, Mombassa et Zanzibar. La dynastie impériale brillait à son firmament et elle le devait à la flotte de l'amiral. Partout les marchandises chinoises se répandaient... en Asie du Sud-Est, jusqu'au Japon ! L'empereur Yongle était satisfait, toujours prêt à recevoir des ambassadeurs que Zheng He lui envoyait, à échanger des présents avec les souverains, avec les Perses... On ne parlait de commerce qu'à mots couverts : on échangeait des cadeaux, à la manière confucéenne. L'Empire n'avait pas besoin du reste du monde. Mais Zheng He, en bon musulman, savait que le commerce, les échanges se développaient autrement : épices, soies, porcelaines, or, argent, pierres précieuses, produits manufacturés... Depuis la dynastie mongole, jamais l'Empire n'avait été aussi loin en dehors de ses frontières ! Sur ordre de Yongle, tous les ports furent réouverts, les côtes accessibles ; les chantiers navals croulaient sous les commandes de nouvelles jonques. Alors que celles sur lesquelles Zheng He sillonnait la planète mesuraient souvent plus de soixante mètres, l'empereur ordonna qu'on fasse plus grand, jusqu'à cent mètres ! De véritables villes flottantes, avec leurs commerces, leurs cloisons étanches en bambou dans la coque ! Zheng He était allé voir à Zaytun et à Canton la construction de ces magnifiques palais, comprenant quatre ponts, des chambres et des salons pour les marchands, des logements pour les domestiques et les esclaves, plus de sanitaires, de bazars et de services qu'une auberge ne peut en prodiguer. Sept mâts, des coques très solides, soignées, avec du bois résistant, des coques qu'il faut caréner chaque année, calfater avec force chanvre, résine et chaux. Des voiles plus sophistiquées que les leurs, des voiles qui prennent le vent au-dessus des fleuves comme le très grand vent du large, une dizaine de hautes voiles par jonque, avec des nattes divisées en longs sabres permettant de les maintenir toujours tendues, de les baisser, section par section, si le vent vient à forcir, des voiles adaptées à des allures portantes et pouvant, en cas d'urgence, être abattues en un instant. Et tout ce qui va avec, autant de bambou qu'il en faut pour alléger une pièce, des gouvernails axiaux pour mieux manœuvrer, accrochés à la gigantesque galerie de poupe, des plus petites jonques à voile et à aviron pour le remorquage, l'accompagnement ; des rameurs, entraînés par le chant du maître d'équipage, pour permettre à la flotte d'avancer dès que le vent cesse et une armée puissante, suréquipée, pour défendre toute attaque des pavillons Ming. Puis pour épater le monde, Yongle avait fini par commander la grande jonque du Trésor, que conduirait Zheng : au lieu de porter sept mâts, elle en aurait neuf, plutôt que de mesurer cent mètres, elle en ferait cent trente sur cinquante-cinq de large ! Avec cela, Zheng He pourrait affronter le monde, les terribles cyclones de la mer de Chine méridionale... Mais elle ne pourrait, avait dit l'amiral à l'empereur, éviter de dériver toujours un peu, faute de disposer d'une étrave ou d'une quille comme les praos ou les sampans qu'ils croisaient sur la mer.

Les souvenirs lui reviennent, nombreux, en cette nuit de lune. Trop, certainement. Son front se plisse, il porte la main à son cœur, s'affaisse contre le bastingage, une suée violente couvre son visage tandis que le pilote s'apprête à le recueillir dans ses bras et à

Portrait de l'empereur Chu Yuan-Chang (1328-1398), fondateur de la dynastie Ming. National Palace Museum, Taipei, Taiwan.

appeler les médecins. « Non, ne fais pas cela, ami, contente-toi de m'écouter une dernière fois », lui demande l'amiral, qui s'assoit sur le pont et prend la main de son compagnon de toujours. « Je suis l'intendant des eunuques, tu le sais, mais d'abord un eunuque moi-même. Les femmes, à la naissance, m'ont été enlevées, l'amour m'a été interdit. Les orgies m'ont manqué : j'ai assisté à tant d'elles, j'ai vu ces femmes venues de tout l'Empire pour satisfaire mon maître par le seul plaisir d'un Tantra hérité du bouddhisme tibétain. Seule l'amitié, la tienne particulièrement, m'a accompagné ces années durant sur les mers. Et celle de Yongle ! Tu te souviens de lui : il nous interdisait de ramener au royaume des produits utiles ! Jamais de vin, jamais de laine des pays que nous visitions... Rien qui, précieux en Europe, aurait servi au royaume des Ming ! Juste dire au monde notre amitié, leur faire connaître notre Empire ! J'aimais sa passion : celles des objets rares. Te souviens-tu de son zoo et des animaux que nous rapportions de nos expéditions, nos lions, nos autruches, nos tigres ? » « Et les zèbres qui nous sont venus d'un ambassadeur en Afrique, et cette girafe qui nous avait été offerte par le roi du Bengale ! » ajoute Shao-la, les yeux embués de larmes. La girafe et les trois rhinocéros avaient été accueillis triomphalement à Pékin... La girafe surtout parce qu'elle venait originellement de Somalie où on la nommait *girin*. Girin ! « L'empereur avait compris *k'i-lin* et chez nous, cela veut dire animal merveilleux, présage d'un grand bonheur pour l'Empire céleste ! Yongle est venu, en personne, accueillir la deuxième girafe conduite de Malindi à Pékin, tu te souviens, Shao-la ! »

Shao-la se souvient, bien sûr. Et du poème que Zheng He avait rédigé alors et dont il récite quelques stances pour faire plaisir à son maître :
« Or voici qu'est venu un *k'i-lin* d'au moins quatre mètres cinquante de haut
Au corps de cerf et à la queue de bœuf, possédant une corne toute de chair
Avec des taches lumineuses comme un nuage rouge ou une brume pourprée.
Ses sabots, lorsqu'il se déplace, évitent soigneusement de fouler les êtres vivants... »
Zheng He éclate de rire : « Cela ressemble, je l'avoue, assez peu à une girafe, mais cela a plu, n'est-ce pas, Shao-la ? » Et ce poème des Han que j'aime tant : « On pouvait y voir en grand nombre des curiosités telles que les perles lumineuses, des cauris, des cornes de rhinocéros et des plumes de martin-pêcheur, conservées dans le palais de l'impératrice. Des chevaux *pushao*, des chevaux aux zébrures de dragon, des chevaux aux yeux de poisson et des chevaux à la sueur de sang remplissaient la porte Jaune. Des troupeaux de grands éléphants, des lions, des bêtes féroces ainsi que des autruches étaient élevés dans les parcs de l'extérieur. » L'amiral, amusé par sa girafe, a repris toute sa verve, il remercie Shao-la, le prend dans ses bras et lui dit d'aller se reposer. « Adieu, Shao-la, nous ne nous reverrons peut-être pas ! Adieu et merci ! Moi, je n'ai pas sommeil, laisse-moi rêver encore un peu, avant que le jour ne se lève sur cette funeste journée. Va ! »

La jonque amirale vient d'entrer dans l'estuaire du Si-Kiang, la rivière des Perles. Dans cette baie magnifique, semée d'îles, où plus d'un siècle auparavant les princes Sung, attaqués par les marins mongols, ont décidé, plutôt que de se rendre, de se suicider. Un temps, Zheng He songe à une fin pareille. Ce golfe serait le plus beau cimetière de leurs illusions. Il reste une cinquantaine de kilomètres, une fois l'embouchure du fleuve franchie, pour arriver jusqu'au port de Canton. C'est assez de temps pour saborder ce grand rêve, couler par le fond ces dizaines de grands oiseaux qui naviguent si bien, larguer les trésors des cales.

À terre, l'envoyé de l'empereur Xuande s'entretient avec le gouverneur de la province et le commandeur de la ville, tandis que la jonque impériale de l'amiral longe les docks, les bassins de radoub. De la rivière des Perles, on ne voit même plus la surface de l'eau tant la flotte occupe tout, jusqu'aux berges contre lesquelles certaines jonques frottent déjà leurs coques calfatées. Pas un bruit, si ce n'est celui du vent qui souffle dans les voiles lattées. Devant, l'amiral en tenue d'apparat, immobile. Ne desserrant les lèvres que pour lancer un ordre sec, qui résonne dans le port : « Abattez ! » À quoi répondent des claquements presque simultanés, cent voiles qui tombent brusquement et entravent l'allure des jonques. Zheng He ne se retourne pas, à l'oreille il sait que les jonques sont désarmées, que son ordre a été exécuté. Mais il sait aussi que c'est son dernier ordre. Le dernier donné par un marin chinois à la grande flotte des Ming.

Le gouverneur de Canton connaît bien Zheng He et l'apprécie. L'amiral, avant de commander la septième et dernière expédition, a été nommé gouverneur de la province de Nanjin. Mais le nouvel empereur n'aime pas Zheng He. Qu'il soit surintendant des eunuques ne suffit pas à Xuande pour lui rendre sympathique ce musulman qui agit contrairement aux grands principes de la dynastie, qui fait du négoce, traite avec l'étranger. Qui plus est, le pouvoir de Zheng He est immense, il commande à lui seul toute la flotte, sa popularité est grande auprès de ses équipages, bien au-delà, dans les ports, dans les provinces, dans les campagnes où les récits de ses traversées magnifiques font rêver jusqu'aux enfants des écoles. Quel profit pour la Chine des Ming dans ce déballage de fastes, d'apparat, de puissance ostentatoire, de voyages coûteux ? Les cales chargées de produits venant du monde entier que rapporte Zheng He n'intéressent pas Xuande. Pire encore, faire croire que l'Empire du Milieu n'est pas le seul au monde, qu'ailleurs ce peut-être bien également, voire mieux, il trouve cela dangereux. C'est ce poison que cet eunuque musulman, qui se permet de citer le grand moine Yuan-tsan pour faire oublier sa religion, distille avec ses grandes jonques arrogantes. Il faut chasser ces commerçants musulmans installés dans la province du Shaanxi tout comme ces juifs qui sont à Canton et sur les côtes de la mer de Chine ! La Chine de Xuande a d'autres préoccupations, qui viennent des steppes de l'extérieur où de nombreuses tribus menacent l'intégrité de la dynastie Ming. C'est sur terre qu'il faut mener le combat, plutôt que de vouloir déserter le pays sur les océans et de pactiser avec les puissances de l'étranger ! Au nord, à l'est, la dynastie est en danger : toute une frontière qu'il faudrait protéger, idéalement... s'enfermer, oui, c'est le mot, s'enfermer, consolider sur des milliers de kilomètres l'immense muraille. La Grande Muraille est en ruine et laisse passer les envahisseurs. Et pour cela, l'empereur a besoin des hommes qui voyagent des années durant à la recherche d'aventures inutiles... Ou qui se rendent, affront ultime que vient de commettre Zheng He et qui a été rapporté à Xuande, à La Mecque. Certes pour la piller, mais nul doute que l'amiral, en bon musulman, en a profité pour y faire son pèlerinage, aux frais de la dynastie Ming, voire y convertir une partie de sa flotte.

La jonque du Trésor vient se poser délicatement, malgré l'immensité de sa coque et le volume de sa voilure abattue, contre le bassin principal. Zheng He reste immobile à la proue du bâtiment. À cent mètres de lui, sur le quai, le gouverneur de Canton demande à l'envoyé spécial de l'empereur de bien vouloir lui répéter oralement une dernière fois les instructions qui lui ont été données par un décret de Pékin. Il veut être sûr d'avoir bien compris, ou plutôt il voudrait s'être mépris. L'envoyé de Xuande, agacé, répète sans le regarder ce qu'il vient de lui dire : « À partir de demain, naviguer deviendra interdit et construire une jonque de plus de deux mâts, une jonque pour aller sur la mer, sera puni de mort. Nous décapiterons, avec vos hommes, les contrevenants. Vous fermerez le port à tout navire étranger, vous ferez garder les côtes nuit et jour. » « Mais qu'allons-nous faire des jonques impériales, de celles qui nous reviennent aujourd'hui, et des autres ? », interroge le gouverneur. La réponse est cinglante : « Vous m'avez mal compris, ou plutôt vous avez mal compris ce que l'empereur Xuande vous ordonne : c'est de faire brûler ces tas de planches inutiles qui ruinent la dynastie, affament le peuple ! Dans quelques années, je vous l'assure, il n'y aura plus dans ce pays un seul marin, un seul navire, un seul constructeur de jonques ou un seul chantier naval, il ne restera plus un seul centimètre de planche sur les mers. L'Empire céleste n'a que trop paradé sur les mers, incapable de ménager ses intérêts ; nous sommes les Fils du Ciel et supérieurs au reste du monde ; que les autres viennent à nous et nous rendent hommage ; que nous importe que Zheng He ait visité plus de cinquante États, rencontré tant de rois et de souverains, conduit autant de délégations

protocolaires et d'ambassadeurs ? L'empereur n'a pas besoin de contempler une malheureuse bête venue d'Afrique, un cheval rayé à très long cou, et l'animal que cet amiral félon s'obstine à ramener à la cour à chaque déplacement et qui sent horriblement mauvais : un rhinocéros ! Le trésor impérial a d'autre soucis que de s'occuper des animaux des autres, il nous faut commencer par bien traiter nos paysans qui ont faim et n'ont pas d'argent ! Votre Zheng He a beau s'appeler l'eunuque aux trois joyaux, nous n'avons rien à attendre de ces bouts de cailloux pour lesquels il passe sa vie, accompagné de vingt ou trente mille bouches, et de cent jonques, en voyage pendant que nous, les bureaucrates, nous payons ses factures dispendieuses ! Que nous importe de savoir que la planète est couverte d'États qui nous sont tributaires ; combien cela nous rapporte-t-il ? Rien ! Combien cela nous coûte-t-il de donner toujours et de ne jamais recevoir ? Le nouvel empereur est un homme raisonnable et ces folies l'exaspèrent, il a décidé d'y mettre fin. M'avez-vous compris ou faut-il que je vous traite comme Zheng He ? »

Le gouverneur a très bien compris. L'envoyé de Xuande est l'un de ces hauts fonctionnaires lettrés, de tradition confucéenne, qui détestent et détesteront toujours cette catégorie mondaine dont Zheng He est l'un des grands représentants : les eunuques

La Grande Muraille de Chine.
Ferrario, Milan, Italie, 1820.

La baie de Phang-na, en Thailande. L'une des innombrables haltes de Zheng He.

de cour, considérés comme des intrigants et des esthètes encombrants. Le nouvel empereur a délégué à cet envoyé un pouvoir extraordinaire, y compris celui de donner l'ordre que l'on perce dès demain un grand canal qui reliera Canton à d'autres grandes villes. Pour compenser la fermeture totale de la mer et des ports et acheminer les produits des campagnes à la ville... Il reste à trouver en ville pour demain trente mille hommes que l'envoyé spécial compte bien faire acheminer immédiatement sur les contreforts ouest de la Grande Muraille. Une idée lumineuse traverse l'esprit du gouverneur, soudainement mielleux : « Et que dirait Sa Majesté si je lui envoyais, en guise de travailleurs pour la Muraille, des hommes qui ont vu un peu de pays et qui méritent bien une raclée pour avoir choisi le parti de la mer et de l'étranger contre celui de leur patrie ? » Il désigne les dizaines de jonques et les milliers de soldats et de marins silencieux, attendant un sort funeste. « Soit, prenez-les, l'idée est bonne, mais tout de suite, avant qu'ils ne se dispersent ! Et dites-leur bien qu'ils viennent d'échapper à la peine capitale ! Mais gardez-moi les officiers de Zheng He et Zheng He lui-même, bien entendu ! L'empereur se les réserve. »

Une heure plus tard, l'amiral et trente officiers, du clan des eunuques de cour, mais également Shao-la, le pilote principal, se retrouvent débarqués, sans résistance particulière, et conduits dans la cour d'un grand pénitencier. Trois bourreaux se présentent et poussent les prisonniers, désormais ligotés, à genoux, tête contre terre. Tandis que le gouverneur s'avance vers eux, l'envoyé de Xuande, du fond de la cour, hurle la sentence et part d'un immense éclat de rire : « Messieurs, l'empereur m'a ordonné de vous châtier pour avoir abusé de la mer faute d'avoir pu agir pareillement avec les femmes ! J'ai pensé à quelque mutilation symbolique ! Vous couper les organes, par exemple ! Mais cela a déjà été fait, me dit-on, à la naissance ! Alors, bourreaux, je ne vois qu'une solution, coupez-leur la tête ! »

En moins d'une minute, à raison de dix têtes par bourreau et par lame, la marine supérieure chinoise est à jamais décapitée.

Chapitre VII

Le complexe de Colomb

« J'ai toujours cru que le monde qui est fait de terre et d'eau était sphérique, et les expériences de Ptolémée et tous les autres l'ont prouvé, aussi bien par les éclipses de Lune que par d'autres observations faites depuis l'Orient jusqu'à l'Occident, et par l'élévation du pôle du septentrion au midi. Mais je constatai une telle dissemblance à ces vues que je reconsidérai cette idée du monde, et trouvai qu'il n'est point rond de la manière dont on le décrit, mais de la forme d'une poire... ou comme une pelote bien ronde, sur un point de laquelle serait une saillie comme un téton de femme... »

Christophe Colomb

GÊNES, 1465. Il vient d'avoir quatorze ans, une mauvaise bronchite et il ne reprendra pas l'atelier de laine de son père, c'est décidé. On ne veut jamais le croire : l'incrédulité, c'est ce qu'il déteste le plus au monde. Il ne sera pas tisserand comme le veut la tradition familiale, il ne filera ni soie ni coton, bon ou mauvais, et n'habitera pas toute sa vie près de la Porta dei Vacca. Le garçon est teigneux. Arrogant, prétentieux, pour ceux qui ne l'aiment pas, y compris pour ses parents ; pour les autres, il apparaît habité par une mission, sûr de lui et voulant faire ses preuves, vite, coûte que coûte. Un peu illuminé tout de même et capable d'entraîner dans son sillage ses camarades, l'un de ses frères surtout, Bartholomé, fasciné par son cadet, par ces grands yeux qui jurent, par tous les dieux, qu'ils disent la vérité en mentant de la manière la plus éhontée. Prompt à inventer, à enjoliver, si la cause le réclame. Soutenant les pires affabulations, il répète à l'envi qu'il faut le croire. La laine est trop douce pour son caractère – son visage lui-même, très allongé, témoigne de ces aspérités, avec ses pommettes saillantes et ce nez d'aigle –, c'est à d'autres cuirs, à d'autres matières qu'il veut se frotter, mais pas à la roche de l'Apennin, cette chaîne de montagnes contre lesquelles s'adosse cette bonne ville de Gênes. Ville riche et arrogante, conquérante et ingrate. Les études l'ennuient, il n'est pas assidu. La science académique lui est interdite, faute d'aisance familiale. Il aime lire, apprendre par lui-même au contact des textes, les textes sacrés souvent. Mais également l'*Imago Mundi* du cardinal d'Ailly, l'*Histoire naturelle* de Pline ou l'*Historia rerum ubique gestarum* d'Enea Silvio Piccolomini. Sa religion est faite, comme celle de tous les enfants de ce glorieux port d'Italie : un fort goût d'indépendance et un besoin incontrôlable de mouvement. Enfant, on lui a raconté sa ville natale. Les premières croisades, les expéditions et le commerce florissant qui en découle, les privilèges douaniers, les comptoirs en Europe, dans le monde arabe, dans l'Empire byzantin, en Terre sainte, les familles qui se déchirent, les luttes intestines, puis les doges perpétuels. Gênes, la grande école de navigation, le grand port pour les affaires du monde. Et la défaite, cuisante, inoubliable, inacceptable, contre l'ennemi perpétuel, ce 23 décembre 1379, à Chioggia. Une blessure qu'on lui raconte mais qui lui fait mal. Quand on lui dit « Venise », comme les autres adolescents de son âge, il crache à terre. Du sang, du venin. Parce que Gênes hait, plus que tout, la Sérénissime, la concurrente sur les mers. Un seul nom lui fait regretter de ne pas être vénitien : celui de Marco Polo, fils de la république de Saint-Marc, dite la Dominante, dont on lui rapporte les aventures, bien qu'il n'ait pas encore eu l'occasion de lire son *Devisement du monde*. Mais Polo lui plaît avec ses descriptions fantaisistes, ses mondes magiques et habités de chimères. C'est un poète des mers. Il voudrait faire aussi bien. Mieux encore. Laisser une trace. Christophe Colomb – Cristoforo Colombo – est et restera toute sa vie génois, enfant de la république de Saint-Georges, la Superbe.

Il est roux et sa tignasse est épaisse. Il n'est pas beau et son regard fait déjà peur. C'est celui d'un adulte, élevé dans le corps d'un adolescent. Le visage tacheté de mille piqûres de roux. Négligé, Christophe. Fils du peuple mais croyant dévotement à la Vierge, habillé de peu, tassé, enfant, comme un petit vieux. Pas bien haut. Ses parents sont très vite devenus une charge, mêlée d'un peu de honte. Pauvre femme que cette Suzanne Fontanarossa dominée par Domenico Colombo, le père, autrefois gardien de la Porta de San Andrea, dans le faubourg de Vico dritto de Ponticello. Il y a aussi ses frères Bartholomé et Giovanni, sa sœur Bianchi-

PAGE DE GAUCHE
Les trois caravelles de Christophe Colomb partant vers les « Indes » en 1492.
Aquarelle de R. Monleon. Musée naval Torre de Oro, Séville, Espagne

CI-DESSOUS
Après ses quatre voyages, Colomb demeura jusqu'à sa mort persuadé d'avoir atteint les Indes.

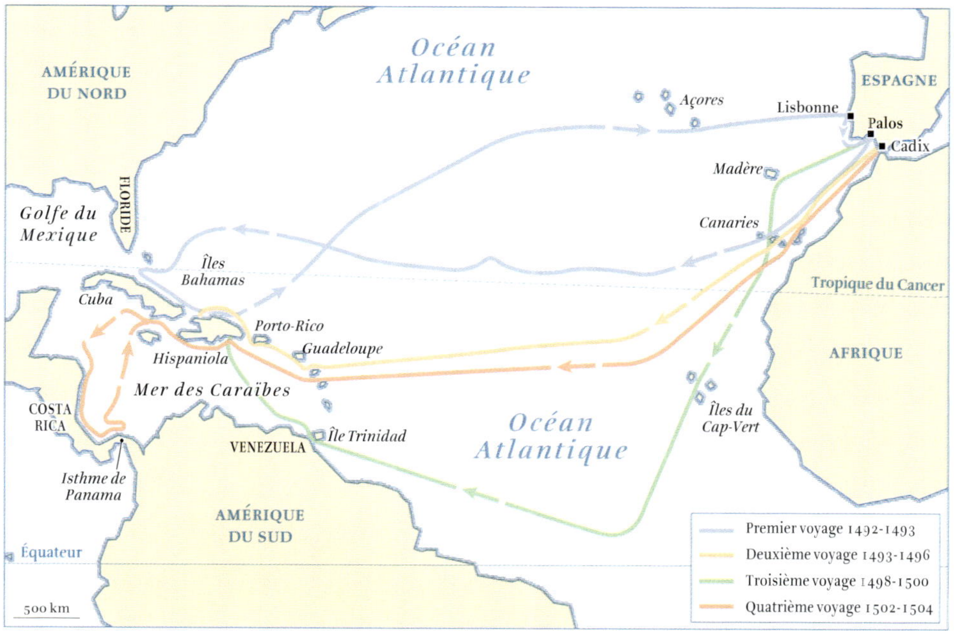

CI-DESSUS
Christophe Colomb jeune, à Porto Santo. Par José M. Obregon (1832-1902). Musée national d'art de Mexico.

PAGE DE DROITE
Vue de Gênes, prise du phare. Par A. H. Dunouy. Musée de Fontainebleau.

netta et bientôt Diego, qui naît tardivement. Bartholomé est celui qu'il préfère. Il partage avec lui la haine de ce faubourg familial où leur père tient une taverne. Le quartier des tisserands, un quartier pauvre de la ville. Christophe déteste cet environnement dont il sait que ni lui ni Bartholomé ne sortiront victorieux: ils n'iront jamais, c'est certain, à l'Université de Pavie et le latin qu'il apprend est celui des matelots. Appris dans le port de Gênes, une rame ou une barre en main, avec en fond la silhouette des caravelles, des deux ou trois-mâts, leurs vergues, les grosses galères basses: un latin fait de récits rapportés, inventés, d'exagérations ou de grossiers mensonges, finalement assez poétiques. Et pour finir, il s'invente une généalogie fantaisiste, trouvant dans son ascendance rien moins qu'un consul romain. Croyez-le!

En se promenant au bord de cette baie en eaux profondes, il refait, une fois encore, ce chemin qu'il connaît par cœur: le grand phare de l'ouest, la *Lanterna*, les pontons contre lesquels s'amarrent les bâtiments de retour d'une longue route, les galères, ces prisons flottantes ou les galéasses, de lourds navires fort coûteux; la *Ripa*, cette rue à portiques qui abrite les boutiques, les greniers à céréales, les grands entrepôts. Cette cité enserrée par les montagnes, où la mer est l'issue centrale; ce port, avec les caraques génoises, ventrues, qui sent fort le sel d'Ibiza, le blé de Sicile et les épices d'Orient; ces bateaux qui viennent d'Anvers, de Londres ou de Riga. Que de richesses qui transitent par Gênes pour rejoindre le vaste monde! Colomb voyage dans sa tête, les yeux grands ouverts: en Baltique avec les poissons fumés ou séchés, en Flandre avec les draperies, en Guinée avec le poivre, la maniguette, autrement nommée « graine du paradis ». Hier encore, sur le marché aux esclaves, parmi la poudre d'or apportée par les caravanes chamelières, le teck et les ivoires, il a volé une noix de cola. Il rêve de dérober une défense d'éléphant; un jour, c'est promis, il en possédera une. À terre, il trépigne. Mais s'il aime la mer, c'est déjà pour la dominer, pour aller par-delà les océans. « Croyez-moi! » Croyez-le. Il en a la conviction: il sera... amiral! Amiral de la mer Océane! Un joli titre ou rien. Et il ira aux Indes et nulle part ailleurs!

1472

Il quitte enfin Gênes, ses ateliers de cartographie, ses fabriques de cartes côtières auprès desquels il a tant appris. Les mèches grises qui ont envahi ses cheveux le font paraître déjà plus que son âge. Pour le compte de René, duc d'Anjou mais également roi de Jérusalem, il prend enfin la mer, sur un navire commandé par un homonyme, Christophe Colomb! C'est le temps des premiers voyages en Méditerranée et ailleurs, pour les grandes maisons de la ville, les Spinola et les Di Negro. Il connaît bien les noms des

Mariage d'Isabelle de Castille, dite Isabelle la Catholique, et de Ferdinand d'Aragon. Musée du Prado, Madrid, Espagne.

ports qu'il visite, ce sont souvent des comptoirs génois : Caffa, Pera, Cio et Mytilène, Séville et Cadix, Lisbonne. Il pousse plus loin encore, à Bruges et à Anvers. Il croise banquiers et armateurs à qui il parle déjà avec fièvre de son obsession des Indes. C'est là qu'il veut aller, c'est l'Asie qu'il veut explorer. Il en devient parfois effrayant.

Lisbonne, 1476

Un aviron auquel il s'agrippe, alors qu'il se noie, le sauve quelque part au large de Lagos, non loin de Sagres, le laboratoire d'Henri le Navigateur : son bateau, attaqué et coulé par un navire français, disparaît corps et biens. Naufragé, il regagne la côte à la nage. L'endroit est providentiel, et paré de prestige pour les grands découvreurs : l'ombre de l'infant est toujours présente, quinze ans après sa disparition. Christophe le devine, scrutant l'horizon atlantique, traçant une seule route : devant, toujours plus loin. Même si c'est la route des Indes par l'Afrique, c'est une route tout de même. Le signe est divin, enfin on finira par croire Colomb. Une fois recueilli et bien traité, on l'envoie à Lisbonne, le grenier du monde à épices, ivoire, or et esclaves, où son frère Bartholomé l'attend déjà, vivant parmi une petite colonie de marins génois. Avec lui, il se sait plus fort : c'est le sens de la tribu. Il trouve toujours auprès de lui une oreille attentive pour entendre ses plans, ses comètes de mer. Ils ouvrent une boutique, fabriquent des cartes marines qu'ils ne cessent d'actualiser au gré des informations que les découvreurs portugais rapportent de leurs voyages. Et les nouvelles ne manquent pas, chaque mois – les expéditions sont devenues une industrie et le bois d'ébène, humain, trop humain –, des pilotes reviennent, précisent les itinéraires, mettent des noms sur des parties inconnues du globe. Le secret reste de rigueur, car les Portugais veulent faire croire que la mer Ténébreuse est infranchissable et que, derrière elle, c'est le grand vide. Interdire aux autres la voie de l'universel. Colomb s'aperçoit, en cartographiant, qu'il n'en est rien.

Il apprend son métier auprès de marchands génois installés au Portugal. Premiers voyages, en Angleterre, en Irlande et en Islande – sur un bateau qui fait le commerce de la laine, du vin et du poisson séché entre ces deux grandes îles –, le long de la côte africaine, dans les îles : Açores, Canaries, Madère. Colomb, c'est d'abord un marin, un grand marin, par l'intuition plus que par la science, pense Bartholomé, en le voyant soumettre les caravelles au mouvement infernal des tempêtes, des vents et des alizés. Comme un cavalier d'exception qui fait corps avec sa monture, l'amène loin, là où l'on ne passe jamais. Ignorant tout de la peur, ne craignant aucune légende ni les péripéties de la boussole, un Colomb magnétique à la place des aiguilles défaillantes, doté d'un courage qui donne le frisson. Mais c'est aussi un obsédé, têtu en diable. Il ne cesse de lire et de relire Ptolémée, selon qui les terres émergées n'occupent qu'un petit quart du globe, mais il estime que le savant grec s'est trompé. Il veut convaincre les autres que l'on peut « atteindre le Levant par le Ponant ». Par la mer et par l'ouest! C'est-à-dire que pour aller en Chine ou au Japon, il faut passer par l'ouest et bien par l'océan. Ainsi l'Afrique et l'Asie ne sont pas reliées comme on le pense et l'Asie ne s'étend pas sur l'hémisphère austral. Ce qu'Henri le Navigateur n'a jamais imaginé. Ni même l'héritier de la couronne du Portugal, le roi Jean II, qui convoque une *Junta dos mathematicos*, une commission chargée d'examiner, Aristote et Marin de Tyr à l'appui, les idées saugrenues de navigateurs comme Colomb. Une idée qui soulève bien des tollés: nombreux sont ceux qui n'en croient rien. Et cela, Colomb, depuis qu'il est enfant, ne peut le supporter.

Castille, 1478

Le tribunal de l'Inquisition se met en place, surveille les *conversos*, ces juifs convertis par peur des persécutions, et juge ceux qui agissent contrairement aux intérêts de l'Église. Loin de l'Espagne, Colomb se sent mieux. Des rumeurs le disent juif. Il taira longtemps le secret de la famille.

1479

Isabelle de Castille et Ferdinand d'Aragon se marient et font l'unité de la péninsule Ibérique, faute de partager un grand amour. Christophe, lui, épouse à Lisbonne une jeune Portugaise, Dona Felippe Perestrello e Moniz, qui l'écoute, ébahie, lui conter ses folies d'Asie, sur les traces de Marco Polo: son père est le gouverneur de Porto Santo, non loin de Madère, c'est un bon parti pour un fils de marchand de laine. Elle boit ses paroles. L'amour est aveugle. Ils partent vivre à Porto Santo où le jeune marié étudie le régime des vents atlantiques, apprend le travail du bois à partir des troncs, traque les courants du *Gulf Stream* et s'exerce, sans succès, au commerce du sucre. Diego, leur fils, naît l'année suivante. Là encore, il mène sa vie, sans le sou, s'épargne le tourment des sentiments ou les dépendances du sexe. Sa vision domine. Deux témoins, Bartholomé et Felipa, c'est déjà un public. Colomb devient acteur. Son théâtre l'habite, nuit et jour. Au petit Diego qui écarquille les yeux, il affirme, une carte en main: « Je fonderai un nouveau ciel et une nouvelle terre, si bien que l'on ne pensera plus à ce qui était avant. » Il se veut le nouveau prophète de l'Ancien Testament: Isaïe Colomb.

Christophe Colomb
et son fils Diego,
au monastère de Rabida.
Par Giustiniano degli
Avancini (1807-1843).
Galerie nationale, Trente,
Italie.

Un jour, un navigateur échoue, épuisé, à Porto Santo. On le tient pour andalou. Il est conduit chez Colomb qui le soigne, le nourrit. Allongé sur des coussins de soie, l'homme parle de terres habitées, de montagnes au loin, de fleuves, de richesses incroyables, d'un pays dont il revient et qui est le paradis. Un continent. Colomb se fait préciser latitudes et longitudes, vents et courants. Mais la conversation devient incompréhensible et le navigateur sombre dans un coma profond dont il ne se réveillera jamais.

Lisbonne, 1483

La commission d'experts n'a pas approuvé son « entreprise des Indes ». Il n'a pas convaincu Jean II du Portugal de lui confier une flotte pour découvrir les Indes par l'ouest. Plus de vingt ans, déjà, qu'Henri le Navigateur est mort, laissant d'énormes dettes et des successeurs peu ambitieux: le Portugal, petit pays, un temps porté par la gloire, est devenu timide. Toscanelli pourtant, le grand cosmographe de Florence, est persuadé, se fondant sur Marco Polo, que cette voie existe, qu'elle est la plus rapide, et moins dangereuse que le passage par l'Afrique, sujet à de fatales moussons. Le globe terrestre de Martin Behaim et l'*Imago Mundi* écrite par le cardinal d'Ailly ne disent pas autre chose: la Terre est ronde mais

Carte de Paolo Toscanelli (1397-1497), éditée en 1457. Cette carte est conforme à l'idée que les Européens se faisaient de la Terre avant les découvertes des nouveaux continents.

plus petite que l'on ne croit et seul un quart des terres est habitable. Toscanelli s'appuie sur Ptolémée et Aristote pour dessiner sa carte, tracer ses méridiens et ses parallèles. Colomb obtient le texte d'une lettre que le savant florentin vient d'adresser au cardinal Fernando Martinez, confesseur du roi Alphonse V : « Comme je t'ai entretenu autrefois d'une route pour aller au pays des aromates, par voie de mer, plus courte que celle que vous ouvrez par la Guinée, le sérénissime roi désire maintenant quelques éclaircissements à ce sujet, ou, plutôt, une démonstration qui montre, en quelque sorte, cette route aux yeux, afin que même les gens peu instruits puissent, au besoin, la voir et la comprendre… J'envoie, en conséquence, à Sa Majesté une carte, faite de mes mains, sur laquelle sont dessinées vos côtes, avec les îles d'où vous devrez partir en faisant toujours route vers l'ouest… Et ne vous étonnez pas de m'entendre appeler : contrées occidentales celles où sont les épices, alors qu'on les appelle communément orientales ; c'est que pour les navigateurs qui prendraient par l'hémisphère inférieur du globe ces contrées se trouveront toujours à l'Occident, tandis que si l'on prend par terre et par l'hémisphère supérieur, on les trouvera toujours à l'Orient… Ce pays est bien digne d'être recherché par les Latins, non seulement parce qu'on pourrait en tirer des profits considérables, en or, en argent, en pierres précieuses et toutes sortes d'épices qui n'arrivent jamais chez nous ; mais aussi à cause des hommes savants, des philosophes et astrologues remarquables qui y vivent et dont le génie et le savoir gouvernent cette puissante et magnifique province, et dirigent même les choses de la guerre. » Cette lettre, dont il obtient copie, ne le quitte plus, c'est un passeport. Toscanelli renforce Colomb dans sa certitude : le passage est possible. Ses mots sont si clairs, comme ses tracés, et un savant de son espèce ne peut se tromper. Colomb étudie par ailleurs les récits de voyageurs pour convaincre les bailleurs de fonds de la valeur de son expédition. Il semble un temps que Jean II soit prêt à équiper trois caravelles pour le Génois mais il se rétracte. Il déclare en public à propos de Colomb : « C'est un grand hâbleur, enclin à la vantardise lorsqu'il s'agit de présenter ses talents et plein de fantaisie et d'imagination quant à son île de Cipangu. » Fantaisie et imagination… voire folie. Avec ces yeux noirs de colère, qui fixent leur interlocuteur comme autant de flèches décochées dès qu'on argumente contre ses arguments, dès qu'on ne le croit pas. Un représentant de l'Église et deux médecins juifs forment la commission réunie par le

DOUBLE PAGE SUIVANTE
La mer des Ténèbres, inconnue et inquiétante, telle que se l'imaginaient les navigateurs de l'époque.

roi : ils jugent très mal estimée, dans son projet, la distance entre le Portugal et l'Asie par la route ouest que Colomb prétend adopter. Quelque deux mille quatre cents milles marins pour relier les Canaries au Japon ! C'est bien plus long, rétorquent-ils. Quatre fois plus, d'après leurs calculs. Un argument essentiel du Génois s'effondre : rien ne prouve l'existence d'un passage aux Indes par l'Afrique, et quoi qu'il en soit, cette route serait plus longue et fatale. Colomb est hors de lui. Scandalisé par ce verdict, il claque la porte, injures en prime. D'autant qu'il apprend un peu plus tard que la même commission autorise deux Portugais, Fernão Dulmo et João Estreito à faire, à leurs frais, un voyage de découverte

Départ de Lisbonne pour les Amériques. Théodore de Bry, 1562.

dans la même direction. Il se dit victime d'une forme d'ostracisme. Colomb est génois. On ne ferait jamais cela à un Vénitien, encore moins à un Portugais ! Il sera rassuré malgré tout lorsqu'il apprendra que les deux marins ont disparu en mer. Juste revanche. Toute sa vie, il aura été trahi, copié, doublé, spolié. Mais rien ne semble le blesser, c'est là que réside sa force.

Personne n'imagine alors qu'entre l'Europe et l'Asie un immense continent se dresse. Quelques îles, tout au plus, dont certains navigateurs ont parlé. Au milieu, la mer des Ténèbres.

Lisbonne, 1485 ; Salamanque, 1486

Felipa, son épouse, meurt. Les commentaires vicieux pleuvent : il plaît à Dieu de lui enlever sa femme, car il convient pour un tel projet qu'il soit délivré de tout souci ! Elle meurt, pleine d'admiration pour son héros des Indes. Solitude extrême, il ne reste plus que Bartholomé, son frère, pour l'écouter. Il fait le serment de ne jamais se remarier. Avec son jeune fils, âgé de cinq ans, Diego, Christophe Colomb quitte, abattu, le Portugal pour l'Espagne, la grande puissance concurrente. Il s'installe avec Diego dans le monastère franciscain de La Rábida, qui surplombe le port de Palos. Pour parvenir à ses fins, il n'hésite pas à passer d'une nation à l'autre, d'une langue à l'autre. Il veut juste qu'on l'entende et lui donne les moyens de faire vivre sa théorie. Son italien est faible, il manie bien le latin, mais il maîtrise surtout l'espagnol et le portugais. Puisque le Portugal l'ignore, l'Espagne doit l'entendre. Un vrai pays de mer celui-là, pas un peuple de sardiniers, un grand pays, peuplé, fier, conquérant, avec une façade atlantique et une façade méditerranéenne. Les années passent... Avec Bartholomé, son frère, ils proposent leur projet à Isabelle de Castille, souvent retirée dans son palais d'Alcalá de Henares, au nord-est de Madrid, qui les reçoit au bout d'une bonne année. La cour des rois d'Espagne est itinérante : le navigateur et son frère vont de Séville à Barcelone, d'Alcalá à Salamanque, puis à Cordoue où la première audience royale est accordée le 20 janvier 1486... Ferdinand et Isabelle sont tout à leur guerre contre les musulmans installés à Grenade et aux alentours... Les exigences de Colomb sont démesurées : il se veut amiral, c'est une promesse d'enfant qu'il s'est faite, au même rang que l'oncle du roi Ferdinand. Amiral et vice-roi des Indes, gouverneur de toutes les provinces annexées. Et un bon huitième des biens découverts, exploités et exploitables. Exorbitant ! Mais plus c'est gros, plus c'est crédible ! Une nouvelle commission, réunie au couvent dominicain de Salamanque, étudiera, près de cinq années durant, le parcours, version espagnole, sans se prononcer vraiment, hésitante devant tant d'élucubrations. Lettrés, professeurs d'université, théologiens ajournent leur réponse et ne refusent pas l'idée, quand le royaume sera moins occupé, de réétudier cette proposition, qualifiée cependant d'irréalisable. Cinq années passées en Espagne, à la cour, pour obtenir un tel camouflet... Une fois encore, le nouveau Messie de la géographie est humilié.

De retour à Lisbonne, 1488

Entre-temps, Jean II du Portugal est disposé à entendre « son ami personnel », à revoir, devant tant d'ardeur, tant de bruit et de tapage, son projet. La route de la soie par la terre est coupée, celle, maritime, par l'est, est coûteuse. Et si la Chine et le Japon se gagnaient plus facilement par l'ouest ! D'une cour à l'autre, il remet l'ouvrage sur le métier. La chanson n'a pas changé, mais il en connaît mieux le refrain. Bavard et visionnaire, homme de chimères comme son maître et modèle, Marco Polo. Les Indes, toujours, l'Asie plus que jamais, par le côté ouest. Plus le temps avance, plus il multiplie sa démonstration, plus on l'écarte, plus il charge ses rêves de corbeilles d'or et d'épices. De fontaines de pierres précieuses et d'argent liquide, d'arbres à bonheur et à pommes de diamants. C'est l'Eldorado qu'il veut ramener en Europe, par l'ouest et l'océan. Avec les années, il devient lyrique, hypertrophie son jeu. S'étourdit de tant de talent, ne sait plus qui, de l'acteur ou de l'homme, est le vrai lui-même. Mais la chance n'est pas avec eux : les deux frères arrivent au Portugal au moment précis où Bartolomeu Dias, dont on était sans nouvelles, revient de son voyage triomphal, par-delà le cap de Bonne-Espérance. Il a ouvert une route des Indes, du côté est. La traversée par l'ouest ne présente donc plus aucun intérêt puisque l'Afrique s'est soumise. Colomb est présent lorsque Dias remet lors d'une séance solennelle son rapport aux souverains portugais. Il croit, un temps, son projet ruiné à jamais mais décide de faire jouer la concurrence entre Espagnols et Portugais. Ces derniers, avec leur nouvelle voie, ne parieront jamais

Marco Polo (1254-1324). Le voyageur que Christophe Colomb reconnaissait comme son maître. Fresque d'Antonio Giovanni de Varèse, 1575. Villa Farnèse, Italie.

Première page du *Livre des privilèges concédés à Christophe Colomb par les rois catholiques.* Manuscrit, 1492. Musée naval, Pegli, Italie.

sur Colomb et n'ont pas les moyens de financer les folies d'un marin qui se veut amiral, et qui plus est n'est pas portugais… Alors adieu, Portugal, terre qui ne lui a apporté aucun appui et où il jure de ne jamais retourner… Qu'importe, l'Europe est grande et les cours royales nombreuses. Bartholomé Colomb tente, de son côté, de convaincre les couronnes d'Angleterre – que la guerre des Deux Roses a rendue exsangue – et de France, où il finit par se fixer un temps. C'est auprès d'Anne de Beaujeu, la régente, sœur aînée du futur Charles VIII, qu'il se console : d'elle, il obtient soupirs et caresses mais pas les moyens d'armer une telle expédition…

À Cordoue naît le 15 août 1488, Fernand, le fils cadet de Christophe, enfant que lui donne sa maîtresse espagnole, Beatriz Enriquez Harana, une jeune femme d'une vingtaine d'années. La tribu s'agrandit, il se sent moins seul. Mais Beatriz comptera peu dans sa vie, car c'est à un autre défi, celui de la découverte, qu'il veut se consacrer maintenant.

Grenade, 2 janvier 1491

La ville est reprise par le roi d'Espagne. Ce 2 janvier, quand Grenade se rend et que l'ombre de la croix paraît sur les tours de l'Alhambra, Christophe Colomb est là. Les musulmans qui l'occupent depuis huit siècles sont chassés, la toute-puissante Église catholique en profite pour se débarrasser de tous les juifs, avec l'accord des Espagnols. Certains se convertissent, d'autres, plus de cent cinquante mille, choisissent l'exil. Colomb est sombre, il enfouit son secret. Juif, lui ? Jamais ! La *reconquista* est terminée, le pays est saigné, mais la conquête est devant eux : au nom du Christ et de l'or, de nouvelles terres attendent le royaume… Partout, là comme ailleurs, c'est le règne des marchands. L'Espagne, unifiée ou presque, est enfin prête à rivaliser avec le Portugal sur les mers. L'Europe s'éveille, les navires partent à la conquête du monde. Certes, il s'agit de commercer et de convertir, mais de construire également un nouvel ordre, politique, religieux, économique. Colomb ignore la Renaissance qui se passe ailleurs et ne sait pas qu'il est le contemporain d'un certain Léonard de Vinci. Un nouveau monde se dessine. Colomb ne veut pas en être, il veut l'inventer.

Santa Fe, près de Grenade, mars 1491

Alors que Christophe s'apprête à rejoindre son frère en France, Isabelle de Castille, Isabelle Ire, reine d'Espagne, accepte le marché. Isabelle ! Femme soldat dans sa lutte contre les Arabes, femme ardente dans sa foi, mariée par seule raison politique. Une blonde, un peu forte, obstinée comme Colomb. Ses manières sont assez rustiques, cachant à peine un certain goût pour la coquetterie, les perles, les brocarts. Elle affiche une austérité qui ne s'interdit pas quelque luxe. Elle a tout juste quarante ans quand elle rencontre Christophe pour la deuxième fois. Elle a épousé Ferdinand à dix-sept ans, est devenue reine à vingt-trois. Femme insatisfaite et mère douloureuse : deux de ses enfants et son petit-fils, qui aurait pu réunir le Portugal et l'Espagne, vont mourir et sa fille Jeanne, l'héritière, est déjà un peu folle. Elle est soudainement prête à engager les joyaux de la couronne pour financer le projet de Colomb ; on l'en dissuade, il sera possible de faire autrement. Ce brusque retournement de situation s'explique en partie seulement par la crainte de voir les Portugais engager Colomb. En réalité, Isabelle veut retenir le navigateur illuminé dans son entourage. L'homme irradie, brûle. La reine est fascinée par le marin, si différent des personnages de cour qu'elle abomine, sa force inouïe de caractère, ces terres qu'il décrit sans les avoir reconnues, cette détermination qui arrache tout sur son passage. Elle *voit* ses paroles. Passionnée de littérature, elle trouve en lui une incarnation du héros moderne. Colomb est impressionné par cette femme de pouvoir, sans tendresse pour ses ennemis, qui ne cesse d'étudier, qui institue le tribunal de l'Inquisition et qui tient sa destinée entre ses frêles mains. Ils se ressemblent. Ils ont le même âge, faute de partager la même condition. Rien ne leur paraît impossible, pas même une liaison. Caresses saintes, sacrées. Union qui n'est peut-être pas que mystique, bénie par les extases de sainte Thérèse d'Ávila et son *Château de l'âme*. Deux feux. Les yeux bleu-vert de la blonde Isabelle ne règnent plus sur sa seule Castille et sur l'Aragon de son mari : c'est Gênes qui est conquise… Pour la première fois, un marin va s'aventurer à l'ouest des Açores… « Tous furent incrédules, mais à la reine, ma souveraine, Dieu donna la lumière d'intelligence de cette affaire… La possession de tout, je suis allé la prendre en son nom royal », confesse Colomb. Le roi Ferdinand n'aime déjà guère le Génois si décrié par les navigateurs, si défendu par sa femme, si envié par la cour. Un seul homme sait : le chancelier d'Aragon, Luis de Santangel, protecteur de Colomb. Mais c'est une véritable tombe.

Séville, 17-30 avril 1492

Les « capitulations » de Santa Fe entre la couronne espagnole et le navigateur sont enfin signées. Cinq

À GAUCHE
Martín Alonso Pinzón (1440-1493) embarque avec Chistophe Colomb sur la *Pinta* lors de la première expédition vers les « Indes ». Anonyme. Musée naval, Madrid, Espagne.

À DROITE
Vincente Yeñez Pinzón. Frère de Martin, il est le capitaine de la *Niña* lors de cette même expédition. Julio Garcia Condoy, 1956. Musée naval, Madrid, Espagne.

grands chapitres : Colomb sera amiral de la mer Océane, Colomb sera « vice-roi et gouverneur de tous les pays, îles, terres fermes et empires découverts » et pourra suggérer des noms pour administrer ces nouveaux territoires, de même que ses droits et titres iront à ses héritiers. Colomb gardera un dixième des perles, pierres, épices, or et argent et de toutes les richesses rapportées de son expédition. Il sera le seul juge sur place. Il participera à hauteur d'un huitième des frais d'équipement des expéditions et recevra autant de l'exploitation des nouvelles colonies. Isabelle ordonne aux marins du port andalou de Palos d'équiper l'expédition, payée pour moitié par eux et le royaume et, pour l'autre, par des banquiers génois de Séville et Colomb lui-même. Les marins de Palos sont sous le coup d'une sanction collective pour actes de piraterie, c'est pour eux l'occasion de se racheter auprès de la cour. Martín Pinzón, armateur et marin, ainsi que son frère Vincente et Juan de la Cosa, officier basque, font une offre à Colomb : deux caravelles légères, rapides, maniables, fragiles certes, qui leur appartiennent, la *Niña* – la *Fille* – et la *Pinta* – la *Fardée* ! – et un navire armé, plus lourd, propriété de la Cosa, la *Gallega*, une caraque, avec un bon gouvernail d'étambot, parfaite pour les longues traversées. Colomb choisit cette dernière, la débaptise pour la nommer *Santa María*, en apprenant que ces trois petits noms sont ceux de prostituées du port de

Palos… Pour armer une flotte au nom d'Isabelle la Catholique, la femme désirée ! En quelques mois les navires sont équipés, les équipages recrutés : Colomb y glisse quelques *conversos*, ces juifs d'Espagne convertis, ainsi que quatre condamnés à mort. En plus de Juan de la Cosa, de Vincente et de Martín, un autre frère Pinzón, Francisco, sera du voyage. Colomb, accompagné de son frère, inspecte le chantier qui prépare les caravelles et la caraque, adapte les formes à la mer agitée et aux hautes vagues de l'Atlantique, ajoute une hune sur la *Pinta* et soigne particulièrement cette caraque ronde et lourde de cent quarante tonneaux sur laquelle il s'apprête à embarquer. Il fait restaurer sur la *Santa María* les deux châteaux de proue et de poupe, imagine un système complexe de voilures, tantôt carrées, tantôt triangulaires, qui s'organisent autour des trois mâts et de leurs antennes. Pour le grand mât, il fait commander un pavillon blanc et rouge avec les armes de la Castille et du León, le château et le lion. C'est au mât de misaine que flottera le pavillon personnel d'Isabelle et de Ferdinand, une croix verte enserrée entre leurs deux initiales.

Cadix, 2 août 1492

C'est de cette ville que l'expédition devait partir. Mais ce même jour est la date limite donnée aux juifs d'Espagne pour quitter le pays. Le grand port atlantique de Cadix accueille, ce 2 août, des milliers d'Espagnols chassés pour des raisons religieuses. Colomb a pour ordre de n'embarquer qu'une fois les juifs partis du royaume. Ironie du sort, alors qu'il sera peut-être le dernier juif à quitter cette terre ! Il attendra donc, quelques heures encore, et quittera l'Espagne depuis le port de Palos, plus tranquille.

Palos, 3 août 1492

« Nous avons levé l'ancre le vendredi 3 août 1492 à huit heures du matin de la barre des Saltés et parcouru soixante milles nautiques par grosse brise en direction du sud avant le couchant. Nous avons fait cap au sud-ouest, puis au sud quart sud-ouest vers les îles Canaries » écrit Christophe Colomb.

En pêchant ce matin-là dans l'estuaire du río Tinto qui mène à l'océan, les quelques hommes de ce port du sud de l'Espagne voient passer trois navires de faible tonnage. La *Santa María*, menée par Colomb et Juan de la Cosa, chargée d'une quarantaine d'hommes, mesurant trente-cinq mètres tout au plus ; la *Niña*, avec comme capitaine Vincente Pinzón, et la *Pinta*, commandée par les deux autres frères, Martín et Francisco, ne dépassant pas les vingt-cinq mètres, avec une bonne vingtaine d'hommes à chaque bord. Flotte dérisoire pour une mission divine : avec ses hauts châteaux à l'avant comme à l'arrière, ces bâtiments prendront la mer en pleine figure. La *Santa María* est cinq fois plus petite qu'un bon navire vénitien de l'époque… Les Indes, de ce côté-ci du monde ? Et les alizés dans le dos qui s'annoncent ! Comment reviendront-ils ? Personne ne va jamais par là ! Et même si le voyage ne dure que trente jours, aucun navigateur n'a jamais réalisé cet exploit, si loin de toute côte.

Le 3 août 1492, à Palos, les Castillans saluent le départ de Christophe Colomb à bord des caravelles la *Santa María*, la *Pinta* et la *Niña*.

Guanahani/San Salvador,
Bahamas, 12 octobre 1492

Avarie suspecte de gouvernail et reconstruction des voiles abîmées occupent l'étape des Canaries dès les premiers jours. La *Pinta* a été manifestement sabotée et l'on doit équiper la *Niña* en bonnes voiles carrées afin d'affronter au mieux l'alizé du nord-est. Le timon est remonté. On fait venir du poisson, des fruits et du vin à bord. Une nuit, devant Ténériffe, tandis qu'ils réparent la *Pinta*, un gigantesque jet de flamme, jailli d'un pic, met l'équipage en émoi : jusqu'au petit matin, Colomb doit rassurer les matelots en leur parlant des volcans qui sillonnent la planète et vomissent de l'or bouillant, de l'Etna en Sicile… Une messe est dite, le 6 septembre, la flotte s'éloigne de terre, la peur au ventre, mais avec un sentiment de responsabilité devant le serment fait à Isabelle. En route pour l'Asie. Ils quittent les Canaries, sous la protection de la Vierge des Navigateurs. Les premières larmes, de peur, sont versées par les marins. Colomb, dès lors, minimise les distances parcourues et tient un faux journal de bord, parallèle, destiné à les rassurer. Pour que les hommes ne s'épouvantent pas si le voyage vient à durer… Vents debout, courants contraires, les premiers ennuis de navigation apparaissent. On

Après des mois de navigation en pleine mer, dans des conditions terribles, un vol d'oiseaux au-dessus des flots annonce la présence, proche, de la terre.

pêche un thon, quelques jours après une énorme daurade. Deux albatros qui survolent la *Niña* font croire à un salut proche. Les alizés poussent nettement la flotte à l'ouest, vers l'Amérique, c'est-à-dire les Indes désirées. On scrute la terre, en vain, pendant des jours. Une grande masse de feu s'abat en pleine mer, non loin des navires, et ravive la crainte sans que Colomb puisse fournir une explication rassurante. Le rituel des horloges de sable devient presque insupportable à regarder : toutes les demi-heures, un mousse retourne l'ampoule et laisse s'écouler lentement le sable qui mesure le temps qui les sépare de la vie réelle, à terre. Éternelle traversée des mers vers le Japon, ironiquement localisé à la même latitude que les Canaries. Vent en poupe, vents forts qui les poussent en avant. Quelques mauvais présages : un mât brisé de navire naufragé – de plus de cent tonneaux – qui cogne contre leur coque, un nouveau météore lumineux qui trace un éclair puissant en tombant dans le flot. Déjà on murmure que Colomb s'est fourvoyé dans ses calculs. Les timoniers ne sont pas sûrs de leur cap. Même l'aiguille de la boussole semble ne plus trouver son chemin sur la rose des vents, elle s'affole, ne coïncide plus avec la Polaire, passe brutalement du nord-est au nord-ouest… Un matin, Colomb s'exclame : « C'est l'étoile qui paraît faire mouvement, les aiguilles restent fixes ! » On craint de s'être égaré trop au nord-ouest. Les marins, entassés dans le réduit de la cale, sont trempés, malades. Ils transpirent dans les peaux de moutons, sur les nattes humides et puantes, serrent contre leurs poitrines leurs petits sacs de reliques et les médailles sacrées offertes au départ par leurs familles. Une fois par jour, tôt le matin, le curé de bord, Pedro de Arenas, tente une messe pour les galvaniser : mais l'argument religieux perd de sa force et le doute emplit les cœurs. Le rythme s'intensifie : c'est six fois par jour que Colomb rassemble ses hommes sur le pont et leur fait vivre son livre d'heures. L'amiral les exhorte : « Trois jours et je vous donne un monde. » Et un pourpoint de soie pour chacun, sur sa propre cassette ! Sans parler de la rente à vie de dix mille maravédis pour qui verra le premier la terre tant espérée ! Tous au château de proue pour se brûler les yeux ! Trois jours, c'est l'éternité sur cette mer sans terres ! Des touffes vertes font leur apparition sur l'eau, une couche grasse d'où l'on extrait, au moyen d'un filet, un gros crabe vivant. Varech annonciateur ? Mer herbeuse ? Ils entrent en réalité dans l'Atlantique Sud, la mer des Sargasses, couverte d'algues vertes et jaunes. Ils prennent peur, s'imaginant prisonniers de cette épaisse masse végétale flottant à la surface de l'eau, qu'ils s'obstinent à traverser. Un thon est pêché, découpé, dévoré, ainsi qu'un oiseau blanc dont Colomb affirme qu'il ne dort jamais en mer. Le piège vert se referme sur les coques, freinant l'allure, entravant toute progression. Les marins reprennent les vieux contes effrayants : l'eau portée à ébullition dans la zone équatoriale, les pierres aimantées de la mer Ténébreuse... Les filaments verts emprisonnent leurs rêves de richesses et de vies nouvelles. Tout devient plus lent, la mer est lisse, une douce torpeur s'empare de l'équipage, il leur semble qu'ils vont inexorablement s'endormir, ne jamais plus se réveiller. Colomb, une nuit entière, cherche dans le ciel un groupe d'étoiles qui s'est déplacé. Soudain, la mer se lève. Quant à Martín Pinzón, il ne pense qu'à la prime qui sera accordée à celui qui verra la terre le premier. Dix mille maravédis... Il hallucine, fait tirer le canon, une fois, hisser le pavillon, pour rien, une seconde fois. En vain. Un nuage au loin, peut-être. L'équipage est las, il met en doute la capacité de Colomb de les conduire à terre. Puis le vent tombe, une hirondelle de mer est capturée, des pélicans s'aventurent dans ce grand marais dont personne n'a jamais entendu parler. Les oiseaux se multiplient dans leur sillage et les hommes tentent de les atteindre en jetant des pierres : un paille-en-queue, une garzette, trois albatros, une cinquantaine de pétrels. L'amiral assure que la terre, sinon ferme, du moins insulaire, n'est plus loin : il guette, chaque matin, avant le lever du soleil, les pépiements de ces nouveaux compagnons et en tire d'heureuses conclusions. Mais Martín Pinzón sème la querelle, premier signe d'une trahison à venir. On demande à Colomb de renoncer à son projet : quelques marins, basques, sur le navire amiral, affirment que Colomb pourrait très bien, absorbé par la contemplation des étoiles, tomber à la mer et que personne ne vérifierait la réalité de l'accident. La mutinerie s'installe sur le pont : on songe à pendre quelques récalcitrants. Colomb se contente de faire tirer un coup de bombarde pour attirer l'attention sur la folie qui est la leur. Le navigateur les harangue, récite des passages entiers du *Devisement du monde*. Les marins basques et galiciens s'agitent, protestent devant la déraisonnable obstination de Colomb. Les marins andalous sont plus sages, ils gardent dans la tête les paroles de ceux qui les ont convaincus d'embarquer : « Amis, tentez l'aventure avec nous, ici vous êtes misérables. Venez, il y a des terres à découvrir avec l'aide de Dieu, nous trouverons, à ce qu'on dit, des maisons aux toits d'or et je vous promets une heureuse fortune. » Un vol d'oiseaux finit par les rassurer tous et les conduit à déplacer leur route vers le sud-ouest. À leur tour, les poissons semblent témoigner d'une issue favorable : les petits thons qui viennent de l'ouest, les baleines qui vivent le long des côtes. « L'air est si doux, c'est grand plaisir le matin, il ne manque rien sinon le chant du rossignol. On se serait cru en Andalousie au mois d'avril », note l'amiral, sûr de lui. Il a cru voir une lumière devant, en pleine nuit. On pêche une branche d'arbre encore verte, avec des baies rouges. Puis un rameau, sur l'onde, avec des roses sauvages. Un dauphin, des oiseaux. C'est la terre qui est en vue ! L'Asie bien sûr. Une immense forêt, avec sur la côte des milliers d'oiseaux et, semble-t-il, des silhouettes, brunes, qui s'agitent. L'équipage, qui la veille s'apprêtait à balancer son amiral par-dessus bord, se prosterne, l'embrasse, lui baise les mains, demande le pardon. Ils réduisent la voilure. Colomb, des yeux, ne quitte pas la grande voile de la *Santa María*, l'étendard surmonté d'une couronne à croix verte qui porte sur sa toile un grand F et un grand Y. Isabelle. La reine, surtout, à qui l'on s'adresse en chœur. C'est la première fois qu'un *Salve Regina* résonne sous ces cieux. Les ancres sont descendues, les chaînes grincent, un *Te Deum laudamus* est entonné. Les marins jettent à terre leur habit noir de laine et leur béret rouge,

Christophe Colomb, à son arrivée à Hispaniola (Haïti), reçoit les présents des Indiens Guacanagari. Gravure de 1594. Par Théodore de Bry (1528-1598). BnF, Paris.

DOUBLE PAGE SUIVANTE
La côte caraïbe, telle que Christophe Colomb la découvre à son arrivée sur le Nouveau Continent.

troquent la tenue ordinaire contre celle, plus glorieuse, du collet de cuir jaune-gris et du chapeau à bords étroits. Arbalètes, hallebardes s'entrechoquent. Colomb sort de sa cabine, impérial, comme il sied à un futur vice-roi et gouverneur : un costume de velours sombre, une petite collerette, des bas de soie violette, des souliers à boucles. Un manteau jeté sur les épaules, la main s'accrochant au pommeau de son épée. Première escale dans une île, Guanahani si l'on en croit les indigènes, de l'archipel des Bahamas, baptisée pour le compte des souverains espagnols San Salvador. Colomb, le premier, met le pied à terre, baise le sol, en prend possession au nom des souverains. Trompettes, cris de joie. Le notaire royal enregistre l'acte solennel, les marins prêtent serment devant celui qui désormais a le droit de porter le titre de « Don » et qui devient le maître incontesté de ce monde improbable. Premières rencontres avec des indigènes, peints de noir, de rouge et de blanc, échanges rituels : de gros perroquets montent à bord contre un peu de verroterie, des clochettes et quelques bonnets rouges de marine. Colomb imagine l'île à proximité du Japon. Île magnifique : torrents, fleuves, arbres inconnus, plaines fertiles. La rencontre avec les indigènes rassure Colomb et l'équipage : « Il me parut que c'étaient des gens pauvres en tout. Ils allaient nus tels que leur mère les avait mis au monde. Il en était de même des femmes, bien que je n'en visse qu'une seule assez jeune. Tous ceux que je vis étaient des jeunes gens et je n'en remarquai aucun qui eût plus de trente ans. Ils étaient bien faits, leurs corps étaient beaux et leurs visages agréables. Leurs cheveux étaient gros, presque autant que les crins de la queue d'un cheval, et courts. Ils les portent devant jusqu'aux sourcils, sauf quelques-uns qui les laissent longs derrière et ne les coupent jamais. Leur couleur est celle des gens des Canaries, ni noire ni blanche. Il en est qui se peignent en noir, d'autres en blanc, d'autres en rouge et d'autres en ce qu'ils trouvent. D'aucuns se teignent le visage, certains tout le corps, quelques-uns seulement les yeux, d'autres le nez. Ils ne portent pas d'armes ni ne les connaissent, car, lorsque je leur montrais des épées, ils les prenaient par le tranchant, et, dans leur ignorance, se coupaient. » D'autres îles se laissent découvrir, on les nomme au fur et à mesure : San María de la Concepción, Fernandina, pour saluer le roi, Isabela, pour sa reine préférée.

Puis vient Bahia-Bariay, censée être un morceau rattaché à la Chine. C'est en réalité Cuba : « Je crois que c'est bien là l'île de Cipango dont on conte ces choses si merveilleuses et qui, sur les sphères que j'ai vues et sur les peintures des mappemondes, est située en ces parages. » On envoie des émissaires dans le centre du pays, munis de lettres de créance pour rencontrer les souverains chinois ou saluer le Grand Khan. La Cathay de Marco Polo ! Palmeraies magnifiques, lieux de pêche idéale. Rodrigo de Jerez et Luis de Torres cherchent des jours durant, se perdent dans des villages, trouvent des arbres à cannelle, du poivre, un cannibale avec un seul œil et une gueule de chien, de nombreuses huttes, mais pas de Grand Khan. Exaspéré par ces manœuvres diplomatiques qui à ses yeux ne servent à rien, Martín Pinzón, le coéquipier, donne des signes de nervosité. Certes il doit se soumettre à l'amiral, mais il sait que, sans lui, l'entreprise n'aurait pas été possible. Il quitte la troupe, sans prévenir Colomb, le 21 novembre, avec la *Pinta*, le meilleur des bâtiments de la flotte. À la recherche d'une île où il compte bien trouver de l'or. Par sa traîtrise, il met en danger le reste de l'expédition, les hommes, ses propres frères. Colomb poursuit sa route sans s'émouvoir. Et ne craint qu'une chose : le naufrage de l'un des deux bâtiments restants. Le 6 décembre, il atteint la pointe de Cuba, suit une ligne droite, atteint l'île qu'il appelle Hispaniola : Haïti et Saint-Domingue. Il pleut, il vente. À terre, de hautes colonnes de fumée s'échappent de villages dispersés dans un paysage luxuriant, une forêt vierge dont ils prennent possession en faisant ériger une grande croix. Oiseaux, perroquets, poissons, pains de tubercules d'igname constituent les cadeaux des Indiens qu'ils rencontrent. Une jeune femme, fort belle, nue, avec un ornement en or à la narine droite, retient l'attention de Colomb, qui l'invite à bord. Les créatures du pays se donnent facilement contre l'assurance de ne pas être mangées, maltraitées... Contre quelques miroirs, un peigne, des clochettes, des

Barcelone : la procession s'organise, des hommes en armes encadrent la musique, tambours et fifres en tête. Les dignitaires de la cour, convoqués, suivent, envieux et impressionnés. La grande salle royale est ouverte pour laisser passer le héros, ses officiers, son équipage et sa suite. Le butin est maigre mais savamment mis en valeur : plumes, cigares, plantes rares, masques ornés de pierres précieuses, perroquets aux mille couleurs enfermés dans des cages qu'un page soutient à bout de bras. Coquillages, objets de la vie quotidienne des Indiens, quelques parures d'or. Isabelle et Ferdinand relèvent Christophe qui tente un baisemain. On l'assoit sur un magnifique siège, surmonté d'un baldaquin – témoignage d'une faveur extrême – et l'on sollicite son récit. Les Indiens emplumés sont assis à même le sol et semblent écouter. On les baptisera sans tarder, c'est promis, pense Isabelle. Les souverains sont conquis. À genoux, pour entendre le *Te Deum*. La fanfare se déchaîne et son écho emplit l'immense salle royale. Les Indes seront espagnoles. Furtives retrouvailles entre Colomb et Isabelle de Castille, caresses peu catholiques. Les dix Indiens que ramène Colomb dans ses cales ont un franc succès, leurs corps bruns, leurs cheveux noirs, les ornements et bijoux qui couvrent leurs corps, les plumes dans les coiffures ; ils répètent à l'envi, dans une langue que l'on traduit, les merveilles de leur pays. Colomb est persuadé d'être allé sur les terres du Grand Khan décrites par Marco Polo. Il parle plus de quatre heures, découvre les échantillons de son rêve qu'il offre à la couronne espagnole. « Dieu aide ses serviteurs et ceux qui obéissent à sa parole, même dans l'impossible. C'est ce qui m'est arrivé à moi qui ai réussi dans une entreprise qu'aucun mortel auparavant n'avait réalisée. Si beaucoup ont parlé et écrit au sujet de ces îles, ils le firent par conjectures et avec des réserves ; personne ne prétendait les avoir vues. » Il vante les charmes de la Navidad, colonie idéale, assure qu'il y a là de l'or autant qu'on en veut ramasser, des épices bien entendu, du coton, de l'aloès… De l'or, de l'or, de l'or : ce mot résonne dans sa tête. On ne se lasse pas de l'écouter, il est de plus en plus fiévreux. À chaque récit, Hispaniola s'embellit : « C'est une splendeur : les *sierras* et les montagnes, les plaines et les vallées, les terres si belles et si grasses, bonnes pour planter et semer, pour l'élevage des troupeaux de toutes sortes, pour édifier des villes et des villages. On ne croira pas sans les avoir vus ce que sont ses ports de mer et ses fleuves nombreux, grands, aux bonnes eaux, et dont la plupart charrient de l'or… Hispaniola regorge d'épices, de grandes mines d'or et d'autres métaux… Sur une autre île que l'on m'assure plus grande qu'Hispaniola, il y a de l'or à ne pouvoir compter, et les Indiens que j'amène avec moi pourront témoigner de cela comme du reste. En conclusion, et pour ne parler seulement que de ce qui s'est fait en ce voyage qui ne fut qu'une course, Leurs Altesses peuvent être certaines que je leur donnerai de l'or, autant qu'elles en auront besoin et si faible que sera le secours qu'elles m'accorderont… » L'or n'est pas là, mais on le croit, la cour pense détenir là une mine inépuisable, propre à faire de l'Espagne le plus grand des empires. Même le roi Ferdinand, d'habitude réservé, s'enflamme. Tous partagent l'extraordinaire hallucination de Colomb, à commencer par ses marins, qui témoignent, se persuadent d'avoir vu et touché ce qu'ils n'ont ni vu ni touché tant ce voyage a été extraordinaire. Le marin obtient le titre qu'il désire : « amiral de la mer Océane » et « gouverneur des îles et terres fermes qui seront découvertes », tandis qu'on lui prépare une nouvelle expédition : dix-sept bâtiments et mille cinq cents hommes, pour conduire les premiers colons à Hispaniola et cueillir la fortune du monde. Cette expédition est décisive : elle fera demain la preuve de ce qu'il avance aujourd'hui. Les astres veillent sur Colomb. On ne voit que ce qu'on veut voir ! Et justice est rendue par la nature, enfin bienveillante : Martín Pinzón meurt quelques semaines après son retour, victime de la syphilis contractée auprès des femmes d'Indiens.

Rome, 29 avril 1493

Première édition en latin de la lettre de Christophe Colomb au chancelier de la couronne d'Aragon, relatant son expédition : *De insulis inuentis*. Succès incontestable auprès des lettrés, des marins, des découvreurs du monde entier. Le héros affirme avoir approché la demeure du Grand Khan. La même année, à Valence, Christophe Colomb croise un aven-

Réception donnée par Isabelle de Castille et Ferdinand d'Aragon en l'honneur de Christophe Colomb à son retour des Amériques. Par Eugène Deveria (1808-1865). Musée Bargoin, Clermont-Ferrand.

Scènes de cannibalisme. Gravures de Théodore de Bry, 1562.

turier vénitien d'origine génoise, un certain Jean Cabot. Du même âge que lui, Cabot rêve d'explorer l'Asie, mais en passant par le nord, le nord-ouest ! Colomb hausse les épaules... Quelques jours plus tard, l'amiral de l'Océan, vice-roi et gouverneur des îles découvertes aux Indes, se voit gratifié d'un blason : le château et le lion de Castille et de León, les armes des Colomb, un ensemble d'îles qui font face à un continent d'or. Son fils Diego est reçu à la cour comme page du jeune prince héritier Jean. Lui-même fait de nombreuses promenades avec le roi et l'infant, s'attarde auprès de la reine sous prétexte de lui commenter les cartes du monde. L'enfant pauvre de Gênes est devenu en quelques années un très grand d'Espagne : le favori d'Isabelle.

Cadix, 25 septembre 1493

La deuxième expédition, dans laquelle se trouvent son frère aîné Bartholomé et son cadet Diego, quitte le pays et prend une route plus méridionale. Colomb sait que ce deuxième voyage est décisif. Le sort réservé à Bartolomeu Dias qui, après avoir franchi le cap de Bonne-Espérance, s'était vu refuser une seconde expédition pour les Indes « afin de ne pas lui devoir trop de gratitude », ne lui avait pas échappé. D'autres Pinzón pouvaient, à tout moment, se joindre à lui. À bord également, Alonso de Hojeda, jeune écuyer, ambitieux s'il en est. Et de nouveau le jeune officier basque, qui se distingue très vite par son talent de navigateur : Juan de la Cosa dit tout devoir à Colomb. Il était déjà du premier voyage, pilotant avec le Génois la *Santa María*. Et Colomb admire chez lui cette passion des cartes et des tracés qui avait été la sienne, plus jeune : de la Cosa se promet de tout réunir à son retour, tout ce qu'il découvre, sur une carte. Ce deuxième voyage est d'une autre envergure que le précédent. Isabelle a bien fait les choses : six prêtres sont à bord et des fonctionnaires censés administrer les nouvelles terres. Dix-sept navires, dont la fidèle *Niña*, portent mille deux cents hommes, des chevaux et toutes sortes d'animaux domestiqués. Colomb se doit, cette fois, de faire la preuve qu'il a bien atteint les Indes. Ses yeux, au demeurant fatigués, ne suffiront pas pour dresser le tableau des merveilles, il devra apporter, dans le creux de ses mains, les preuves de cette fortune. Aux Canaries, on charge les bâtiments d'une cargaison d'animaux vivants : poules, moutons, chèvres, ânes et mules, vaches, veaux, cochons. Sur la *Marie-Galante*, son vaisseau, l'amiral fait monter, avant de partir, des sacs de céréales, des barriques de vin, des canons, des armes, mais également des caisses pleines de petits cadeaux pour les indigènes. Chaque capitaine de la flotte reçoit une lettre, scellée, à n'ouvrir qu'en cas de difficulté. Tous doivent obéir, en attendant, au pavillon du vice-roi des Indes. La flotte découvre les Petites Antilles qui sont « indiennes », Dominica, magnifique montagne émergeant d'une forêt vierge très dense, découverte un dimanche ; Marie-Galante, la Guadeloupe, dont les cascades d'eau et d'écume font l'admiration de tous, tout comme les ananas dont ils découvrent l'exquise saveur ; les Saintes, la Désirade, puis Hispaniola, qu'il retrouve. La Navidad est réduite en cendres, tous les hommes sont morts et Colomb renonce à redonner vie à cette colonie qui, après s'être adonnée à l'alcool, aux femmes et à la chasse aux Indiens Tainos qui vivaient mal cette occupation, a été totalement décimée. Il décide de fonder une ville, à quelques dizaines de milles à l'est. Isabela, nom donné en l'honneur d'Isabelle la Catholique, souvenir d'une passion impossible. Le peuple caribe, rencontré une nouvelle fois, est décidément bien anthropophage. Des crânes utilisés comme ustensiles de cuisine, des reliefs de

festins humains, des os rongés, des membres sanguinolents suspendus à des poutres dans des villages abandonnés en témoignent. Dans une maison, ils trouvent un cou d'homme bouillant dans une marmite, un peu plus loin à terre, les testicules d'une dizaine d'enfants, prêts à être découpés et grillés. Les récits de prisonniers qu'ils libèrent glacent leur sang : femmes violées, mâles mangés, enfants mâles châtrés et engraissés. Les Caraïbes font peur, tout comme leurs épouses, qui font des enfants et les élèvent dans l'unique but de les dévorer par la suite. La chair humaine est, sur cette île, un mets précieux, le meilleur au monde. Colomb s'extasie cependant devant l'emplacement d'Isabela : « On a trouvé tant de rivières chargées d'or que ceux d'entre eux qui les virent en recueillirent simplement à la main, comme échantillon, et revinrent si réjouis et parlaient de tant d'abondance que je suis embarrassé de le dire et de l'écrire à Leurs Altesses. » Mais il déplore également le manque de moyens pour exploiter ce miracle, l'absence de chevaux ou de mulets, d'hommes... Veut-il détourner l'attention ? Laissant son frère Diego administrer quelque temps Isabela, Christophe part en avril avec trois bateaux vers Cuba – qu'il prend pour l'extrémité de l'Asie, le royaume chinois de Mangi évoqué par Marco Polo –, explore ses côtes. L'amiral veille bien, avant son départ de l'île qu'il continue à prendre pour un continent, à faire attester sur l'honneur par ses officiers et son équipage au complet qu'il s'agit de « la terre ferme du commencement des Indes ». Un notaire consigne les témoignages : le Génois ne veut pas être le seul fou de ce rêve éveillé. Juan de la Cosa, fidèle à Colomb, jure sous serment mais ne paraît guère convaincu. Ceux qui se dédiraient au retour auraient la langue tranchée, cent coups de bâton et une forte amende ! Ils signent tous le « serment de Cuba ». Transis de peur ? Tout autant que contaminés par la fièvre « colombienne ». Ils poursuivent leur route, explorent la Jamaïque puis rejoignent Hispaniola en août. Une fièvre tenace épuise Colomb. C'est plus que l'imagination : le mal a quitté la tête, la langue pour s'attaquer aux organes. Son corps donne les premiers signes de faiblesse. De grandes masses sombres lui apparaissent parfois, suivies de filaments lumineux. Il doit fermer les yeux de longues minutes pour retrouver, progressivement, une vue normale. De retour à Isabela, il découvre un grand désordre : colons furieux de ne pas trouver d'or, Indiens refusant de laver les sables qu'on imagine aurifères et de voir détruire leur civilisation. Les colons se disputent les femmes des indigènes, abusent d'elles devant leur famille. Son frère Diego a été impuissant devant pareille situation. Il faut aller en Espagne pour chercher des renforts. C'est à Bartholomé, l'aîné, qu'il confie cette fois la colonie. Bartholomé, nommé gouverneur, *adelantado*, qui

La ligne de partage du monde définie par le traité de Tordesillas, en 1494. Elle sépare le « monde portugais » du « monde espagnol ». Carte de Sebastiano Cantino, 1502.

décidera plus tard de quitter Isabela, de se déplacer sur l'île et de créer ce qui sera la ville de Saint-Domingue. Christophe met trois longs mois, à bord de la *Niña*, pour regagner le Portugal. Il souffre de rhumatismes. Et n'avoue pas à ses proches qu'il voit de moins en moins, à tel point qu'il doit, le matin, passer de longues minutes à humecter ses yeux pour leur redonner un peu d'éclat.

1495

Quand il revient en Espagne, le traité de Tordesillas, signé le 7 juin 1494, a découpé le monde en deux : aux Portugais l'est, aux Espagnols l'ouest. Une ligne tracée à trois cent soixante-dix lieues à l'ouest de l'archipel du Cap-Vert. Les premières annexions de territoire par Colomb lors de l'expédition de 1492 avaient créé une vive tension entre Ferdinand d'Aragon et le roi du Portugal, Jean II, au point que ce dernier avait revendiqué ces terres. Le pape avait été saisi du conflit qui menaçait de se transformer en guerre. Une première ligne avait été tracée, qui désavantageait le Portugal. La signature du traité sauve l'Europe d'un conflit. Les découvertes de Colomb sont justement placées sur cette nouvelle carte, il ne peut pas mieux tomber en revenant en Espagne. Pourtant sa découverte « d'îles indiennes » ne suscite guère de passion à la cour : cela rapporte peu, la mode est à d'autres expéditions plus rentables. Et moins discréditées : son obstination à rencontrer les « Indes » est ouvertement moquée dans la communauté des savants et des cartographes. Ses récits extravagants de cette Asie rêvée lui valent de vraies critiques, des accusations de mensonge. On se détourne de lui. Ferdinand d'Aragon l'ignore désormais. Protégé par le serment de Cuba fait par son équipage, Colomb réclame qu'on le croie. Isabelle, une fois encore, promet de soutenir son héros dans sa course aux Indes. Mais Colomb, déjà, a changé. Ses yeux ne voient plus guère et ne dégagent plus la même lumière. Et c'est vêtu de la robe brune des franciscains, avec une épaisse barbe, qu'il sillonne le pays. Isabelle n'est plus la même : la folie de sa fille, Jeanne, la hante et l'exercice du pouvoir la durcit au point d'épuiser toute sensualité en elle. Colomb attendra deux longues années avant de repartir vers ses îles de légende. Il faut pourtant se dépêcher : il vient d'apprendre que Jean Cabot, le marin génois qu'il avait croisé il y a quelques années, vient juste de traverser l'océan par le nord à la recherche de l'Asie, d'aborder Terre-Neuve, les côtes du Labrador... pour le compte des Anglais !

Sanlúcar, 30 mai 1498

Troisième voyage, six bâtiments dont trois vaisseaux de vivres pour la colonie d'Hispaniola. Jamais ils ne sont descendus si bas, par les Canaries puis les îles du Cap-Vert. Grande est leur chance, à quelques jours près, dix très exactement : ils sont partis alors que Vasco de Gama vient d'atteindre Calicut, le 20 mai 1498, ouvrant ainsi la route des Indes pour le compte du Portugal. Mais la nouvelle mettra du temps à parvenir jusqu'à la cour d'Espagne. Le projet du contournement par l'ouest pour rejoindre l'Asie n'a, raisonnablement, plus beaucoup de raisons d'être... Colomb, seul, y croit encore. Il songe même au confort de ses équipiers et à la vertu des jeunes Indiennes : trente femmes sont embarquées cette fois, sorties des bordels espagnols, une femme pour dix hommes... Nombreuses îles sur leur route, une route inconnue avec son calme plat, puis le vent d'est qui les porte jusqu'à une nouvelle île, immense, qu'il surnomme la Trinité. L'abord en est inquiétant : à la bouche dite du Serpent, des courants contraires s'affrontent, forment une colonne de mer, aussi haute que leurs propres navires, et creusent la surface de l'eau jusqu'au rocher. Quelques flèches envoyées par les Indiens signalent une présence hostile. Le 5 août, Colomb fait escale pour la première fois sur le continent... américain, qu'il ne reconnaît pas comme tel, évidemment : Ensenada-Yacua, Venezuela. Puis se perd un peu dans la mer des Caraïbes, rencontre des pétrels brise-os, se persuade qu'il a découvert un continent rattaché à l'Asie. C'est, à n'en pas douter, le paradis terrestre, comme il l'écrit ce matin-là dans la marge de son exemplaire de l'*Imago Mundi* du cardinal d'Ailly : « Je suis convaincu que là est le paradis terrestre, où personne ne peut arriver si ce n'est par la volonté divine. Je crois que cette terre dont Vos Altesses ont ordonné maintenant la découverte sera immense et qu'il y en aura beaucoup d'autres dans le Midi dont on n'a jamais eu connaissance. » Ailleurs, dans son journal, il ajoute à l'intention de Ferdinand et d'Isabelle : « Et Vos Majestés prendront ces terres qui sont un Autre Monde... Si les perles naissent, comme le dit Pline, de la rosée qui tombe sur les huîtres ouvertes, il y a de fortes raisons pour qu'il y en ait ici, car il tombe une forte rosée, et il y a une infinité d'huîtres fort grandes. » Après Hispaniola, il aborde le 31 août le port de Santo-Domingo où Bartholomé a déplacé la colonie d'Isabela, mais où règne un incroyable désordre, tant l'attitude des colons est inacceptable. Nouvelle trahison, venant des siens. Colomb passe une année à régler les conflits, les répartitions de terre. Mais la cour, en Espagne, s'inquiète des échos pessimistes qui lui parviennent, et envoie en août 1500 un nouveau gouverneur pour remplacer Bartholomé Colomb à la tête d'Isabela.

Le navigateur vénitien Jean Cabot (1450-1499) et son fils Sébastien (1476-1557). Par G. B. Ramusio et F. R. Grisellini. Palais des Doges, Venise, Italie.

Le vieux commandeur Bobadilla fait du zèle, et face au chaos décide de mettre les trois frères aux arrêts. Colomb reste digne. « Si ma plainte contre le monde est nouvelle, l'usage de maltraiter y est fort ancien. On m'a livré mille combats et j'ai résisté à tous jusqu'à ce moment où ni armes ni avis ne me sont d'aucun profit. C'est avec cruauté qu'on m'y a coulé à fond... » Bartholomé, Diego et Christophe font le voyage de retour enchaînés. Humiliation extrême ! En même temps, cet « empêchement » explique que Colomb ne puisse témoigner plus concrètement des richesses des Indes. L'heure de vérité est repoussée. Arrivés à Cadix, les prisonniers sont « déchaînés » sur ordre de la reine. Colomb reçoit une forte somme d'argent et une invitation à la rejoindre à Grenade. Colomb vient d'apprendre que le Portugal a gagné la course aux Indes et que Vasco de Gama a atteint Calicut, en contournant l'Afrique. Devant Isabelle et Ferdinand, au moment de se prosterner, Colomb s'effondre, épuisé, sanglotant, presque aveugle. La cour s'émeut devant tant de détresse. Bartholomé demande réparation au nom des trois frères. La reine, toujours attachée à cet homme, donne à Christophe une dernière chance ; preuve de ses intentions paci-

Amerigo Vespucci (1454-1512) navigue à l'aide des étoiles. École française. Coll. privée.

fiques avec les voisins portugais, il se munit d'une lettre d'introduction pour Vasco de Gama qu'il est persuadé de retrouver... aux Indes ! De l'autre côté ! Rien n'arrête Colomb dans son délire, pas même les évidences les plus grandes : il a perdu son pari. Il sait que Pedro Àlvares Cabral vient de découvrir, par hasard et pour le compte du Portugal, un vaste pays, le Brésil. L'histoire dira que Vincente Pinzón, le frère de Martín, parti avec sa propre flotte de quatre caravelles sur la première route de Colomb, a découvert ce pays, avant lui, au tout début de l'année 1500. L'Europe est, au mois, à la semaine près, en train de décider de sa fortune, de son découpage. La course est devenue effrénée et le secret de rigueur : chaque jour une nouvelle expédition, tantôt espagnole, tantôt portugaise, exploite ces renseignements, part sur les routes de l'océan. On dit les Anglais prêts à se lancer sur les mers. En quelques années, le monde se dévoile, le voile de brouillard qui couvrait l'univers depuis des millénaires se déchire à coups de traversées d'océans, de mers. Il faut aller plus vite, pense Colomb, les requins sont légion sur la mer. Le monde entier veut le plagier. Et il sait qu'à tout moment, Vasco de Gama peut revenir en Europe, témoigner de la route des Indes et ruiner sa réputation. L'expédition pilotée par Vespucci, Hojeda et de la Cosa et commandée par les souverains espagnols alors qu'il était aux « Indes » l'a mis hors de lui : on cherche, de toutes parts, à le déposséder de ce qui lui appartient, ses secrets sont pillés, ses droits bafoués. Isabelle le laisse partir. Elle ne croit plus en lui, mais elle sait qu'on ne peut interrompre brutalement un si grand rêveur. Plus tard, peut-être. En attendant, et c'est là que Colomb, devenu presque aveugle, se fait devin, d'autres partent à la conquête de sa propre conquête, à la découverte de ses découvertes. D'Espagne, qui plus est !

Cadix, 16 mai 1499

Où l'on retrouve dans une même expédition vers l'ouest, sur les traces de Colomb, le désormais célèbre cartographe Juan de la Cosa, un certain Amerigo Vespucci et Alonso de Hojeda, pillard de première catégorie. La flotte se sépare. Hojeda, s'attachant à explorer le nord de l'Orénoque, débarque sur l'île de la Trinité, atteint celle de Curaçao, puis le golfe du Venezuela, avec un grand lagon, le lac de Maracaibo. Les petites maisons sur pilotis lui font penser à Venise : ce sera le Venezuela. Trouvant sympathique l'accueil qui lui est réservé, il s'empare des indigènes par centaines, les retenant comme esclaves et pillant consciencieusement les pêcheries de perles de la côte américaine. Il retrouve Amerigo Vespucci à Hispaniola et reçoit en récompense de ses mérites le statut de gouverneur de Coquibacoa et des propriétés à Hispaniola. Lors d'une expédition en 1502, Hojeda part de nouveau à la course aux perles sur les côtes américaines et ne se prive pas d'user de la violence auprès des Indiens. Le pillard déshonore les chevaliers de la mer dont il emprunte les routes, sans jamais les citer.

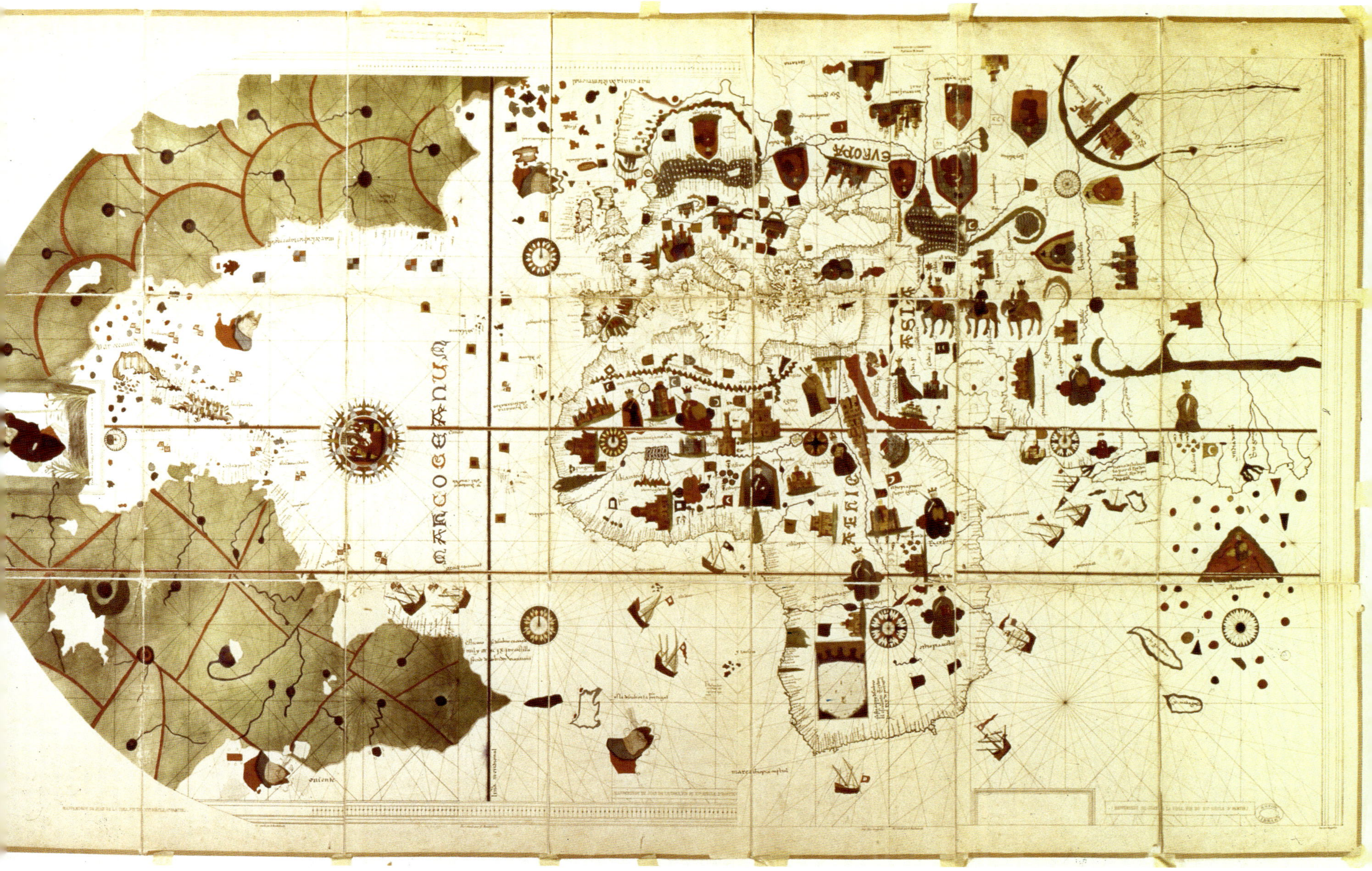

L'Ancien et le Nouveau Monde, vers 1500.
Par Juan de la Cosa (1460-1510).
Public Library, New York, États-Unis.

Cadix, décembre 1500

Juan de la Cosa tire de ses deux expéditions avec Christophe Colomb et Alonso de Hojeda une carte qui va faire sensation : la *Mappa Mundi*. Des voyages de Cabral et de Vespucci, il retiendra également plus tard quelques précieux renseignements qui lui permettront d'éditer un document unique sur lequel figurent l'Amérique du Nord, les Antilles et une partie de l'Amérique du Sud. Le monde, désormais, ne se lira plus comme avant. Si l'Europe et l'Afrique sont dessinées clairement, la *Mare Oceanum* – autrement dit l'Atlantique – entoure une terre étrangement sombre où, à l'emplacement de Panamá, trône une vignette représentant saint Christophe. Comme pour cacher un passage que Colomb n'a toujours pas trouvé.

Lisbonne, 14 mai 1501

Amerigo Vespucci est fils de marchands florentins, proches d'artistes comme Botticelli ou Piero di Cosimo. Ambassadeur de Laurent de Médicis en France à l'âge de vingt ans, il a rencontré Christophe Colomb à Séville où il développe une affaire de courtage. Négoce et géographie sont ses deux passions. Il est chargé de l'avitaillement des deuxième et troisième expéditions de Colomb. Lors de son premier voyage avec Hojeda et de la Cosa pour le compte des Espagnols entre 1499 et 1500, il avait touché d'abord le point le plus oriental du Brésil, le cap São Roque, remonté la côte sur plus de mille kilomètres, était passé devant l'embouchure du fleuve Amazone, avait découvert et exploré celle de l'Orénoque. Il part ce 13 mai 1501, pour son deuxième voyage, avec trois

La baie de Ilha Grande, au Brésil.
Les côtes brésiliennes seront abordées pour la première fois par Pedro Àlvarez Cabral.

caravelles à la conquête de l'Amérique, la vraie. Pas de l'Asie ! Et pourtant, au départ, c'est la route des Indes qui est encore recherchée. Seize mois de traversée, cette fois, sous le pavillon de Manuel Ier, roi du Portugal. Il croise, en mer, Pedro Àlvares Cabral de retour du Brésil, qui le guide sur sa route à partir de quelques indications ; puis il explore l'embouchure du Río de la Plata et probablement les côtes de la Patagonie. « Nous parvînmes à une terre nouvelle, que, pour les multiples raisons exposées ci-après, nous jugeâmes être un continent. » L'imprimerie qui vient de faire son apparition porte son témoignage de retour à la connaissance d'un vaste public qui finira, faute de contradicteurs, par faire de lui le « découvreur » qu'il n'est pas : ces terres « pouvaient être appelées Nouveau Monde, car aucun de nos prédécesseurs ne savait rien de ces territoires que nous voyons, ni de ce qu'ils contiennent... Beaucoup croyaient qu'il ne se trouvait plus de terre ferme au sud de l'équateur, mais seulement une terre sans fin... Et ceux qui estimaient possible l'existence d'un continent dans cette zone pensaient qu'il devait être inhabitable. Mon voyage a désormais prouvé que cette opinion est erronée... J'ai trouvé au sud de l'équateur un continent où nombre de vallées sont peuplées de beaucoup plus d'hommes et de bêtes que notre Europe. » Vespucci revendique la paternité de ce Nouveau Monde. Colomb oubliera de le faire..

Cadix, 9 mai 1502

Tandis qu'en Espagne, on chasse les Maures de Castille et du León, une nouvelle flotte menée par Colomb – quatre caravelles et près de cent cinquante hommes – quitte le pays avec la carte publiée par Juan de la Cosa, sa *Mappa Mundi*. Colomb n'apprécie guère que de la Cosa y ait fait figurer Cuba comme une île et non comme le commencement du continent indien. Ce voyage qu'il pressent être le dernier – il a plus de cinquante ans – est *el alto viaje*, le grand voyage. Bartholomé, son frère aîné et préféré, est de l'expédition comme son fils cadet, Fernand, qui vient d'avoir treize ans. De quoi lui redonner la force dont il manque désormais, épuisé par tant de combats, humilié par sa dernière expédition, les succès de Gama et de Cabral pour les Portugais, ceux

Christophe Colomb
(1451-1506).
Gravure sur cuivre
de Nicolas de Larmessin.
BnF, Paris.

La caravelle de Christophe Colomb. Gravure extraite de *Discovering Christopher Colombus*, Charlotte Brewster Jordan, 1932.

de Vespucci. Son séjour en Espagne, le repos, lui ont, sinon guéri les yeux, du moins redonné un peu plus d'aisance à voir de près comme de loin. Ses jambes, en revanche, le portent difficilement. Martinique, Cuba, Honduras, Nicaragua. Glorieuses Indes, il va de soi, pour Colomb. Qu'il gagne en traversant un ouragan. Il s'arrête à Puerto Limon, au Costa Rica. Cherche longuement un passage près de Panamá, persuadé d'être devant la Malaisie, voulant gagner, au-delà, la Chine, et résiste à de farouches tempêtes. Le passage vers l'océan Indien se dérobe, il était pourtant si proche du Pacifique à cet instant ! Il s'acharne à trouver une solution, persuadé que Cuba est un morceau du continent asiatique et non une île. Les hommes, à bord, sont à bout, rongés par les fièvres, le doute. L'Amiral aussi fait peur : ses yeux, enflés par le sel, la lumière et le soleil brûlant, témoignent de jour en jour d'un peu plus de folie doublée d'une mélancolie que rien ne semble devoir éteindre. Les paysages les hallucinent, eux qui ont quitté la vie misérable de la terre. Les femmes indigènes voient arriver de pauvres hères. Colomb ne semble pas vouloir freiner leurs ardeurs auprès d'elles. C'est la mort qu'ils conjurent par le viol. Une mort dont ils ne parlent jamais alors qu'elle est présente à chaque instant : invitée proscrite au nom de la pudeur collective, tout comme le besoin de sexe. Colomb fait mine d'ignorer le désarroi. En janvier 1503, il veut fonder une colonie près du río Belen, en est chassé par les indigènes, abandonne ses deux caravelles hors d'usage, conduit les deux dernières, dans la baie de Sainte-Anne, à la Jamaïque, où il les fait échouer. Elles ont été mangées par les tarets, gros vers de mer, qui sont légion dans ces eaux chaudes. Ils s'attaquent au bois des coques qu'ils transforment en écumoires. La tempête est furieuse, arrache voiles et ancres, charge les navires d'eau, les rend impossibles à manœuvrer. « Il y avait quatre-ving-huit jours que l'épouvantable tempête ne m'avait pas quitté, à tel point que je n'ai vu ni soleil ni étoiles sur la mer, que les navires s'étaient ouverts, les voiles déchirées, les ancres, les agrès perdus avec les barques et beaucoup de l'approvisionnement. Nos gens étaient très malades et tous dans l'affliction... Bien d'autres tempêtes se sont vues, mais aucune qui ait duré autant et avec tant d'horreur. » La Jamaïque leur procure un peu de répit. Vincente Pinzón, embarqué dans une autre expédition croise alors Colomb. Un an d'attente, avec son équipage. Les secours tardent, les hommes s'en prennent à Colomb qui les affame sur cette île où les maladies pullulent et où l'espoir n'est pas de mise. Les deux frères Porras, excédés, tentent d'assassiner l'amiral. Une nuit, Fernand Colomb s'interpose miraculeusement. C'est l'émeute dans la colonie, tandis que les indigènes, de leur côté, s'arment pour attaquer les Espagnols. Colomb décide de les rejoindre dans leur campement : l'amiral se fait menaçant, promet de faire disparaître la lune à jamais si leur tranquillité est dérangée. Stratagème de génie qui épargne un massacre : Colomb vient d'apprendre qu'une éclipse est prévue dans la semaine... Les indigènes, devant le phénomène, se soumettent à l'autorité des colons. Mais le départ se rapproche. Une caravelle venant de Saint-Domingue croise la terre et leur porte secours. Colomb arrive en

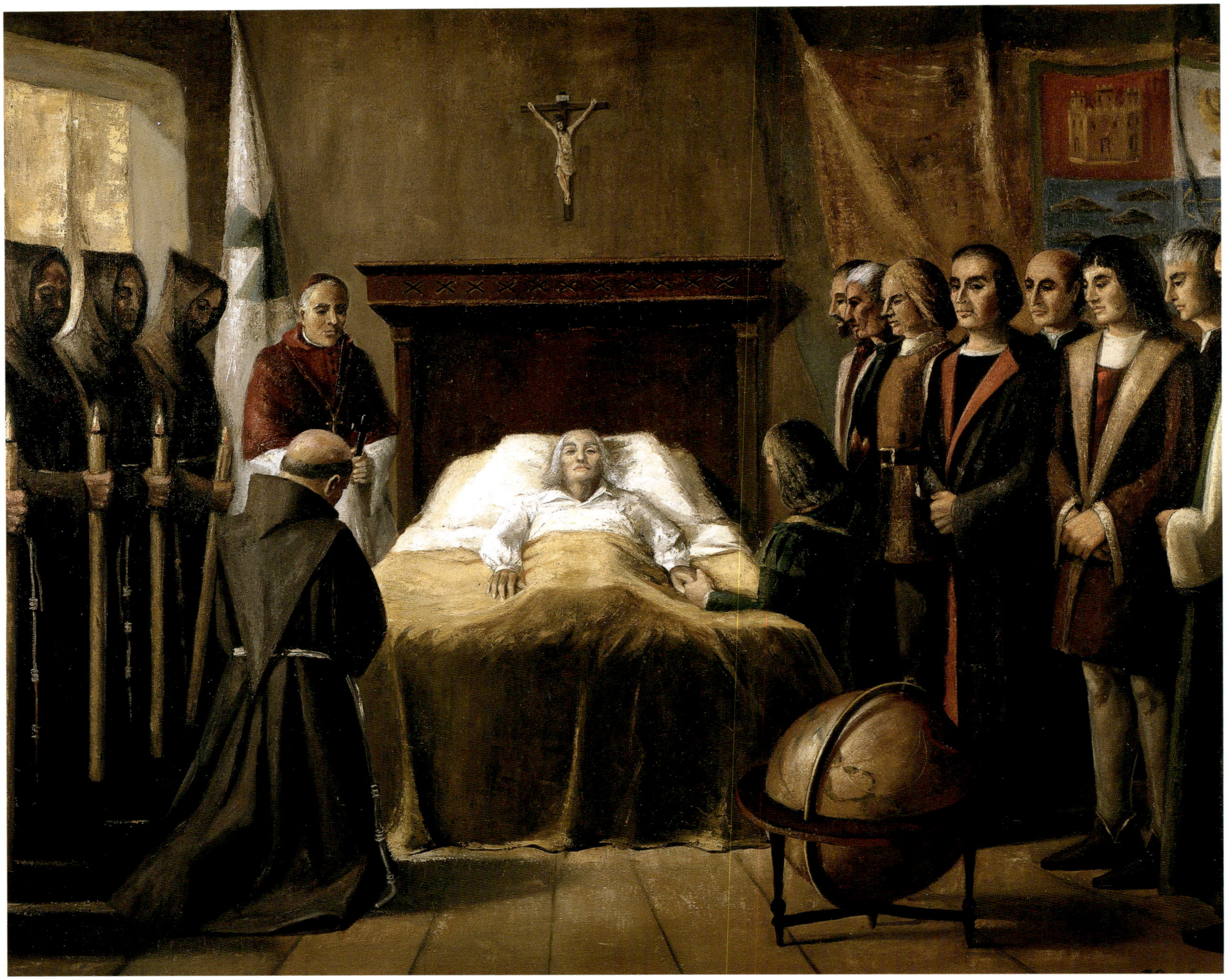

Christophe Colomb sur son lit de mort, à Valladolid, en 1506. Maison de Christophe Colomb, Valladolid, Espagne.

Espagne, à Sanlúcar, en novembre 1504, après un dernier voyage de plus de deux ans et sept mois. Personne ne s'attend plus à ce retour, tous ont imaginé qu'une main secourable lui a permis de rendre son âme à Dieu, lui l'hidalgo qui n'est pas espagnol et qui compromet l'étendard de la couronne dans des aventures sans lendemain. L'homme est brisé, épuisé, découragé. Ses biens sont confisqués. Il a la goutte, sa vue baisse, il emprunte de l'argent. Il n'est plus à la mode, ses Indes, jamais atteintes, ne font pas rêver. Il n'y a plus personne, dans le royaume d'Espagne, pour croire à ses élucubrations. Il parle seul désormais, comme l'acteur fou dans un théâtre vide, après la représentation. La comédie est jouée. Isabelle de Castille, sa protectrice, meurt quelques jours après son arrivée. « La voici libérée de ce monde de dureté et de souffrance ! » soupire l'amiral de la mer Océane. Mais déjà il ne voit plus ou presque. Il ne peut plus lire ni écrire.

Il dicte son testament : « Je m'embarquai sur la mer, dans la première enfance déjà et j'ai continué à la parcourir jusqu'à l'heure actuelle. Tous ceux qui s'appliquent à cet art désirent percer les secrets de ce monde sublunaire. Pour moi je m'en occupe depuis plus de cinquante ans déjà. Je suis allé partout où autrefois on a sillonné les mers... Tous ceux qui avaient entendu parler de mon plan affirmaient qu'il était impossible à réaliser et riaient à mes dépens... » Le monde ne l'a jamais cru, Isabelle est morte, l'oubliant dans son testament, et sa tignasse rousse, puis grise est devenue toute blanche. Il paraît un vieillard. Son orgueil a été mis à mort.

Valladolid, 20 mai 1506

« L'amiral du Pays des moustiques », *le fallador*, comme ses ennemis le surnomment, Colomb passe de vie à trépas, après cinquante-cinq années d'éblouissement. La résignation suprême. L'homme a agacé, c'est peu dire, une génération entière d'Européens. Son intelligence a dérangé l'époque. Il meurt en paria : et pourtant, seul contre tous, unique dans les annales de la navigation, il a imaginé un projet, l'a conduit à son terme. L'Histoire ne l'a pas porté comme elle a porté Dias, Gama, Cabral et d'autres à qui des souverains commandent des missions, c'est lui qui a façonné l'Histoire. Dans la malédiction, le malheur, la souffrance. L'Espagne, à travers lui, a perdu plus d'argent qu'elle n'en a récolté. Isabelle a permis la dernière grande folie du monde. Il n'est plus qu'un corps décharné qui s'abandonne à la mort, une tignasse toute blanche, des yeux globuleux, un regard absent. À son fils, il témoigne de cette déchéance : « Il me paraît que l'on doit copier en un bel écrit le paragraphe de cette lettre que Leurs Altesses m'écrivirent, où elles me disent qu'elles tiendront tout ce qu'elles ont promis, et qu'elles te mettront en possession de tout. Tu le leur donneras avec un autre écrit qui mentionne ma maladie et comment il m'est impossible d'aller maintenant baiser leurs royaux pieds et mains ; et comment les Indes se perdent et sont en feu de mille côtés, et comment je n'ai reçu ni ne reçois rien de la rente qui me revient d'elles ; que personne n'ose se hasarder à la réclamer, et que je vis d'emprunts. » Son fils ne fera aucune démarche, il sait qu'Isabelle est morte, tandis que son père l'implore encore dans ses délires. Un enterrement que quelques proches suivent seulement et pour lequel il faut emprunter. Certain d'avoir, des années durant, au péril de sa vie, découvert l'Asie, il ignorera toujours l'Amérique, son œuvre universelle. Parce qu'il ne s'est jamais senti ni espagnol ni génois, mais toujours en recherche de « ses » Indes, ses restes sont transportés, selon ses vœux, à Saint-Domingue, Hispaniola. Non loin des cendres d'Isabela, la colonie détruite, fondée en l'honneur de la plus généreuse des femmes. En 1507, un moine cartographe allemand, installé à Saint-Dié, dans les Vosges, Martin Waldseemüller, suggère de nommer le nouveau continent découvert par Christophe Colomb, mais pris pour l'Asie, du nom de celui qui ne s'était pas trompé, quelques années plus tard : Amerigo Vespucci. « Considérant que l'Europe comme l'Asie doivent leur nom à des femmes, je ne vois point de raison que quiconque puisse véritablement faire objection à ce que l'on appelle cette partie Amerige (du grec *gê*, terre de), c'est-à-dire terre d'Amerigo, ou Amérique, du nom d'Amerigo, son découvreur, homme de grandes capacités. » Sur une immense carte qui accompagne son ouvrage, *Mundus Novus*, figurent deux portraits seulement, celui de Ptolémée et celui de Vespucci. Le succès du livre est immédiat et le tirage atteint mille exemplaires, chiffre énorme pour l'Europe d'alors. Waldseemüller finit pas se rétracter, reconnaît que Vespucci n'est pas le vrai découvreur du Nouveau Monde, mais c'est trop tard, l'ouvrage est imprimé, il circule déjà un peu partout. Et par malheur pour Colomb, le nom « Amérique » plaît.

Après 1506, sur les traces de Colomb

Colomb est mort, ruiné. Un seul homme véritablement assume son héritage, sans le trahir. C'est Juan de la Cosa que seules les cartes intéressent et non l'or, l'argent ou les perles. Figure unique en cette époque où la cupidité règne sur le monde. Isabelle la Catholique avait vu en lui un proche de Colomb et soutenu son entreprise. Après l'édition de la *Mappa Mundi*, il continue ses explorations de la côte colombienne, du Panamá. À la mort de Colomb qu'il vénère, il veut faire vivre l'héritage de ces... nouvelles Indes. Il embarque avec le redoutable Alonso de Hojeda en 1509 et le non moins cruel Francisco Pizarro et file vers la côte colombienne. Hojeda attaque un village indien : une flèche empoisonnée tue le 28 février 1510 le plus grand cartographe du moment, Juan de la Cosa, qui aimait Colomb mais

La forêt d'Amérique centrale. L'humidité extrême de ces régions sera un obstacle pour la conquête et les maladies décimeront nombre de conquistadors.

n'avait jamais cru qu'il avait atteint l'Asie de ses rêves. Inlassable, intraitable, infréquentable, Hojeda reprend ses expéditions vers la côte américaine, amasse une fortune considérable avec les perles, les esclaves, explore la côte de la Colombie, la future Carthagène, ratisse la moindre ressource ou richesse, extermine avec bonheur les populations d'Indiens, fonde une colonie qui sera détruite quelques années plus tard par les habitants du golfe d'Uraba. Il s'associe avec un laveur d'or réputé, Nicuesa. Ses gains sont soudainement menacés. Le conquistador belliqueux se vantait de n'avoir jamais été blessé une fois dans sa vie. Échappant à toutes les attaques, sacrifiant ses propres hommes qui périssent sous les flèches empoisonnées des indigènes, il se réfugie à Hispaniola où il meurt, ruiné lui aussi, en 1516. Quant à Amerigo Vespucci, il repasse au service des Espagnols après la mort d'Isabelle et est nommé en 1508 *piloto major*, grand pilote d'Espagne, chargé de tenir à jour le *Padron real*, la carte des découvertes du royaume hispanique. Il dirige une véritable école de pilotes et a pour mission d'agréer « tous les pilotes de nos royaumes ou seigneuries appelés à voyager désormais vers les dites terres de nos Indes, découvertes ou à découvrir ». Il meurt à Séville en 1512, rongé par la malaria contractée lors de son dernier voyage. Sa mort, comme celle de Colomb, passe inaperçue. *Le Nouveau Monde*, né dans les Vosges, à Saint-Dié, précisément, dans l'atelier d'un ecclésiastique, Martin Waldseemüller, qui aimait à créer des noms et se permettait des libertés avec l'Histoire, est bel et bien découvert : il reste maintenant à l'inventer. Cette Amérique dont la *Géographie* de Ptolémée, écrite en 150 après Jésus-Christ et qui était restée longtemps l'image, la carte même du monde, avait caché l'existence à son vrai découvreur. C'est parce que Ptolémée avait trop étiré l'Asie et réduit la taille du globe d'un quart que l'amiral a cru à une route en droite ligne vers la Chine, le Japon, les « Indes » à travers l'Atlantique. L'Amérique, qu'il découvre, est pour lui un obstacle. C'est parce que Waldseemüller s'est trompé dans son travail que l'Amérique ne s'appelle pas Colombie. Maudits soient donc, foi d'amiral de la mer Océane, les cartographes négligents !

Chapitre VIII

Tempêtes sur Bonne-Espérance

« Je suis le cap immense et mystérieux que vous nommez cap des Tourmentes, car je ne me laissai jamais connaître de Ptolémée, Pomponius, Strabon, Pline, ni aucun autre ancien. Je termine la côte de l'Afrique par ce promontoire tendu vers le pôle antarctique et que votre courage offense. Écoutez quels malheurs seront infligés à votre trop grande audace sur la mer et les terres que vous soumettrez. Sachez que des vents et des tempêtes démesurés rendront ces abords funestes à toutes les nefs assez audacieuses pour tenter à nouveau ce voyage. J'infligerai à la première flotte qui franchira ces eaux indomptées un châtiment si soudain que ses terribles effets surviendront avant même qu'elle ait entrevu le danger. »

Luís de Camões, *Les Lusiades*, chant V.

CAP DE BONNE-ESPÉRANCE, 24 mai 1500. Le ciel, noir du charbon mortel des tempêtes. La mer, furieuse, une succession de gouffres et de montagnes d'écume. La flotte lutte contre les éléments. Le vent hurle et s'acharne. Bonnettes et antennes arrachées, mâts mis à mal, ils courent à sec de toile, amènent les petites voiles des mâts de misaine, prennent d'énormes paquets de mer sur le pont. Pedro Àlvares Cabral est devant, à quelques encablures, avec sa caravelle, qui semble filer mieux que les autres et rebondir avec aisance sur les hautes vagues. Il ne se retourne pas, il ne se retournera pas. Devant lui les Indes, sa seule obsession. Les Indes, Calicut, l'or, l'argent, les épices, la gloire. Derrière lui, d'autres hommes sur d'autres tas de planches, ballottés. La mort, jalouse, impitoyable, qui tire au sort, prend sa part de butin et l'enfouit dans la mer. À chacun son tribut. Qu'importe à Cabral, visage fermé, insensible aux protestations de son équipage, que ses camarades soient pris dans le flot, que quatre des bâtiments de son escadre semblent s'éloigner de sa vue et du monde des vivants. Il lui faut passer ce cap, coûte que coûte, gagner du temps sur le temps, vaincre les éléments.
La nuit, bientôt, va tomber : grâce à Vasco de Gama, Cabral connaît l'usage des feux de navigation. Dans de grosses lanternes de fer, des feux, un, deux, trois, quatre indiquent qu'on vire de bord, qu'on ferle les voiles ou qu'on tire la bonnette. Mais le brouillard empêche désormais toute communication entre les navires, c'est à peine si l'on entend, au loin, des salves de bombardes, signaux désespérés d'une présence qui s'éloigne, peu à peu.
Pedro Àlvares Cabral est un marin pressé. Une barbe épaisse, noire, paraît lui ravager le visage, cacher ses vices, son appétit des biens de ce monde, lui manger jusqu'au sourire, expression de la personnalité qu'il ne connaît pas. Des lèvres sèches, horizontales. Une face sombre, dure, comme ce qui se cache à l'intérieur de ce chevalier de l'ordre du Christ.

Il sait qu'il a un peu triché une première fois, mais bien malgré lui. Qu'il est presque allé, de l'autre côté, à l'ouest de la ligne réservée aux Espagnols. Et qu'il est lui, riche noble de Belmonte, un vrai Portugais. Depuis le traité de Tordesillas, signé il y a tout juste six ans, le monde est coupé en deux. Le Portugal hérite d'un nouveau pays, le Brésil, à la frontière de la ligne de démarcation… Il sait aussi qu'il vient de trahir les siens en ne leur portant pas secours, mais qu'il n'a pas de temps à perdre, que ce Brésil de malheur l'a déjà beaucoup retardé. Il sait pertinemment que Bartolomeu Dias, qui lui a confié les secrets du cap de Bonne-Espérance, à qui il doit peut-être la vie sauve et la gloire s'il arrive aux Indes, vient de plonger à jamais dans les eaux profondes de l'ancien cap des Tempêtes. Que cette découverte, il y a douze ans, certainement la plus grande au monde, est devenue pour Dias, en y retournant, sa dernière destination. Fatale attraction du lieu d'un crime magnifique qui a changé la face de l'univers !

L'idée lui en est venue, quelques jours avant le départ. Pedro Àlvares Cabral est un cynique. Jaloux, mais capable de flatter son prochain si ses intérêts sont en jeu. Il déteste ce Bartolomeu Dias qui traîne depuis quelques semaines dans les tavernes de Lisbonne. Fils du peuple aviné, aucune noblesse de sang ne lui coule dans les veines. En proie aux femmes et à des alcools un peu forts qui le raccompagnent, hébété, dans son lit aux premières heures de la matinée. Racontant sans cesse aux putains du Tage des histoires de bornes de pierre sur le bord du continent africain. Viré, lui, le héros du passage du Sud-Est, du

PAGE DE GAUCHE
Le cap de Bonne-Espérance. Estampe du XIXe siècle.

CI-DESSOUS
La route vers les Indes, l'obsession de Cabral.

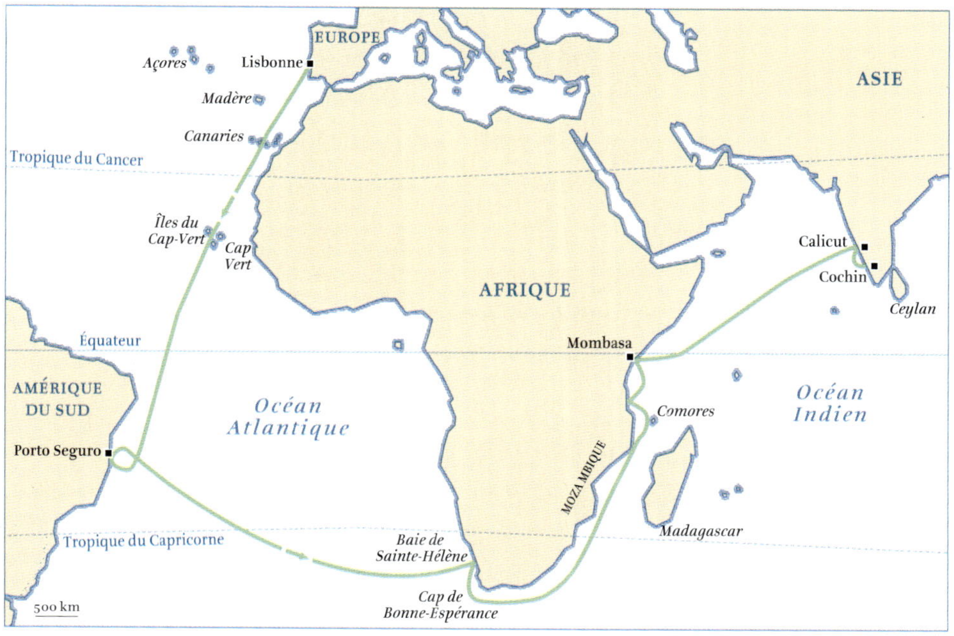

Pedro Àlvares Cabral (1460-1526), navigateur portugais. Enluminure, 1683. BnF, Paris.

créer un petit commerce à Elmina, sur la côte. Mais les affaires ont été mauvaises, Dias est un doux rêveur, il ne sait pas faire de l'argent, tout juste raconter de belles histoires sur l'Afrique qu'il aime et les Africains qui ne seraient pas, selon lui, de si mauvais sauvages. Il est de retour aujourd'hui et ruiné. C'est parfait, pense Cabral ! Du navigateur magnifique – l'un des meilleurs, sinon le meilleur de sa génération – qui vient de passer, il y a un peu plus de dix ans, la pointe sud de l'Afrique, il ne reste plus grand-chose. Un vieux corps miné par le vinaigre, les fièvres et l'imagination. Son exploit est aujourd'hui éclipsé par celui de Gama, qui est allé plus loin, jusqu'à Calicut. Beaucoup plus loin, aux Indes, là où sont les vraies richesses : fini le temps des découvertes pour la plus grande gloire des philosophes et des géographes ! Après celui de Dias, celui de Gama, le temps de Cabral est venu. Le temps de l'argent, du négoce, des colonies. Alors, Cabral, toute fierté bue, propose à Dias de l'accompagner dans ce qui s'annonce être l'expédition du siècle. Dias, entre deux vins, accepte : il a ouvert un compte à la taverne et le patron menace de ne plus lui servir à boire. Avec ce que Cabral lui promet comme salaire, il pourra s'offrir des fûts entiers de bon vin et mourir en paix, tranquille, madérisé, dans son pays, en pensant à son frère jumeau, le beau Pedro, mort par sa faute.

cap d'Afrique, de son misérable petit travail de chef de dépôt du ravitaillement des navires ! On le dit hanté par la mort de son frère jumeau : Pedro Dias, dévoré par les fièvres sur un bateau quelque part le long de la côte d'Afrique. Son frère chéri, son double, dont il se croit l'assassin pour l'avoir convaincu de l'accompagner dans sa fameuse expédition. Fratricide involontaire mais douloureux. Cabral sait aussi que Dias, même détruit par le remords et la maladie, possède un secret dont il a besoin : celui de l'ancien cap des Tempêtes, rebaptisé depuis son expédition cap de Bonne-Espérance par le roi Jean II. Il sait encore que Dias a accompagné un morceau de chemin ce Gama de malheur. De Vasco de Gama, Cabral ne tirera rien, c'est sûr, ce héros est trop fier d'avoir découvert la route des Indes. Bartolomeu Dias l'a d'ailleurs conduit jusqu'au cap Vert, a voulu

L'affaire est excellente. Pour Cabral, d'abord. Installé dans sa chambre, devant un globe terrestre de Martin Behaim, médecin du roi, navigateur aux côtés d'un certain Diogo Cão, Cabral se fait peur à lui même tant sa mission est superbe. L'Espagne et le Portugal ont eu quelques différends récents pour se partager le monde, la première bulle du pape Alexandre Borgia ayant fait sursauter Jean II du Portugal, à tel point que, sentant son pays lésé au profit de l'Espagne de Ferdinand de Castille, ce dernier a menacé d'une guerre. La fameuse guerre des méridiens... Les deux souverains se sont finalement accordés, lors du traité de Tordesillas, signé le 7 juin 1494 : une ligne nord-sud passant à 1 200 milles à l'ouest des îles du Cap-Vert départage désormais les deux puissances. Chacun a fait éditer sa carte officielle : à Lisbonne le *Padrào real*, à Séville le *Padron real*. Les deux documents sont quasiment conformes et les actes de possession de la terre sont enfin en règle... Depuis ce jour, les deux pays ne se parlent presque plus. Chacun explore, inlassablement, méthodiquement, son territoire. Les cartes deviennent plus que jamais secrètes, on les enferme dans des coffres-forts à double serrure dont l'une des clés est détenue par le pilote, l'autre par le cartographe du bord. Quand Vasco de Gama est revenu des Indes, le Portugal a su qu'il était devenu très riche. Et qu'il y avait là-bas des trésors à convoyer... Dom Manuel possède donc la moitié de l'univers et c'est à Cabral qu'il a pensé pour faire vivre cet amas de richesses. Pedro Àlvares Cabral vient d'avoir trente-deux ans, sa famille est de vieille souche, de très bonne noblesse, originaire de Belmonte, et il est honorablement connu à la cour. Quiconque doublerait l'expédition officielle, quiconque volerait une carte, aurait immédiatement les deux mains coupées. Le roi a juste demandé à Cabral que ses hommes ne se reproduisent pas avec les indigènes qu'ils rencontreront en route. Plus que jamais, alors que ce pays prend de l'importance tout en déplorant une faible natalité, il faut préserver la *limporieza de sangre* — la pureté du sang! On pouvait éventuellement admettre que les forçats qu'il embarquerait, ces *degradados*, une fois leurs missions accomplies, s'installent quelque part en Afrique et deviennent des *lançados*... Mais pas les gens honnêtes qui sont l'avenir de la couronne! En étant nommé, lui et lui seul, Cabral élimine d'emblée de sérieux concurrents de la lignée de ce Fernão Gomez qui s'était engagé à découvrir chaque année quatre cents kilomètres de la côte africaine, en échange de quoi il reversait un pourcentage à la couronne du fruit du commerce avec la Guinée dont il vait ainsi obtenu le monopole. Beaucoup d'or à la clé: de l'or humain également avec les Maures, les Noirs qui reviendront dans les cales...

Lisbonne, 9 mars, 1500

Le port est en fête, les bords du Tage noirs de monde, la ville entière est venue saluer le capitaine en chef d'une flotte de treize navires qui partent, sur les traces du grand Gama, aux Indes. Une véritable escadre, fortement armée. Plus d'un millier d'hommes, marins, marchands, spéculateurs, accompagnent ce

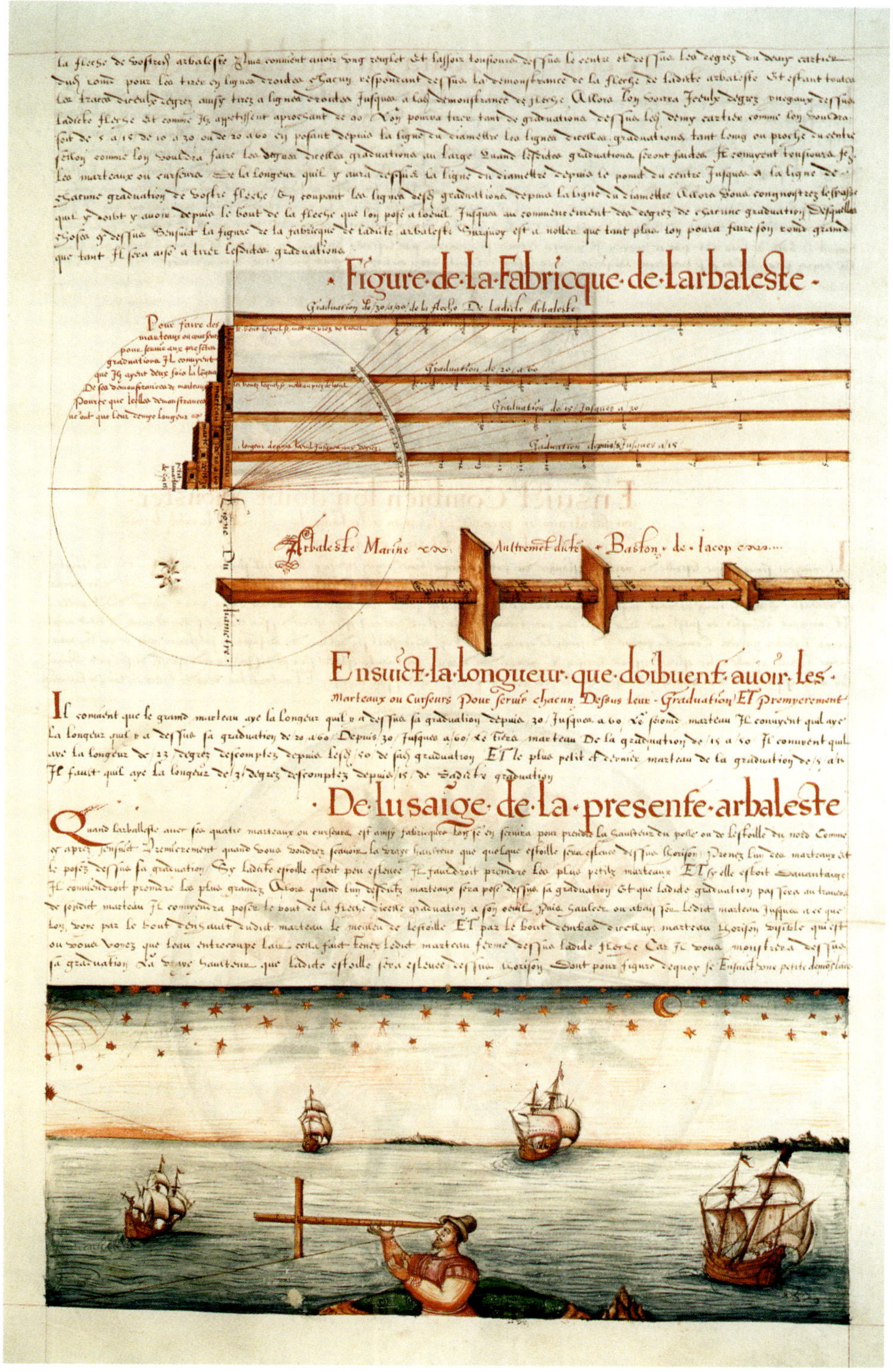

Pour se guider sur les mers, les navigateurs utilisent des appareils astronomiques. L'arbalète permet de mesurer les angles. Enluminure extraite des *Premières Œuvres* de Jacques Devaulx, 1584. BnF, Paris.

qui s'annonce comme l'expédition la plus rentable du royaume : Pedro Àlvares Cabral a pour mission de trouver une route plus rapide encore vers les Indes que celle de Gama, de fonder un certain nombre de colonies sur la côte de Malabar. Bref, de conduire les épices sur la voie royale du commerce du Portugal. De signer des accords entre les marchands indiens et ceux de son pays. De faire la fortune du royaume et la sienne, bien entendu. La sienne, avant tout, pense-t-il. Il faut faire vite, partir maintenant, avant de

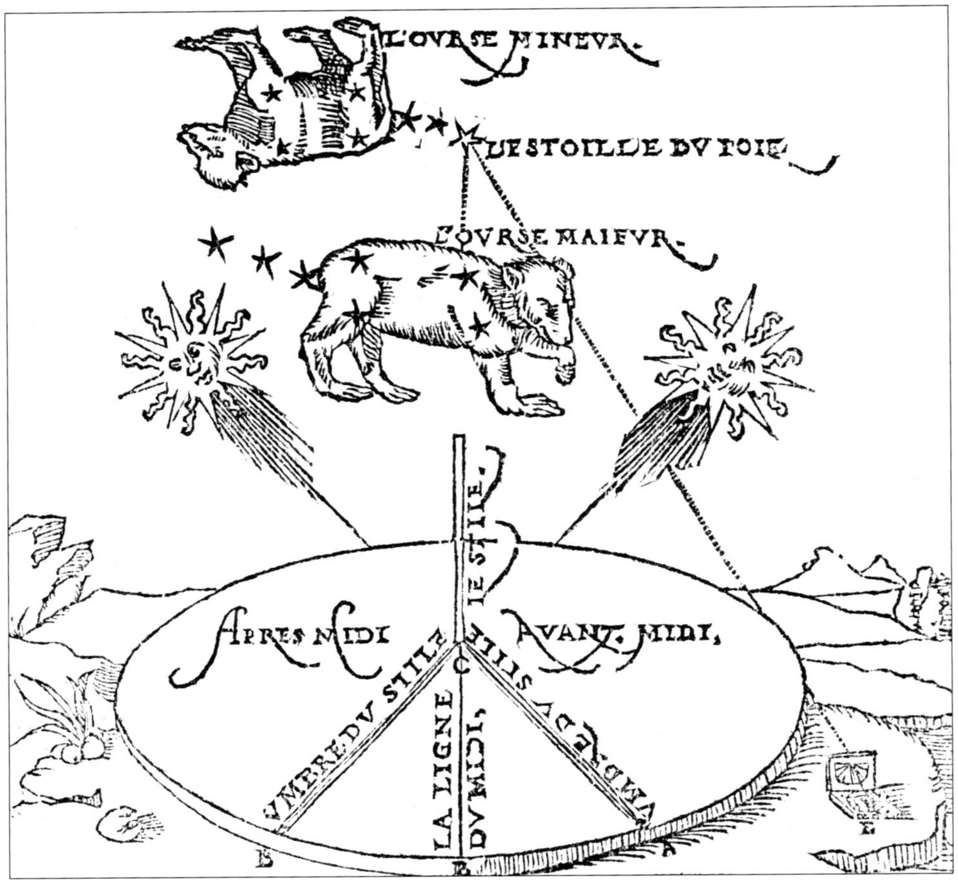

À GAUCHE
L'étoile Polaire, qui guide les navigateurs pendant la nuit.

À DROITE
Un astrolabe, appareil servant à déterminer l'heure en fonction des étoiles. Gravure extraite de la *Cosmographia* de Pietro Apiano, Paris, 1551.

rencontrer l'hiver austral au cap de Bonne-Espérance, avant que les courants ne s'inversent dans le canal du Mozambique.

Avec Dias, qu'il a pris à son bord, ils ont passé presque un mois à réfléchir aux meilleures routes et aux moyens de bien s'orienter. Si Dias est plus intuitif, Cabral est passionné par les progrès de la navigation. Il a, chez lui, une belle collection de compas, de marinettes et de roses des vents. Enfant déjà, son père, accusé par son entourage de pratiquer la magie noire, lui parlait des mystères de cet astre sphérique que l'on nommait Terre. Le vieux Cabral était devenu fou de ces aimants, des propriétés magiques de la magnétite et avait mis très tôt, dans les mains de son jeune fils, une boussole. Dias a convenu qu'il fallait, en plus des compas magnétiques, emporter des aiguilles aimantées de rechange. « Le temps sera mauvais, le soleil se fait rare là-bas, les eaux sont trop profondes pour que la sonde serve à quelque chose, il nous faut donc de bons compas », a assuré le navigateur. Ils sont allés voir un vieil astronome juif qui avait dû quitter l'Espagne et s'était installé à Lisbonne. Abraham Zacuto avait rédigé des tables astronomiques de la première importance, savait construire des astrolabes de grande qualité et n'avait pas son pareil pour déterminer la latitude, partant de la mesure de la hauteur méridienne du soleil, voire d'une étoile. Dias, quant à lui, se méfie toujours de l'astrolabe dont la manipulation fatigue la vue et qu'il trouve difficile à utiliser en mer en raison du mouvement incessant du bateau. Il affirme se contenter d'un bon portulan, fixant le relevé des côtes, donnant la distance à tracer ainsi que le rhumb. Mais plus que tout, il prétend tenir sa science de la connaissance du régime des vents : comment rechercher un alizé favorable, jouer sur les principes symétriques des vents de l'hémisphère sud. Et de ce qu'il appelle, devant un Cabral effaré de tant de légèreté à la veille d'un pareil voyage, la poésie du ciel : « Apprenez à aimer l'étoile Polaire, à suivre la course du soleil, faites confiance à vos éphémérides, à un bon quadrant, soignez vos voiles pour y attirer le zéphyr de l'ouest ou l'aquilin du nord et les oiseaux feront le reste ! »

Toutefois, Dias est ramené, lui, le grand capitaine, au rang de pilote. Mais il est assuré de boire à volonté.

Étrangement, Dias n'a plus soif. Il va, pour la première fois depuis cet été 1488, retourner sur les traces de son frère Pedro et sa gorge est sèche tant l'émotion est vive. Bartolomeu Dias se révèle même autoritaire, il désigne une route, la seule à ses yeux et de mémoire, celle qui longe le continent, la route qu'il connaît et qui lui permettra de se recueillir le long de la côte. Les fameuses bornes de pierre ! Il en oublie la nécessité de réaliser la grande volte et d'utiliser au mieux les vents... Pedro Àlvares Cabral n'attend pourtant de lui qu'une chose : qu'il fasse passer en toute sécurité à la flotte le cap de Bonne-Espérance dont il connaît les dangers et dont il a, comme les autres membres de l'équipage, une peur bleue. Dias insiste pour qu'une fois les Canaries passées, on longe le golfe de Guinée. Cabral se fâche, choisit une autre route, plus large, celle de Vasco de Gama, au milieu de l'océan. Rien à faire du mémorial familial, des larmes versées sur la sépulture marine de Pedro, le frère ! Dias, devant plusieurs officiers, se moque de

La ville de Lisbonne, port de départ de l'expédition de Cabral.
Extrait de *Civitatis orbis terrarum*, par Braun et Hogenberg, début XVIIe siècle.
Bibliothèque Marciana, Venise, Italie.

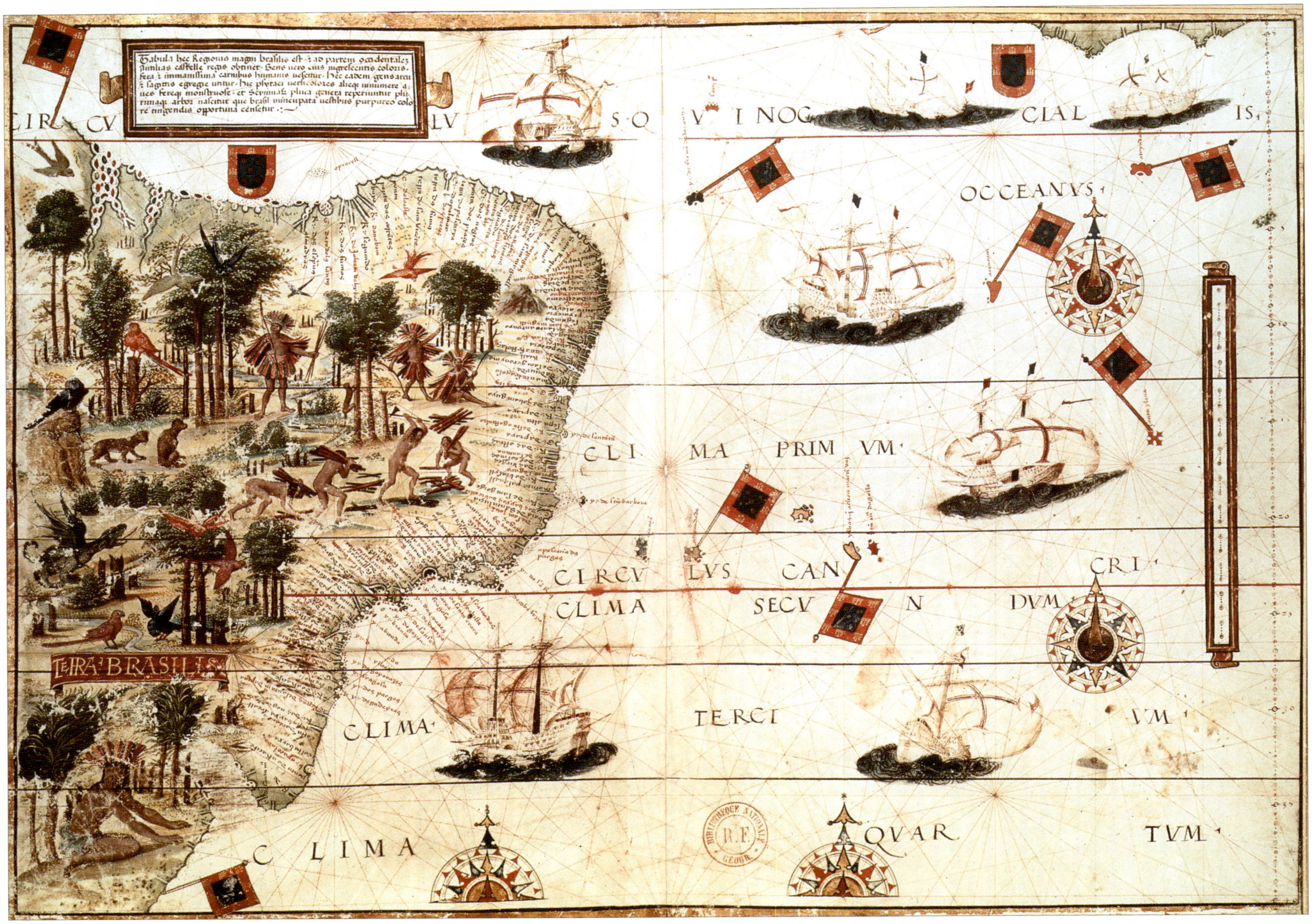

La flotte de Cabral aborde les côtes brésiliennes. Extrait de l'Atlas de Pedro Reinel, début XVIe siècle. BnF, Paris.

la navigation incertaine de Cabral, de son ignorance de la mer et des routes. Les deux hommes, très vite, ne se parlent plus. Dias est isolé, Cabral règne en maître absolu sur les treize navires du roi du Portugal. On laisse le découvreur de l'Afrique moisir dans un hamac. Il se remet à boire, toute la journée, mais garde tout de même un œil ouvert.

Les alizés portent l'escadre très à l'ouest. Sud-sud-ouest après les îles du Cap-Vert. Trop longtemps… Cabral aime la vitesse. Et les vents : ce courant d'air circulaire dans l'Atlantique, ces vents d'ouest à hauteur de l'Europe, les alizés nord-est qui permettent de longer la côte africaine mais pas de la remonter. Avec la route qu'il choisit, il va prendre les vents favorables, effectuer le bon contournement… La caravelle aime cette volte du large. Les vents sont particulièrement violents et donnent à l'expédition une allure infernale. L'homme pressé est heureux, peu lui importe que les navires se battent contre la mer, que les voiles et les mâts se fatiguent jusqu'à se déchirer. Plus vite, toujours plus vite. Si vite que, le 22 avril, une terre est repérée par les vigies du navire amiral. Cabral, sur le pont, lunette à l'œil, comprend son erreur. Ce ne sont pas les Indes. C'est de l'autre côté des Indes.

À bord, le crédit de Dias, même franchement aviné, remonte. On supplie Cabral d'écouter celui qui sait. Il fait mine de comprendre mais ne veut pas s'avouer vaincu. Pour s'assurer les bonnes grâces de Lisbonne, il met pied à terre, baptise ce continent *Terra de Veracruz*, terre de la Vraie-Croix, explore les côtes quel-

Cabral et ses marins débarquent à Seguro, au Brésil.
Par Oscar Pereira da Silva.
Musée national d'histoire, Rio de Janeiro, Brésil.

ques jours, note la présence d'un bois très rouge, le brésil, et détache l'un de ses navires, sous prétexte que le chiffre treize porte malheur. Le treizième bateau a pour mission d'aller porter la bonne nouvelle au roi du Portugal. La nouvelle n'est pas mauvaise, il est vrai. Parce qu'il s'est trompé assez lourdement dans ses calculs, parce qu'il n'a pas écouté Dias, Cabral vient de découvrir... le Brésil. Et de donner cet immense territoire au petit Portugal !

Dias, de nouveau, est invité à la table du capitaine. On l'écoute, on le flatte, on le nourrit, on l'abreuve, car ce 2 mai 1500, l'escadre repart et met le cap sur le sud de l'Afrique. Sans lui, sans son art de la navigation, sans ses calculs, l'expédition se serait perdue dans les immensités de l'Atlantique du Sud. Dias raconte, se raconte. Parle longuement de Diogo Cão qui est mort mais dont il connaît la grandeur. Cabral, soudainement affable, écoute.

C'était il y a plus de quinze ans. Henri le Navigateur était mort depuis longtemps. Mais l'obsession de Diogo Cão était toujours vive, poursuivie par celle de Jean II le Parfait : descendre plus loin le long de la côte africaine, rejoindre un jour les Indes. Diogo n'est pas noble, loin de là. Fils d'un soldat, il commence, à quatorze ans, comme mousse, navigue en Méditerranée, fréquente l'Atlantique. Devenu capitaine, le roi lui confie le soin de créer des comptoirs le long de la côte africaine et d'explorer les rivages du Bénin. Cão n'a qu'une exigence, héritée d'un goût particulier pour les bornes de pierre : sur son navire qui part en

L'armada de Pedro Álvarez Cabral. Livre de Lisuarte de Abreu, 1565. Pierpont Morgan Library, New York, États-Unis.

juin 1482, il place une vingtaine de *padroes*, de très hautes bornes en pierre, gravées au nom du roi, de taille humaine et coiffées d'une croix. Cão se veut l'historien des découvertes, le cartographe de la grande gloire portugaise : une par une, il dresse les *padroes* sur la côte, marquant les estuaires, les caps et gravant dans la pierre le nom du découvreur et la date de l'expédition. Mais Diogo Cão lui-même reconnaît le cap Sainte-Catherine, va plus loin que ses illustres prédécesseurs, déniche en décembre un très vaste fleuve, qu'il baptise Rio do Padrão, du nom de la « pierre levée » qu'il fait immédiatement ériger. C'est le fleuve Congo. Il croit trouver la trace du Prêtre Jean, puis descend plus bas encore, jusqu'au cap Sainte-Marie-l'Angola en août 1483, et dresse de nouveau une de ses fières bornes, avant de repartir vers Lisbonne où il arrive en avril 1484. Un deuxième voyage, l'année suivante, en compagnie d'otages trouvés lors de la première expédition et convertis depuis, lui permet de remonter plus loin le fleuve

Congo, jusqu'à Matadi, puis de descendre plus bas encore le long de la côte, vers le tropique du Capricorne. Des *padroes* marquent à chaque fois ses incroyables découvertes: le cap Negro, puis le cap Cross, à hauteur de la Namibie.

Le récit enflammé de Bartolomeu Dias ennuie passablement Pedro Àlvares Cabral. Ces lèvres humides de vin qui distillent l'épopée d'un des leurs n'en finissent pas de former des phrases pour ne rien dire. Cette obsession des bornes de pierre, ce périple le long de la côte lui paraît d'un autre âge : l'Afrique, c'est terminé, c'est découvert, ou presque. Seule la fortune des Indes lui semble digne d'intérêt aujourd'hui. Dias est un homme du passé, qui se raconte, en racontant Cão. Dias est modeste et Cabral fait mine d'écouter, l'interroge même car il sait que le cap de Bonne-Espérance se rapproche et qu'il doit, quelques jours encore, faire semblant de porter du crédit à son pilote. Et puis Manuel Ier, leur roi, aime Dias. On l'aime à Lisbonne parce que deux ans après Cão, il a dépassé le cap Cross, allant jusqu'à Walvis Bay, baptisant à la pelle, Santa Barbara, Santa Maria da Conceiçao, São Tomé, Santa Vitoria, Santo Estevão, tous ces saints qui eurent droit à un morceau de terre, un promontoire, une baie, et ce malgré l'alizé austral qui freine la course des bateaux. On l'aime vraiment à Lisbonne, comme à bord aujourd'hui. Parce que Dias se veut un héritier, parce qu'il chérit ceux qui l'ont précédé et aide ceux qui le suivent; on l'aime parce qu'il raconte la belle et terrible histoire de la mer – comment tirer des bordées pour éviter les courants et les bourrasques, comment échapper aux vents dominants du sud-est, aller à la rencontre de l'alizé –, parce que lui aussi a planté des *padroes*, au cap Dernberg d'abord, parce que devant les tempêtes qui menacent, il a laissé son frère Pedro à l'embouchure du fleuve Orange pour lui épargner les rigueurs de la navigation, aussi parce que Dias est un incroyable distrait.

La distraction de Dias met l'équipage de Cabral, et Cabral lui-même, d'excellente humeur alors que l'océan se fâche et que le ciel s'assombrit. Car Dias raconte comment, porté par la mer, il a doublé, sans s'en apercevoir, la pointe de l'Afrique ! Le Capitaine de la fin, ainsi nommé parce qu'il a prouvé que le continent africain est une immense presqu'île, se raconte, modestement. Brave homme, pense Cabral, grand marin, mais incapable d'assurer la renommée de ce qui était assurément, il y a quelques années encore, le plus grand des exploits jamais imaginés... Si brave que Dias a continué le long de la côte – étaitil ivre ? se demande Cabral – mais cette fois-ci, du côté de l'océan Indien, plantant ses fameuses bornes, d'abord à la baie de Santo Braz – Mossel Bay –, puis au cap Arrecife, puis à Angra de Roca, aux îles de Santa Cruz et de Chàos, enfin au bord du Rio do Infante. Fou, maniaque des *padroes*, naïf Dias ! Étant sur mer comme sur la lune ! Il a fallu une presque mutinerie à bord pour que son équipage le conduise à faire demi-tour. Et là, surprise divine, Dias raconte comment il a doublé le cap des Aiguilles, véritable terminaison de l'Afrique, puis le cap des Tempêtes, déjà franchi, sans le savoir, à l'aller !

Autour de la table, l'équipage sait ce que Dias a fait mais dont il ne parle pas, lui l'homme modeste, quelles tempêtes il a enduré, voiles au bas ris, quelles chaleurs des tropiques, quel océan glacé, quelles terreurs éprouvées, quelles mutineries évitées *in extremis* tant ses hommes sont épuisés. On murmure que Dias avait embarqué avec lui quatre négresses captives, censées rassurer les indigènes qui se présentaient en route. L'évocation de femmes sur un bateau fait soupirer l'ensemble de l'équipage de Cabral...

Cabral a laissé son pauvre pilote parler. Et donner tort au grand Ptolémée qui prétendait que l'extrémité méridionale de l'Afrique touchait le continent austral. Mais le cynisme reprend ses droits. Cabral n'attend pas de Dias qu'il se contente de réciter ses faits d'armes et charme la compagnie du navire amiral par des histoires de bornes en pierre le long de la côte. Le roi Jean II a beau avoir rebaptisé le cap des Tempêtes en Bonne-Espérance, c'est Cabral, cette fois, qui a peur en voyant la tempête s'annoncer. Dias lui indique le chemin à prendre, précisément, comment manœuvrer au plus près, éviter le naufrage. À peine les indications données, Dias se voit jeté dans une chaloupe, balancé par des flots menaçants, conduit à rejoindre, au péril de sa vie, un des onze autres

Cabral, le premier, franchit le cap de Bonne-Espérance, ce terrible cap des Tempêtes, à l'extrême sud de l'Afrique.

navires qui accompagnent Cabral. Une caravelle réputée pour être dangereuse, à l'assiette déplorable, mal entretenue, la moins fiable de toute l'escadre. Dias ne proteste pas, la compagnie de Cabral lui est insupportable, c'est à peine si quelques officiers du navire amiral s'étonnent du sort réservé à celui qui, par ses conseils, sa science, va peut-être leur sauver la vie.

Dias éloigné de quelques encablures, Cabral respire. Un concurrent éliminé, une ombre à sa gloire future. Il sait que la caravelle de Dias aura le plus grand mal à résister à ce qui se prépare. Il retient son souffle, garde en mémoire ce que le navigateur lui a appris.

Quand ils sortent de la tempête, Pedro Àlvarez Cabral fait ses comptes. Partie à treize navires, l'escadre n'en compte plus qu'un : le sien. Un premier est reparti à Lisbonne, quatre autres ont péri au large du cap de Bonne-Espérance et les sept derniers sont endommagés, se sont dispersés ou ont déjà, devant les rigueurs météorologiques, fait demi-tour. Ils se retrouvent à quatre un peu plus haut au large du Mozambique. Il ne reste plus qu'à filer à travers l'océan Indien fonder les colonies, faire du commerce, enfin. Le 13 septembre 1500, Calicut est abordé mais les marchands musulmans conduisent la flotte à se détourner vers Cochin où s'établira la première colonie commerciale. Il revient à Cabral, devoir accompli, fortune faite, de rentrer quelques mois plus tard à Lisbonne et de se retirer de la cour pour vivre de ses rentes considérables. Sur le chemin du retour, Pedro Àlvares Cabral passe de longues heures, seul, sur le pont à l'avant de sa caravelle. Il ne cherche pas la trace des *padroes* sur la côte, cela ne l'a jamais intéressé ; non simplement, il veut juste jouir de la vue du magnifique cap de Bonne-Espérance et se rassurer une dernière fois en scrutant la surface calme de la mer, à l'endroit exact où l'océan Indien croise l'océan Atlantique, se rassurer en se disant que Bartolomeu Dias, ce génial maladroit, n'est vraiment plus de ce monde. Et que probablement pour la première fois, dans l'histoire inconnue du cap de Bonne-Espérance, des poissons font un copieux repas de chair humaine.

Chapitre IX

Vasco ou la fièvre des Indes

« Moi, Vasco de Gama qui, obéissant à vos ordres, très haut et très puissant Roi mon Seigneur, m'en irai maintenant découvrir les mers et les terres de l'Orient, je jure par le signe de cette croix sur laquelle je pose ma main que, pour le service de Dieu et pour le vôtre, je tiendrai cet étendard toujours déployé et jamais replié, devant les Maures, les Gentils ou n'importe quel autre peuple que je rencontrerai sur ma route.
Et je jure qu'à travers tous les périls de l'eau, du feu ou du fer, toujours je garderai cette croix et je la défendrai jusqu'à la mort. Et je jure de même que, dans le courant de cette entreprise de découverte dont vous me chargez, je vous servirai avec loyauté, vigilance, courage et foi, respectant vos ordres et obéissant à vos instructions. Et ceci jusqu'au jour où, s'il plaît à Dieu, je reviendrai me présenter à Votre Altesse. »

Serment de Vasco de Gama à Manuel Ier le Fortuné, roi du Portugal.

COCHIN, 24 DÉCEMBRE 1524.

Le gouverneur et vice-roi des Indes est pris d'un tremblement ultime. La fièvre est montée de jour en jour, les diarrhées et les vomissements ne cessent plus, une dysenterie fatale, le mal d'abord circonscrit à la nuque s'est emparé de tout le corps, trapu malgré l'âge mais qui semble désormais s'effondrer. Les médecins dépêchés à son chevet ont tout essayé pour le relever : les sangsues, la prise de sang, ils ont même fait venir des praticiens indiens de Calicut et d'autres, musulmans natifs du Malabar, qui ont administré des bouillons, des tisanes, toutes sortes d'herbes pilées, bouillies, mélangées à d'étranges potions. Un marchand chinois de passage a proposé ses petites boîtes, avec des poudres d'insectes, des queues de rats, toutes sortes de gros vers blancs à avaler crus, mais Dom Vasco a repoussé le tout d'un revers de la main. Parce qu'il est le nouveau maître de la route des épices, le malade ingurgite déjà tout le jour et toute la nuit des décoctions faites de poivre, de cannelle, de cinnamome, de clous de girofle et de gingembre. La chambre exhale le camphre, le tamarin et l'aloès ; l'eau de rose également, apportée par les Maures. La douleur l'empêche longtemps de se coucher. Il se tient droit, devant la fenêtre, face à un souffle qui rappelle celui de la mousson, un air chaud, mêlé de senteurs sucrées, d'humidité. La sueur couvre tout son corps, le visage, ce front haut, ce nez si droit. L'opium qu'on lui administre à fortes doses lui permet enfin de supporter la position allongée en même temps qu'il encourage les délires. De son lit, il voit le port, les bateaux-écuries venus d'Ormuz et tirés le long de câbles puissants par des éléphants, il devine des vaches qui s'abritent sous les cocotiers et entend confusément les cloches et les tambours de la ville indienne. Il parle, à lui seul, d'îles enchantées, d'oiseaux dans les vergues, d'étendards hissés, récite une prière, appelle son frère Paulo : des mots confus, des noms d'animaux qu'il convoque en se levant péniblement de sa couche, antilopes, goélands, baleines. C'est au raja qu'il s'adresse dans son trouble, à qui il promet saphirs, émeraudes et topazes. Il s'entoure la tête d'étoffes, de coton d'Inde teint à l'indigo et de mousseline. De cette masse de tissus sortent des sons incompréhensibles, un souffle court, haletant. Des fumées d'encens sont chargées de chasser les mauvaises humeurs. On l'évente, nuit et jour. Il est trempé, tremble, brûle. Deux femmes posent continûment des linges mouillés sur son front, reprennent le refrain d'une chanson indienne et récitent quelques psaumes. Mais le vice-roi des Indes est pris d'une fatigue définitive, c'est ici qu'il veut mourir, non loin du plus grand port du Malabar, cette terre rouge flanquée de hautes montagnes, les Ghats sur les pentes basses desquelles pousse le poivre, avec ses plaines qui donnent le gingembre, et les rivages ourlés de cocotiers, dans ce comptoir qu'il a installé un jour de l'été 1502. Sur cette côte sud-ouest de l'Inde, riche en épices et en cotonnades où boutres, jonques et sampans des quatre coins du monde connu affluent pour échanger. Cuivre, porcelaines, ivoire, écaille, chameaux, laque, riz, benjoin, verre de Venise, alun, rubis et autres pierres précieuses, cuir d'Espagne, tamarin et musc, chevaux de Perse, cornalines et agates, tapis, salpêtre, armes, fruits secs, mercure et vermillon, tout un fatras de merveilles et de valeurs ; l'océan Indien, cette *mare barbaricum* aux mains des négociants arabes, le plus grand marché de la planète. Cochin où s'est déplacé, avec Goa, le commerce des marchands portugais et indiens, le jour où la rade de Calicut fut déclarée peu sûre et mal protégée.

PAGE DE GAUCHE
Jonques dans le port de Cochin. Gravure de Thomas Medland. *A Voyage to Cochinchina*, John Barrow. Stapleton Collection, Royaume-Uni.

CI-DESSOUS
Vasco de Gama découvrit en 1497 la route des Indes par le cap de Bonne-Espérance en contournant l'Afrique. Il y établit le premier comptoir européen, concurrent des marchands arabes.

Il se murmure en ville que le grand et redouté Vasco de Gama n'en a plus que pour quelques heures. Qu'il vient de demander à un fidèle domestique malais de lui apporter le sablier qui lui a servi à compter le temps lors de sa première expédition aux Indes : un sablier de marine, rempli de coquille d'œufs réduite en poudre. Un sablier qu'on retourne toutes les quatre heures, lors des combats maritimes principalement. Et qu'il proteste, demandant qu'on lui apporte le sablier ordinaire, l'ampoulette qu'on inverse toutes les demi-heures, estimant que ce sera bien suffisant, que quatre heures, dans son état, c'est une éternité. Et qu'à la place de la coquille blanche pilée, on mette du marbre noir finement broyé. L'histoire de l'horloge a fait le tour de la ville. Nombreux sont les habitants qui viennent spontanément porter des présents pour son rétablissement : du gingembre de Chine, du poivre de Ceylan et de Guinée, de la muscade et du macis d'Indonésie, des Moluques, de la cannelle d'Inde, de la myrrhe, de l'encens... Quand il apprend la teneur des offrandes, le mourant pousse un immense juron et renverse les deux plateaux qu'on lui présente. Ne lui parlez plus d'épices, pour l'amour de Dieu !

CI-DESSUS
Portrait de Vasco de Gama (1469-1524). Livre de Lisuarte de Abreu, 1565. Pierpont Morgan Library, New York, États-Unis.

PAGE DE GAUCHE
Les navigateurs offrent des cadeaux de pacotille aux indigènes des îles abordées. Gravure de Cochin, XVIIIe siècle. Bibliothèque nationale, Madrid, Espagne.

C'est en indien – chrétien bien sûr – que le vice-roi des Indes se décide à mourir en cette nuit de Noël 1524. À Cochin, dans cette ancienne cité d'un royaume musulman au sud-ouest de l'Inde dont il a contribué à l'effondrement. Là où selon son mot, il a réalisé sa mission : « Chercher des épices, faire des chrétiens. » Lui qui a été si mal accueilli lors de son premier séjour par les autochtones est aujourd'hui aimé et respecté de la population et sa mort prochaine, attendue, provoque des scène d'hystérie collective.

La première fois, c'est il y a vraiment très longtemps, un jour de mai 1498. À Calicut, dans une grosse bourgade de pêcheurs, un port pour être honnête, mais en Inde tout de même, c'est-à-dire une ville plus peuplée que Venise ou Lisbonne et où les ducats de la Sérénissime ne sont pas inconnus dès qu'il s'agit de troquer quelque rubis, saphir ou étoffe soyeuse. Calicut, alors le plus grand marché d'épices au monde, avec ses havres sûrs, ses plages, ses boutiques, ses entrepôts, ses temples et minarets, ses somptueux palais royaux avec jardins. En débarquant au milieu des trompettes et des tambours, Vasco de Gama a béni cette terre, faite de sable rouge et d'herbes si vertes, qu'il foulait enfin. Avec l'émotion qui vient après un si long voyage. À l'éblouissement, le désarroi a succédé. Les cadeaux que son escadre avait apportés au raja, surnommé le Seigneur de la mer, avaient été jugés indignes d'un pays qui se prétendait si riche, si grand, si conquérant ; des présents bien misérables, moins fastueux que ceux qu'un marchand maure ou un pèlerin ordinaire de La Mecque auraient pu faire. Ils ne s'étaient jamais compris, lui et le raja, ne parlant aucune langue commune, malgré les interprètes venus de

Rencontre avec un roi de la côte indienne. Gravure de Schley, XVIIIe siècle. Musée des Arts africains et océaniens, Paris.

Lisbonne. On les avait pris, lui et ses hommes, pour de vulgaires pirates, troquant des verroteries contre de l'or : le Samorin l'avait fait venir jusqu'à lui, sous une pluie battante, monté sur un palanquin, flanqué d'un parasol, il l'avait reçu dans son palais, sur une estrade couverte de velours vert, entouré de notables. Le roi de Calicut avait fière allure, avec sa tiare couverte de pierres précieuses, ses vêtements brodés ornés de rubis et un pagne serré avec un énorme saphir de la taille d'un pouce. Il avait parlé des richesses de l'Inde, du Gujerat, de la côte de Malabar où ils étaient mais où se trouvaient également Goa, Cannanore, Cochin, Kollam, de la côte de Coromandel qui assure le passage avec Ceylan et, enfin, du Grand Bengale, il racontait tout cela en mâchant du bétel et en crachant des jets de salive rouge dans une assiette d'or tendue par un serviteur. Et son majordome n'avait jamais voulu qu'on lui livre ce que Gama avait imaginé comme offrandes : quelques oripeaux, du sucre, des barriques d'huile et de miel, des pots de chambre, de la verroterie. Seul l'or intéressait alors le Samorin. Une lettre destinée au roi Manuel du Portugal et écrite par le raja avait mis fin à ce ridicule malentendu : « Vasco de Gama, gentilhomme de ta maison, est venu dans mon pays et j'en ai été très heureux. Il y a dans mon pays beaucoup de cannelle, beaucoup de clous de girofle, de gingembre et de poivre, et beaucoup de pierres précieuses. Et ce que je veux du tien, c'est de l'or, de l'argent et de l'écarlate. »

Vasco de Gama est revenu en 1502 en amiral de l'Inde : les rajas, mieux disposés, ont accepté que les Portugais ouvrent des comptoirs à Cochin et Cannanore et qu'une première factorerie soit établie. Il est vrai, grâce à l'usage de la force ! Et de quelle force ! Un bateau entier de pèlerins de La Mecque, dépouillé de ses valeurs, et brûlé avec tous ses occupants ; un certain nombre de pêcheurs et de commerçants de la côte du Malabar que Vasco de Gama fit pendre, puis découper en petits morceaux et livrer au raja en lui conseillant d'utiliser ces abats pour un curry ! Une chaloupe pleine de têtes, de pieds et de mains en guise de cadeau : « Je suis venu dans ce port avec de bonnes marchandises pour vendre, pour acheter et pour payer en denrées... Je vous envoie maintenant ce présent, et il est aussi pour votre roi. Si vous voulez notre amitié, vous devrez payer entièrement ce que vous avez pris dans ce port... Et vous paierez en plus la poudre et les boulets que vous avez fait dépenser. Si vous faites cela, nous serons tout de suite amis. » La force paye, pense-t-il, quand on veut briser un monopole et gagner le respect. Francisco de Almeida, premier vice-roi des Indes orientales en 1505, avait agi pareillement, à Ceylan en particulier, en même temps qu'il avait établi un système organisé de

À GAUCHE
Portrait de Francisco de Almeida (1450-1510), premier vice-roi des Indes. Livre de Lisuarte de Abreu, 1565. Pierpont Morgan Library, New York, États-Unis.

CI-CONTRE
Portrait d'Alfonso de Albuquerque (1453-1515), vice-roi des Indes. Manuscrit de Pedro Varretto de Redensa, XVIe siècle.

presas – des prises en courses –, par des corsaires qui lui reversaient un cinquième des butins rapportés.

C'est à Albuquerque, Afonso de Albuquerque, son prédécesseur, nommé vice-roi des Indes en 1509, que Vasco de Gama pense ce soir. Le roi Manuel avait demandé à ce conquistador despotique de fermer les routes de la mer Rouge et du golfe Persique, deux foyers de l'Islam, et de s'emparer du commerce que les Chinois, les Malais, les Siamois, les Arabes, les Bengalais et les Javanais monopolisaient : ordre était donné de ramener de l'or et de l'argent, du bois de Timor, du camphre de Bornéo, des porcelaines de Chine et des épices au prix où on les paye entre les Moluques et Malacca. Le chef de guerre portugais a poursuivi l'œuvre de Francisco de Almeida en obtenant des chefs hindous de construire une forteresse pour protéger le comptoir de Cochin, puis en s'emparant de Goa avec l'aide de quelques pirates et de mercenaires hindous et en en faisant le siège de la colonie lusitanienne. Albuquerque, valeureux et terrible, soumet également Malacca, idéalement située, Ormuz la perle de l'Orient, la toute blanche, ainsi que Calicut, commerce avec l'Éthiopie, la Perse, les États de l'Inde, le Siam, les Moluques, la Chine. Pour s'imposer, il fait preuve d'un grand talent de charcutier des mers : les prisonniers arabes et perses ont la main droite, le nez et les oreilles coupés. Il y a neuf ans ce grand guerrier est mort à son tour, non loin de Goa, la capitale de l'*Estado de Indias*, une ville où il avait forcé ses soldats et marins à épouser les veuves musulmanes des Indiens qu'il avait massacrés la veille. Il est mort sur un bateau, apprenant la disgrâce royale, le discrédit de Lisbonne, mort d'avoir trop fait la guerre, trop fait l'amour semble-t-il également, aux jeunes Indonésiennes qui composaient son cercle rapproché. Albuquerque était détesté des habitants de la côte, tandis que lui, Vasco de Gama, avait réussi à imposer sa fonction et sa personne. C'est donc en grand seigneur – autoritaire, parfois violent, mais respecté – qu'on s'apprête aujourd'hui à l'accompagner dans sa terre adoptive, l'Inde.

Son pays natal, il ne veut plus en entendre parler, lui le troisième enfant d'Isabel et d'Estevão. Gama, un nom d'animal, *la daine*, ses armoiries en témoignent. Un nom commun cependant : quatre autres Vasco de Gama peuplent le Portugal en même temps que lui. Sines, ce petit port du sud du Portugal dont son père est le gouverneur, cette enfance au milieu des chevaliers et des corsaires, ses trois frères, ce goût de l'océan et de ses mystères, cette envie de s'élancer sur la mer et cette passion dévorante, transmise par un vieux juif qui s'est réfugié là, pour la navigation, le calcul et l'astronomie. La musique de son enfance, c'est le grondement de l'océan contre les hautes parois de la citadelle, le roulement des galets, des pierres, cette longue grève qu'il a parcourue, cet appel continu des profondeurs de la mer. Et les récits des corsaires de passage, les exhibitions de singes et de fauves ramenés d'Afrique, les poèmes de Dante qui chantent les eaux du Gange, l'un des fleuves sacrés du paradis, les nefs, les bateaux de pêche, les caravelles qui portent la légende d'une mer qui s'achève sur un immense banc de sable. Le pays des Algarves, vieux reste de l'envahisseur arabe, pour qui Sines est à l'ouest du monde : *al-gharb*. Les Arabes, les Maures, l'ennemi héréditaire c'est aussi une obsession, une partie de leur héritage. Il est « allé aux Maures », par tradition, pour la reconquête – la *reconquista* – comme tous les jeunes de son âge. Mais c'était il y a longtemps – il est né, croit-on, en 1468 – et depuis, le pays l'a déçu, lui qui avait tant rêvé, devant les planisphères à peintures représentant le monde connu, d'en faire un immense empire, le plus grand de tous. Ce roi, Manuel Ier, qui l'a envoyé le 8 juillet 1497 avec quatre nefs à voiles carrées découvrir la route des Indes, ce roi si austère, vêtu de noir, à qui il a offert au péril de sa vie et de la vie des siens un royaume immense, une fortune considérable ; Manuel Ier qui s'est autoproclamé à son retour « Seigneur de Guinée et de la conquête et de la navigation et du commerce d'Éthiopie, Arabie et Inde » ; ce roi pour lequel il a traversé des tempêtes de mousson, essuyé des fièvres, des hostilités, le scorbut, la dysenterie, la faim et les angoisses ; ce roi qui, après l'avoir fait premier amiral de l'Inde de l'histoire du monde connu, l'a éconduit, laissé, lui et ses successeurs, près de vingt ans dans la disgrâce la plus absolue parce qu'il a eu le malheur d'émettre quelques critiques sur sa manière de conduire les affaires du royaume en Inde. Ce roi est mort aujourd'hui, Jean III vient de lui succéder. Il a fait de lui le vice-roi des Indes, mais le nouveau souverain incarne toujours un pays aussi minuscule qu'ingrat, aussi peu peuplé – un million de sujets – qu'arrogant ! Ce pays, le Portugal, qui depuis la conquête de l'Inde est plus riche que Venise et Gênes réunies, qui défie l'Espagne ; cassant les monopoles, les cours des épices, cédant le poivre à Lisbonne cinq fois moins cher que dans la Sérénissime ; s'installant au nord également, à Anvers, là où le poivre et les épices sont si recherchés, menaçant une fois encore Venise. Ce petit pays chrétien d'Europe qui a brisé la *Careira de Indias*, la route de l'Asie, des épices, des soieries, de l'or et des pierres rares qui passaient autrefois par le golfe de Perse, la mer Rouge, les Échelles du Levant et qui viennent maintenant garnir jusqu'à la gueule les greniers des riches fortunes de Lisbonne et de Porto. *Estado de Indias*. Un pays qui l'a banni de Sines, de cette maison qu'il se faisait construire et où il n'habitera jamais. Certes, il a fait fortune. S'il a conduit dans l'embouchure du Tage la plus grande cargaison d'épices jamais prise aux Indes – plus de mille cinq cents tonnes ! –, il n'a pas manqué de prendre sa part. Sans parler du camphre, des perles, des étoffes, de l'aloès et du bois brésil, revendus à bon prix pour se faire une rente.

Aujourd'hui, à Cochin, veillé par ses fils et par un vieux marin de Lisbonne qui avait fait le voyage avec lui, il y a vingt-cinq ans, des côtes du Mozambique à celles du Malabar, le vice-roi des Indes a décidé de mourir. Il vient de rentrer au pays, le vrai, l'Inde, vingt ans après l'avoir quitté pour la dernière fois, un pays qu'il connaît mal finalement, où il n'a fait qu'aborder deux fois, c'est là qu'il veut dire adieu aux vanités du monde, c'est pour cela qu'il a lutté au cours de cet ultime voyage en mer. Vingt ans qu'il n'avait pas quitté sa terre natale ! À cinquante ans, ce voyage l'a épuisé : l'amiral, le comte, le marin rompu aux techniques les plus subtiles du combat naval, le

La côte africaine, longée par Vasco de Gama pour gagner les Indes.

DE GAUCHE À DROITE

Gingembre. Dessin de Georges Dionysius Ehret, 1757. The Stapleton Collection.

Poivre de Guinée. Gravure coloriée d'Elizabeth Blackwell. *A Curious Herbal*, 1757. Bibliothèque des Arts décoratifs, Paris.

Noix muscade. *Drawings of Plants from Malacca*, 1805-1818. Royal Asiatic Society, Londres, Royaume-Uni.

Poivre noir. *Drawings of Plants from Malacca*, 1805-1818. Royal Asiatic Society, Londres, Royaume-Uni.

vice-roi s'est fait accompagner par deux de ses fils et treize navires derrière le vaisseau amiral, portant tous la bannière rouge de l'ordre du Christ. Une messe dans la cathédrale de Lisbonne a proclamé Vasco de Gama *Almirante de India*. Il a, une dernière fois, cédé son manteau d'hermine et de satin contre une tenue de marin et, à bord du *São Jeronimo*, a quitté Belém sous les salves et les tintements des cloches. La mer a été hostile au large du cap de Bonne-Espérance, puis, malgré un calme plat en apparence, les bateaux ont été violemment secoués, une secousse qui vient du fond des eaux, et de plus loin certainement, de la terre qui tremble. Des reliques ont été jetées dans les vagues pour conjurer les dieux courroucés. À l'arrivée, quatre navires manquaient, Vasco s'en souvient encore, comme d'une blessure profonde. À Goa, il a trouvé du réconfort grâce à l'accueil que la population lui a réservé, les fanfares qui saluent *l'Almirante do Mar indico*. Mais du désordre aussi, de la corruption, des pots-de-vin. Il a fallu nommer un nouveau commandant de la citadelle, rétablir les comptes, les mœurs dissolues de la colonie, interdire les jeux d'argent, réduire le nombre de fonctionnaires portugais. Faire preuve d'autorité souvent, de dureté parfois, constatent ses détracteurs.

C'est la nuit de Noël et dehors il entend la foule qui se rassemble à la nouvelle de son proche trépas. Il se souvient de ces nuits si longues passées sur mer, de ce craquement des coques, de ce silence de l'océan. Il a soif, comme il a eu soif pendant des mois lors de ces traversées ; une odeur de pourriture pareille à celle qui venait des cales, l'odeur de la mort envahit ses narines jusqu'à provoquer un hoquet violent, l'étouffement. Sur une chaise, un grand manteau, celui de l'ordre du Christ, est posé : il sait que ce sera son linceul, sa dernière parure, avec une ceinture dorée et une épée. Sa route est aujourd'hui terminée, une dernière fois, par la fenêtre de sa chambre, il regarde cet océan qui l'a bercé de tant de douceurs et de tant de douleurs mêlées et s'échappe au regard de ses contemporains. Ses yeux se ferment, son visage devient de cire, seule cette épaisse barbe aujourd'hui toute grise, cette barbe qu'il n'a jamais coupée depuis vingt ans, semble vivante. Dans sa tête, au moment de mourir, il exécute un dernier prodige de navigation, une large boucle vers les rives d'Achéron. Une dernière volte, *volta do mar largo*, la plus belle, lui, Vasco de Gama, comte de Vidigueira, qui est passé maître dans l'art de contourner les routes pour gagner les bons vents. Et par l'amour des Indes...

L'Inde, les Indes. Tout est Inde en cette fin de XVe siècle. L'Inde est à la mode et Pétrarque la chante. Colomb vient de découvrir les Indes, mais elles sont occidentales, c'est le Nouveau Monde, c'est

Scène de marché à Goa, en Inde, où Vasco de Gama aborde, après un voyage difficile, le dernier qu'il effectua. Gravure extraite de la *Navigation* de Hugo van Linschoten, XVIIe siècle.

l'Amérique. Ce sont les « petites Indes » si on les compare aux Indes de l'Afrique, ou encore aux Indes de Vasco de Gama. Cette partie du monde, au-delà du cap de Bonne-Espérance, les « vraies », les « grandes » Indes, celles qui ont donné son nom à cet océan magique, le troisième du monde par la taille, familier des Maures et des Barbaresques, bercé d'Islam. Des Indes du chaos quand Gama les aborde pour la première fois en ce printemps 1498, comme ces moussons et ces vents incessants qui les balayent depuis toujours, ces cyclones qui ferment, d'est en ouest, l'accès du cap de Bonne-Espérance tout l'hiver tant ils sont redoutables : hindous et musulmans se déchirent, le sous-continent est aux mains de potentats régionaux, descendants de castes, de dynasties militaires, Tamerlan et ses soldats mongols ont laissé un souvenir cuisant dans le sultanat de Delhi, les Sikhs font leur apparition. Cent millions d'habitants au total que cette Inde, cent fois la population du Portugal ! Sur la côte fertile du Malabar, les commerçants musulmans sont les vrais rois. Jusqu'à ce que les Portugais, Vasco de Gama en tête, viennent leur arracher leur monopole.

Gama, lorsqu'il quitte la plage de Restelo, à côté de Lisbonne, le 8 juillet 1497, jour de la Vierge, sait ce que l'aristocratie dont il est issu attend de lui qu'il fasse du Portugal le plus grand pays du monde. Il en mesure la folie, appliqué à une si petite nation. Gama n'aime ni naviguer longuement sur la mer ni les nausées et les vertiges qu'elle provoque chez lui, mais sa musique est dans sa tête, ses parfums, les algues et le brai de la coque noircie, le mouvement des vagues, tout lui est familier. Le départ est à l'image du défi : procession des prêtres, des officiers, de Vasco et de son frère, avec leurs tuniques sans manches, des jeunes mousses avec leurs pourpoints rouges, cierges allumés à la main, litanies chantées par la foule pour tous ceux qui partent ou ne reviendront pas, larmes versées par le peuple devant les canots dans lesquels montent les marins. Des hommes se jettent tout habillés dans les eaux étincelantes du Tage pour les accompagner. Toute la nuit, ils ont prié à Notre-Dame de Belém, dans cette église érigée par l'infant Henri, pour administrer les sacrements et l'absolution accordée par une bulle pontificale. La bannière royale est hissée tandis que les

Région de Tangalle, au Sri Lanka (Ceylan). Après l'interminable voyage, la tranquille beauté d'une plage bordée de cocotiers.

sifflets et les cymbales des musiciens de bord règlent les manœuvres, font se déployer les voiles. Les capes de velours noir des pilotes s'agitent. Bientôt le vent chaud du large, le soleil brûlant, aveuglant, sèchent les larmes de ceux qui n'ont plus que la mer d'étain et le ciel comme horizon. Des cartes, précieusement roulées, sont placées dans la cabine du capitaine et la chambre basse du château arrière ainsi que les nouvelles tables de déclinaison et les instruments de navigation, les astrolabes de bois de trois empans de diamètre et les compas. De grandes bornes en pierre surmontées de croix ont également été portées à bord par une vingtaine de forçats, condamnés à mort, qui restent là pour servir d'éclaireurs à terre pendant l'expédition. Les *degregados* remboursent ainsi leurs crimes, souvent de sang. Trois prêtres enfin ont embarqué, à la demande de Gama.

Il a longuement parlé à Bartolomeu Dias dont les récits de la circumnavigation de l'Afrique sont une référence, il lui a parlé si longuement qu'il l'a convaincu d'embarquer, un bout de chemin, à bord du *São Gabriel*, tandis que son frère, Paulo de Gama, commandera le *São Rafael*. Deux navires à gréement carré, voiles latines, trois mâts et faible tirant d'eau, ne dépassant pas les cent cinquante tonneaux et vingt mètres de longueur. Deux nefs à haut bord, avec des coques arrondies et de magnifiques figures de proue réalisées dans le meilleur bois du Portugal. Deux noms d'archanges pour ces capitaines des voiles qui ont fait monter à bord deux autres membres de la famille Gama, Diogo et Bastiano. Le roi Manuel a fait un rêve : celui de deux frères qui partiraient du Portugal et découvriraient les Indes. Il a cherché longtemps le *capitão-mor* et son frère qui pourraient

conduire l'escadre des Indes. Vasco et Paulo, deux jeunes *fidalgos*, célibataires endurcis, marins expérimentés, se sont présentés. De Vasco, on ne craint que les colères, terribles, même si son autorité est un gage de réussite. Deux autres bateaux les accompagnent, l'un qui les éclaire, une petite caravelle, cinquante tonneaux au maximum, le *Berrio*, dirigée par Nicolau Coehlo, un bon pilote que Vasco apprécie ; l'autre, piloté par un ami de Gama, Gonçalo Nunes, qui conduit les vivres pour les quelque cent soixante-dix hommes en partance. Une grosse barque de deux cents tonneaux. Barriques de vin, d'eau, d'huile, viande séchée, féculents, biscuits, sucre. Miel également. Des vivres, ils en ont pris beaucoup, comme monnaie d'échange, persuadés que le voyage pourrait durer longtemps. Trois ans peut-être. Mais le dernier bateau n'a pas de nom, du moins connu par l'Histoire : il est certainement destiné à être brûlé en route. Car tous les hommes ne rentreront pas, c'est sûr, et il faut des bras pour commander les deux principaux navires. L'escadre file, bien menée au vent. Gama, sombre, observe les trois barbiers chirurgiens qui, entre deux petites interventions pour soigner les premières blessures dues aux mouvements des vergues et aux chutes, jouent aux cartes : il sait que, bientôt, la vie de l'équipage sera entre leurs mains. Que tel ou tel qui manœuvre dans les voiles, s'agite auprès des boutres, ne sera demain plus que corps disloqué. Que la mort embarquera également, avec son cortège d'éclaireurs, les maladies, la vermine et les punaises. Il entend, au fond de la cale, le tintamarre que leurs mascottes, trois chats et une belette, font déjà pour chasser des sacs de vivres éventrés les premiers rats de cette traversée.

La caravelle de Vasco de Gama, 1497. *Livre nautique ou des armadas*, manuscrit portugais du XVIe siècle.

Il durera deux ans, ce voyage. Dias, à ses côtés, est un pilote d'exception. Sans amertume de ne pas avoir été choisi pour gagner les Indes, lui qui avait franchi le cap des Tempêtes et ouvert la voie du bel océan : il sait qu'il est un homme du peuple et que Gama est aussi bon guerrier que marin ou diplomate, mais surtout qu'il est noble. Bon marin, cependant ! Et pressé ! Il faut aller vite, pour s'épargner les icebergs de l'hiver austral qui peuvent remonter jusqu'au cap de Bonne-Espérance, pour précéder la mousson dont on rapporte les méfaits. La houle est bonne. Les nefs filent, vont au vent. Chaque soir, un *Salve Regina* résonne sur les navires, on raconte la vie des martyrs chrétiens pour préparer les marins à de plus grands sacrifices, les chapelains s'emploient à convaincre les hommes les plus inquiets que Dieu et tous les saints du paradis veillent à leur bonne aventure. L'escadre s'est quelque peu dispersée, mais sait, grâce aux tirs de bombardes qui crèvent le silence de cette navigation et les feux de poudre qui déchirent la nuit africaine, qu'elle marche de conserve. Sur chaque navire, un homme est préposé aux horloges dont il retourne régulièrement le sable. Mesure infidèle mais qui leur fait croire que le monde, le temps est régulier tandis qu'ils affrontent l'inconnu. Quatre jours durant, le *São Gabriel* disparaît, mais Vasco de Gama est devant et attend son frère, Dias et le bateau de vivres. L'île de Santiago apparaît enfin et avec elle l'archipel du Cap-Vert. C'est l'heure de quitter Dias qui s'en va commander la forteresse de Jorge de Mina, sur la côte de Guinée. On charge les dernières provisions, on repart. Dias se détache bientôt de l'escadre et laisse le *capitao-mor* poursuivre son œuvre, par-delà le cap de Bonne-Espérance. Gama tente le tout pour le tout après le cap Vert : une première dans l'histoire de la navigation que cette immense *volta*, une courbe très large qui lui permet de prendre les vents de terre de la côte américaine, de caresser le Brésil et de filer à un degré à peine du cap de Bonne-Espérance : la baie de Sainte-Hélène. Génie de l'esquive, pari sur un trajet plus long mais plus rapide. Les hommes sont tous à la voile, ils contournent la mer Ténébreuse, évitent le « pot au noir » dans le golfe de Guinée mais s'aventurent dans le grand gouffre de la haute mer. Quatre mille kilomètres pour relier les Canaries aux Bahamas, six mille et quatre-vingt-treize jours de navigation pour faire la route entre les îles du Cap-Vert et le cap de Bonne-Espérance.

À bord, la vie de l'équipage s'organise tandis que les archers et autres arbalétriers jouent aux cartes sous le pont. Ils mangent et boivent, ces soldats de fortune, moins que les autres : leur *canada*, la ration du jour, est de moitié car ils sont inactifs. On ne les voit guère, ni eux ni les bombardiers, car les manœuvres leur sont interdites, réservées aux jeunes matelots qui s'activent dans les voiles, la mâture, avec les cordages, pompant régulièrement l'eau embarquée. La nuit, des peaux de bêtes leur tiennent vaguement chaud, sur le tillac. Vasco de Gama, dans sa chambre haute du château de poupe, règle ce ballet, choisit les routes, fait surveiller de près les *degregados*. Avec une rose des vents en forme de corps d'homme, l'*Almirante* s'oriente : au nord la tête, au sud les pieds, à l'est et à l'ouest, les bras.

Un jour, en plein midi, des voix se font entendre sur le pont. Les marins ont bu trop de vin. Contre le grand mât, là où sont stockées les barriques d'eau douce, un homme est à terre, recroquevillé, la figure ensanglantée. Les volailles et les moutons embarqués font un bruit épouvantable. Ce jeune mousse, déjà privé de ration pendant trois jours par Gama pour avoir manqué à la discipline, a tenté de voler un peu de beurre salé, un demi-pot de miel et du pain. L'officier de bord l'a frappé avec un grand compas en acier, le gamin semble inconscient. Gama, intraitable, ordonne une nouvelle punition. On le relève, on lui assène trois coups de fouets secs sur le dos, il se réveille à la vue des pots à feu, des braises qu'on fait rougeoyer sous ses yeux exorbités : quatre marins l'encerclent, s'emparent de lui, avancent sa main droite et la posent quelques longues secondes sur le feu. Hurlements. S'ajoutant à l'odeur du sang d'une chèvre qui a été sacrifiée le matin même et dont les abats traînent encore sur le pont, l'odeur de chair brûlée donne aux plus sensibles l'envie de vomir. Gama regagne la chambre du capitaine et s'agenouille devant son petit autel domestique.

Les alizés, la chaleur, les paquets de mer, les embardées sur de hautes vagues alternent et épuisent

·S· graviel

Vasquo da gama,

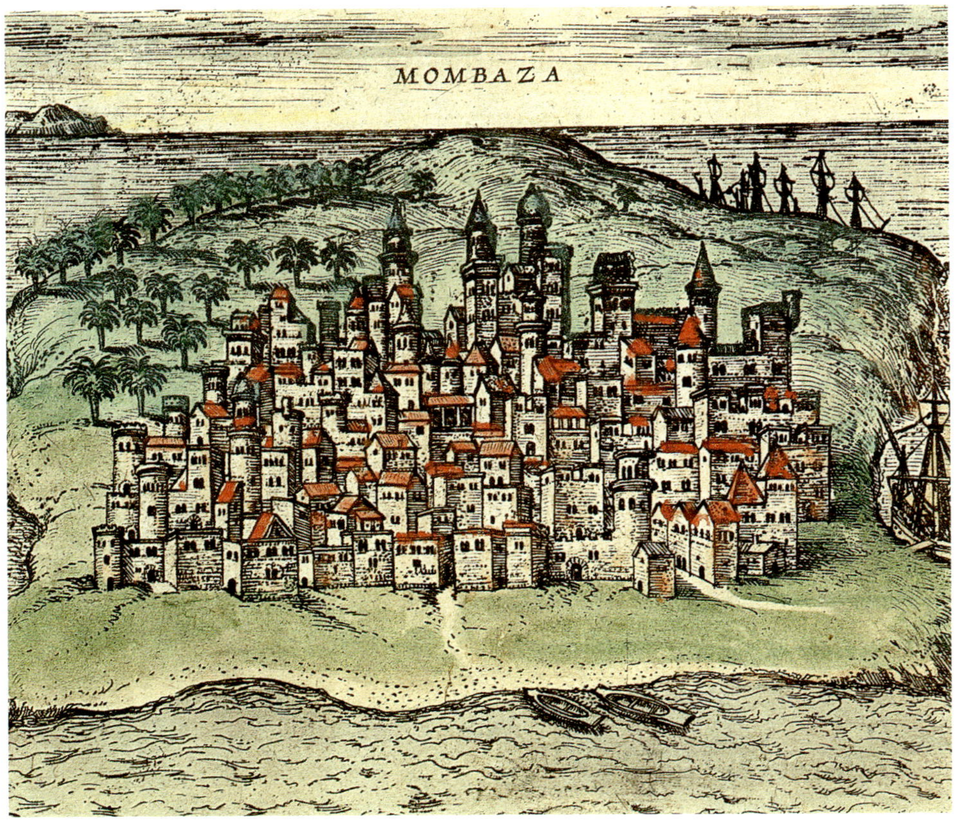

Le port de Mombassa au Kenya. Gravure coloriée du XVIIe siècle. Musée de la Marine, Lisbonne, Portugal.

lentement l'équipage. Bientôt, Gama interdit les jeux de cartes qui conduisent souvent à des rixes et les remplace par des concours de prières, dotés, pour le récitant le plus assidu, d'un verre d'eau croupie. Lentement la pourriture gagne le vaisseau, les rats grignotent, grossissent, la viande fraîche est consommée, la vermine fait son nid dans les fèves, la fièvre s'installe dans le corps des hommes. La dysenterie enfin : un marin rend l'âme en hurlant devant ses camarades blêmes, brûlés de soleil, assoiffés. C'est le corps gangrené du mousse à la main brûlée qu'on jette par-dessus bord. Vasco de Gama assiste, impassible, à la scène tandis qu'une prière est entonnée par l'équipage.

Intraitable, le *capitão-mor*. Il sait qu'il faut aller au bout de la volte, gagner les vents d'ouest qui permettent de se rabattre sur le cap de Bonne-Espérance. La mer, peu à peu, s'anime, et paradoxalement l'espoir monte à bord. Les nuits, de plus en plus longues, n'en finissent plus. On s'active, il faut pomper régulièrement, tant on embarque de mer, l'air se refroidit, les voiles se tendent, les vagues grandissent tandis que les nefs sont entourées de poissons volants, d'algues, de baleines et de phoques qui annoncent la proximité des terres. Averses glacées, mer déchaînée. C'est la côte enfin. Vasco de Gama vient de gagner un pari impossible. Après quatre mois et demi.

Le cap est allègrement franchi, bientôt la flotte remonte la côte orientale de l'Afrique, y croise quelques indigènes, souvent agressifs, trouve un des *padroes* de Bartolomeu Dias. Après, c'est l'inconnu, l'inexploré. La fameuse légende des récifs aimantés qui attirent au fond des gouffres les navires montés avec des pièces métalliques... La mer pourtant, de noire, devient turquoise, des courants chauds apparaissent, un peu de douceur, un air traversé de parfums d'épices. Il est temps, si l'on veut filer plus vite, de brûler le navire de ravitaillement, de transporter les vivres qui restent à bord des trois autres navires et de compter l'équipage. De compter les vingt absents, jetés par-dessus bord parce que la vie les a quittés. Avec le mât d'artimon du navire détruit, les hommes taillent une grande croix qu'ils dressent à leur tour sur la terre africaine en guise de *padrão*.

Le rivage est magnifique, presque hospitalier. Ils s'arrêtent à la vue des troupeaux dont ils font bon usage, en capturant ça et là un bœuf tout noir. La recherche du vent les contraint à tirer de nombreux bords. Une fois la brise revenue, ce sont les vagues, sèches, cassantes, qu'il faut affronter au grand large. Les bateaux souffrent, le mât du *São Rafael* se fend, il faut réparer tant bien que mal. Enduire un peu plus la coque usée d'une couche de brai. Un soir de Noël vaut à cette partie de littoral de l'océan Indien le nom de *Natal*. Vasco convoque alors tous les pilotes de l'expédition avec leurs cartes et instruments de navigation et fait jeter le tout par-dessus bord : il sait qu'ils rêvent tous de repartir dans l'autre sens, mais que privés de leurs repères, ils ne seront plus tentés par une mutinerie telle qu'elle se prépare. La deuxième *volta*, destinée à s'écarter de mauvais courants, échoue. Calme plat et vents violents alternent et minent le moral. Une brève étape leur permet de manger quelques poules et de passer une nuit à terre. Mais la mer, infestée de requins, les reprend, afin de profiter des vents favorables du moment. Les bateaux glissent le long de la côte, apercevant au large les masses trapues des hippopotames, et quelques troncs d'arbres qui ne sont en réalité que des crocodiles. La côte africaine n'en finit pas et les hommes sont épuisés. On s'arrête quelques jours pour réparer les voiles, les vergues, consolider les mâts et faire provision d'eau fraîche. Les corps se dessèchent, les punaises montent aux cordages tandis que la vermine gagne, sous les chemises. Tout l'équipage se gratte, jusqu'au sang. Vasco, lui aussi, est écorché vif, son corps brûle. La lune, brillante, les rend fous, une fois la nuit venue : ils scrutent dans le ciel noir la trace des étoiles, des galaxies, les signes astrologiques. Ils essayent, à la couleur des eaux, à la variété des algues, de se repérer. L'eau noire, enfin, celle des orages, des tempêtes, des lames qui se découpent au près comme au loin. Il n'y a pas d'autre choix que de s'arrêter de port en port pour solliciter le concours d'un pilote qui connaîtrait le chemin des Indes. Partout, à Mozambique – dont les habitants « aux cheveux rissolés et courts » parlent « tout à la manière que les muletiers chassent les mulets au royaume de Naples » – comme à Mombassa, l'accueil est détestable. À coup de frondes et de volées de pierres, souvent. Pour gagner un porc, deux poules, quelques chèvres et une bonne provision de citrons, on risque sa vie. Les nefs sont encerclées par des barques dont les hommes, armés de poignards et de dagues, leur parlent en arabe, leur proposent des figues et des dattes, avant de les insulter et de les attaquer. Quelques sagaies empoisonnées fusent en guise de saluts, de longues flèches partent d'arcs maniés par de petits hommes. L'escadre s'égare, Vasco de Gama cherche la route, il tente de comprendre le régime des vents et des courants, on le voit hésiter des heures devant les cartes. Le *São Rafael*, poussé par un vent fort, est conduit une nuit sur de hauts-fonds et le reflux le met à sec. Le temps d'accoster sur une plage et de négocier des oranges douces avec quelques indigènes. L'équipage est proche de l'épuisement, les vivres, qu'il a fallu décharger, manquent, les vivres frais surtout, car ils ont dû abandonner le navire qui les transportait. Tous les membres de l'équipage ont perdu du poids, vingt kilos pour certains, ils sont blêmes, leurs gencives gonflent, ulcérées, noires comme le charbon, leurs dents se déchaussent. Au début, on compte celles qui tombent, puis celles qui restent. Bientôt, ces bouches édentées se taisent, effarées. Elles ne peuvent plus croquer la chair des noix de coco dont on vient de découvrir l'existence. Le scorbut ne les quittera plus désormais.

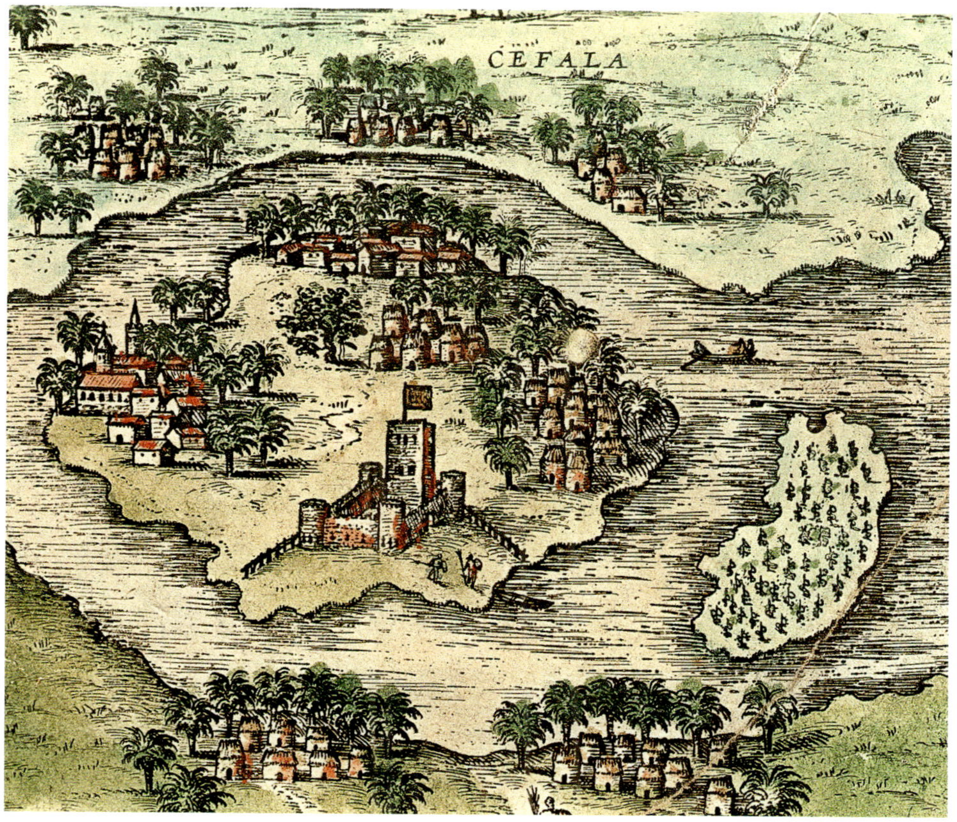

La ville de Cefala au Mozambique. Gravure coloriée du XVIIe siècle. Musée de la Marine, Lisbonne, Portugal.

Il faut s'arrêter, une fois encore. Panser les plaies. Une vingtaine d'hommes ne tiennent plus sur leurs jambes, leurs muscles sont atteints, leurs cuisses enflent jusqu'à éclater, leurs membres sont couverts de pustules. Ils s'étouffent et crachent le sang. Leur haleine est infecte, celle de la chair qui se décompose. Il ne reste plus qu'à les jeter par-dessus bord, car le voyage aux Indes est bel et bien terminé pour eux. On ouvre le corps de l'un d'entre eux, pour comprendre : un jus infect s'en échappe par litres, les poumons sont tout secs, blancs, le cerveau putréfié, le foie et la rate, noirs. Bien que recrutés par deux pour assurer la continuité de leurs missions, les artisans, forgerons, tonneliers, calfatiers et charpentiers sont les premiers à mourir, ouvrant la voie aux musiciens de bord. Quand l'équipage n'est pas décimé, il est terrifié, Vasco leur

Carte du golfe du Bengale et de l'Inde. Détail d'un portulan du XVIe siècle. Bibliothèque Marciana, Venise, Italie.

promet des merveilles, sans y croire totalement, et leur demande une dernière faveur : remonter plus au nord vers le port de Malindi qu'ils atteignent le 14 avril 1498. De loin, ils voient des Maures faire briller au soleil leurs boucliers et leurs poignards aux lames recourbées. Qu'importe, on accostera, mais plus loin, sur une autre plage. Les prêtres s'emploient à calmer les frayeurs des marins en évoquant leurs frères dominicains et franciscains qui ont traversé les mers et sont revenus chanter les louanges de Dieu. Par un hasard extraordinaire, le sultan local est de bonne composition, il les reçoit en grand apparat, robe de damas et turban. Mieux encore, l'un des meilleurs pilotes de l'océan Indien, arrivé il y a quelques jours d'Ormuz, un *mu'allim kanaka*, un maître de navigation et astronome, Ahmad Ibn Maajid, se trouve en ville. On va le chercher sur un bateau qui lui sert d'auberge, une immense embarcation de plus de cinq cents tonneaux, à la coque calfatée de laque, avec ses voiles travaillées à partir de palmes. Près de quatre mille kilomètres pour atteindre le sud de l'Inde, assure-t-il ! Gama l'interroge sur la durée de la navigation, s'attendant au pire. Maajid procède alors avec ses doigts à un décompte étonnant : trois fois, il ouvre ses deux mains, trente doigts, trente jours... Trente jours pour gagner le paradis ! L'équipage, ou plutôt ce qu'il en reste, fait ses comptes : plus de neuf mois qu'ils sont en mer et autant certainement pour regagner Lisbonne. Les Indes paraissent soudainement un havre bienvenu. Maajid entend naviguer à sa manière et mesurer les étoiles avec trois planchettes de bois animées par une petite corde à nœuds. Mais plus rien ne leur paraît absurde, à eux les marins portugais. Ni cette carte que le pilote arabe dissimule à leurs yeux mais que Vasco a aperçue : un tracé très précis des côtes africaine et indienne, avec des lignes, des parallèles, des méridiens. Ils partent le 24 avril.

Vingt-trois jours suffisent finalement à Maajid pour conduire Gama et ses hommes, le 18 mai, devant Cochin, puis à Calicut deux jours plus tard. Le voyage leur a volé leurs dernières forces, une mer violente, un ciel assombri, des orages. Puis, soudainement retrouvée, l'étoile Polaire qui apparaît dans le ciel et redonne espoir. Vasco a pu, avec Maajid, échanger quelques informations. Sur le rythme des moussons d'effets contraires, de l'Afrique vers l'Inde, de Chine vers l'Inde encore... Sur Ormuz, les rives de la mer Rouge et du golfe Persique que Maajid rejoindra avec la mousson du nord-est et où des milliers de chameaux attendent leurs cargaisons d'épices qui partiront vers Alexandrie, Beyrouth... Sur les ports importants que le *mu'allim* a visités, d'Aden à Canton, sur les marins malabars, gujaratis, bengalis... Sur le giroflier à Amboine et Ternate, le muscadier qui ne pousse qu'à Banda, sur l'archipel indonésien, les Moluques... Mais plus la côte indienne se rapproche, plus Maajid, préoccupé, se refuse à parler, même en arabe, à l'interprète qu'ils

Le débarquement de Vasco de Gama à Calicut. Tapisserie des Flandres illustrant la conquête des Indes par les Portugais, début du XVIe siècle.

ont trouvé à Malindi. Lorsqu'ils atteignent Calicut, Maajid disparaît brusquement.

Au port de Calicut, le monde entier se presse et se partage pierres précieuses, poudres d'épices et soies d'Orient : Malais, Perses, Arabes, Indonésiens, marins venus de Ceylan dans cette principauté marchande qui doit sa réputation au sublime poivre du Malabar. De Chine, d'Afrique, du Moyen-Orient, les navires se retrouvent là, abrités des moussons qui s'annoncent. De froid au début, l'accueil devient glacial. Les marchandises d'échange que proposent les Portugais sont une insulte pour le Samorin local. Gama n'obtient rien, ou si peu, quelques épices, mais reconnaît la côte et comprend, très vite, qu'il lui faut partir, sous peine d'être molesté, lui et sa compagnie.

La compagnie, c'est un bien grand mot ! Tout au plus quatre-vingts hommes, dont la moitié sont malades, à commencer par son frère Paulo de Gama, incapable de commander son bateau. Le *São Rafael* est sacrifié, brûlé, faute de marins. On se réfugie sur les deux nefs restantes. Quant à Maajid, il a disparu, séduit par d'autres et de meilleures affaires. Sans sa science et sa conduite, la route de l'océan Indien est mille fois plus périlleuse. La faim et la soif se font horriblement sentir. Vasco se réfugie sous les voiles, à l'ombre des bastingues. C'est trois mois, en raison de vents contraires, qu'il faut aux deux derniers navires pour retrouver le sultan de Malindi qui les approvisionne en fruits et en eau potable. Les oranges, consommées en grande quantité, semblent faire leur effet contre les attaques du scorbut. Paulo, dont le corps s'est couvert de longues plaques noires et dont les dernières dents sont tombées au passage du cap de Bonne-Espérance, paraît reprendre un peu de forces. Le vent se tait jusqu'à ne plus souffler, ils sont encalminés de longs jours au large de l'Afrique. Puis la tempête reprend, furieuse, sans qu'on sache de quel côté attendre le vent tant il tourne. Les hommes

La côte africaine que Vasco de Gama a longée pour atteindre les Indes.

s'attachent avec des cordages, car tout, dans ces bourrasques, s'effondre, tout se casse. Les plus forts d'entre eux sont à la pompe tant les vaisseaux font eau de toutes parts. Un matin, devant les îles du Cap-Vert, les jambes de Paulo de Gama refusent de bouger et le grand gaillard s'effondre, mort, dans les bras de son frère.

Août 1499, Lisbonne

Deux bateaux approchent de l'estuaire du Tage. Cinquante-quatre hommes seulement sont sur les ponts. Des cadavres, animés d'un peu d'émotion à la vue de ce port familier. Des cales presque vides. Près de quarante-cinq mille kilomètres dans les voiles. Le plus long, le plus éprouvant des voyages au pays des Merveilles. Le *capitão-mor* est accueilli en héros national et l'on donne des corridas, des fêtes dans tout le pays. Le roi n'est plus seulement « roi de Portugal et des Algarves, d'au-deçà et d'au-delà de la mer en Afrique, et seigneur de Guinée », mais maintenant « seigneur de la conquête, de la navigation et du commerce d'Éthiopie, d'Arabie, de la Perse et de l'Inde ». Gama sait qu'il a gagné la gloire ; tracé la route des Indes, de Lisbonne à Goa, de Goa à Malacca et au-delà, dans les Moluques, à Java, à Bornéo, en Chine, au Japon ; volé à un *mu'allim* imprudent le chemin ancien qui relie l'Afrique à l'Inde ; justifié qu'on ne longe plus la côte africaine mais que l'on pratique la *volta*, compris le phénomène des moussons qui permet de traverser l'océan Indien. Il sait qu'il a coiffé à jamais les Espagnols et maté les marchands arabes. Désormais le Portugal a gagné la bataille des épices, de la porcelaine et de la soie et devant lui s'ouvre une époque inouïe de puissance et de richesse. On parle sa langue à Sofala, Mombassa, Ormuz, Socotra, Calicut et Ceylan. Mais Gama sait qu'il a perdu son frère, que le Portugal, aussi grand soit-il, ne le lui rendra pas et qu'il lui faut apprendre à vivre en héros fratricide. Il sait qu'un jour il lui faudra revenir sans Paulo dans cet enfer qui le fascine, lui l'*Almirante*, le contemporain d'Érasme et de Machiavel, revenir à Cochin pour y goûter une dernière fois la chair du cédrat, celle de la noix de coco, loin de Sines, et si près de la mort qu'il finira par y succomber, de guerre lasse.

Chapitre X

Moi, Ahmad Ibn Maajid, marin de Mahomet

« La considération est pour celui qui voyage et le mépris pour celui qui reste à demeure. »

Proverbe arabe

MON JOURNAL. J'ÉCRIS cette *rilha*, un journal, genre à la mode car, bien que peu lettré si je me compare à des savants comme le très regretté Ibn Battuta, je crois connaître un certain nombre de choses sur la mer, la côte de Malabar, les océans et le monde et je pense important de les consigner tandis que notre empire, qui dura des siècles, un millénaire et plus, connaît sa fin. J'écris comme le *kâtib*, le secrétaire de chancellerie, de la prose. Je laisse la sublime poésie aux plus grands que moi. J'en ai écrit mais elle n'est pas bonne. De moi, on retiendra plus tard mon *Kitab al Fawa'id* parce que c'est le meilleur guide sur la mer qui nous environne. J'ai écrit trente-trois autres traités sur la navigation. Et aujourd'hui en décembre 1504, selon le calendrier chrétien que j'utilise pour me faire comprendre de l'autre côté de l'Arabie, je viens d'écrire mon testament en forme de *rilha*.

Le lion de la mer en furie

On m'appelle ainsi ! Je connais, il est vrai, la mer Rouge si bien, depuis si longtemps ! Si je suis un lion, je suis le quatrième car, avant moi, trois autres géographes ont marqué à jamais leur temps. Je les nomme : Muhammad Ibn Sadan, Sahl Ibn Aban, Layt Ibn Khalan. Si quelqu'un me succède, à supposer que notre place, à nous les marins arabes, soit toujours là, ce sera nécessairement Süleyman al-Mahri que j'ai formé à notre science et qui n'ignore rien des replis de la mer et des plissures de la voile. Quand je serai mort, j'aimerais que mes marins, devant la mer déchaînée, récitent une sourate du Coran, la première de préférence, en pensant à moi, Ahmad Ibn Maajid, mort, ivre d'alcool, sur son bateau à la dérive.

Boire

Je bois de l'alcool, malgré le Prophète qui nous l'interdit. Mais je ne bois que depuis ce malheureux jour où j'ai conduit le Portugais et sa flotte à travers l'océan. Je bois pour qu'on m'oublie et pour ne pas voir mourir ce monde, notre empire sur lui et nos ports si nombreux, des deux côtés de la mer.

La mauvaise mousson

Je quitte Ormuz, ma presque ville natale – car je suis né à Djulfar, un port également, dans la péninsule d'Oman –, ce jour de décembre et je la quitte à dessein en cette saison qui est la plus mauvaise, où la mousson d'hiver est censée ramener les bateaux des Indes vers chez moi plutôt que le contraire. Toute ma vie de pilote, j'ai observé la mousson comme on observe le jeûne, avec scrupule. Mais c'est le privilège des vieillards qui ne tiennent plus à la vie que d'inverser le rythme des choses et des vents.

Ormuz

Enfant, j'ai souvent traîné sur le port et j'ai passé des heures à regarder nos marchands qui échangeaient du bois d'aloès, du camphre, du gingembre, du diamant, du bois de santal, du cristal de roche, de l'ambre, du musc... Et les articles manufacturés de Bagdad : bibelots, soies, bijoux ! Des ballots entiers, en échange, qui avaient traversé la mer de Chine, le golfe du Bengale, la passe de Malacca. J'ai vu entre mes mains pour la première fois des épices : de la cardamome, des clous de girofle, de la muscade. Et j'en ai tant vendu aux marins qui venaient des grandes villes, de l'autre côté : Venise, Gênes, Alexandrie... En leur mentant toujours sur les origines de ces merveilles. Le secret, c'est notre force. J'en ai souvent ri avec les propriétaires des praos de Malaisie et des jonques qui apportent chez moi le camphre et l'opium dont l'Europe fait grand usage. J'aime Ormuz, ma ville d'aujourd'hui, qui est la plus chaude de toutes, tant le soleil ne désarme jamais. Mais j'aime

PAGE DE GAUCHE
Bateau et navigateurs arabes.
Makamen de Abu Muhammed al-Khasim Hariri, Bagdad, 1237.
BnF, Paris.

CI-DESSOUS
Ahmad Ibn Maajid a navigué durant huit mois pour atteindre Canton. Parti d'Ormuz, il est passé par l'océan Indien, les Maldives, le sud-ouest de l'Inde, Ceylan et le détroit de Malacca.

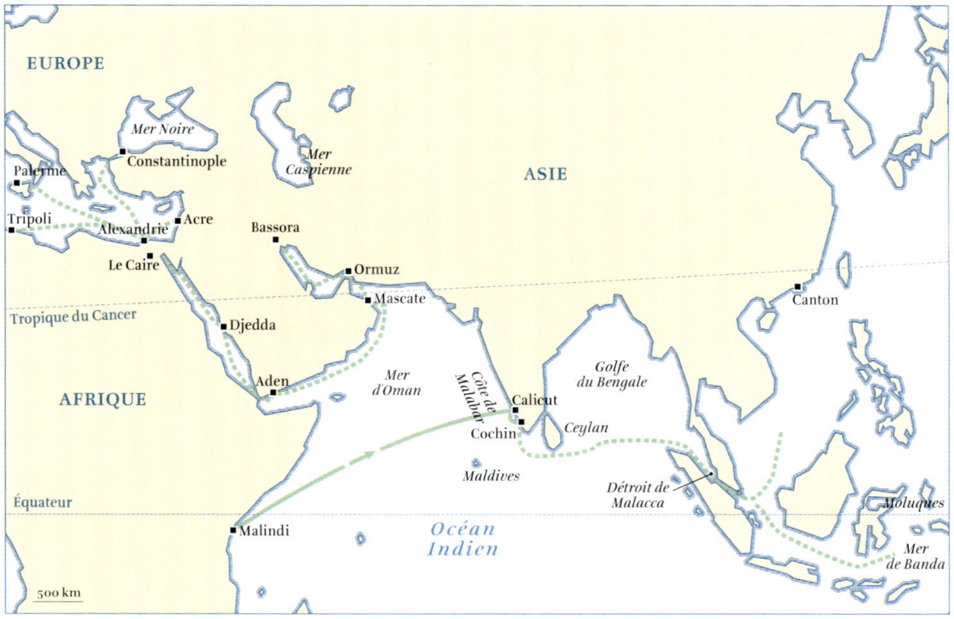

La récolte du poivre.
Miniature persane.
BnF, Paris.

aussi Siraf, l'île de Qays, Mascate ou Aden qui sont ouvertes sur la mer. Je me souviens du premier bateau que j'ai vu arriver dans notre port, pliant la voile de misaine, laissant tomber sa grande voile et jetant l'ancre. C'était, je crois, ce que l'on appelait alors un *foulk* : un navire cousu et enduit de poix, un navire hauturier, avec deux mâts d'inégale hauteur, penchés en avant et fixés par des haubans, un petit mât de beaupré et une voile de foc à la proue. Le pilote m'a fait monter à bord, m'a montré comment on manœuvre la voile rectangulaire avec les drisses, m'a fait visiter la cale, les étages. Il m'a dit que l'équipage comptait seize hommes et que l'un d'entre eux venait de mourir de chagrin parce que sa femme et ses enfants s'étaient noyés et que je pouvais le remplacer. Je ne sais pas encore pourquoi, cette fois-là, j'ai refusé.

Ce que j'ai appris à l'école

Dans ma *madrasa*, j'ai appris tant de choses, tant de dates qui sont notre fierté et que je retranscris là, comme tous les moments de l'histoire, selon l'ère chrétienne. 1187, le grand Saladin prend Jérusalem. 1198, Averroès, notre cher philosophe, meurt à Marrakech. 1207, Alep et Venise signent un traité de commerce et Mombassa devient, sur la côte de l'Afrique, un grand comptoir arabe. 1325, Ibn Battuta, géographe, entame son grand voyage, se trouve en Inde entre 1335 et 1341, puis en Chine en 1346, et retourne à Fès trois ans plus tard. En 1355, il écrit son grand livre, son *Journal de route*.

J'ai aussi appris les mathématiques et l'algèbre grâce à un maître qui avait étudié en Inde, et beaucoup d'astronomie.

Comment j'ai appris à être un bon
mu'allim kanaka, *maître de navigation*
C'est un vieux maître de la navigation qui m'a tout enseigné, surtout à ne jamais perdre son bateau sous peine d'être puni de mort par Allah. Il m'a montré comment conduire sa voile latine et son gouvernail arrière. À me méfier des clous dans les coques et à toujours fixer les planches avec des tresses de coque de noix de coco. À naviguer au plus près des bancs de coraux.

Différentes sortes d'embarcations
Dans ma vie, j'en ai vu des bateaux ! Les nôtres, d'abord, les *baggalas*, ceux de Mascate, de deux à trois cents tonneaux, bateaux de caravanes, maniables et rapides, avec deux mâts, deux grandes voiles trapézoïdales, une coque en teck de Malabar, couverte d'un mélange d'huile de coco et de résine, avec leur arrière élevé et très décoré et un avant bien élancé. Le *Beden safaï* de Mascate, un voilier de pêche au thon, dix mètres de long, une voile trapézoïdale, arabe, un long gouvernail. Le *carabo* avec sa coque quatre ou cinq fois plus longue que large, le *dhow*, boutre arabe à voile latine et longue proue effilée. Nous sommes pauvres en bois, il faut aller en Syrie le chercher, au Gujarat, faire venir des nattes des Indes, de l'écorce du fruit du cocotier des Maldives. Ainsi fabriquons-nous nos bateaux. Mais les navires des autres aussi font notre admiration, les praos malais, à balanciers, les grandes jonques de Chine, tous les boutres de l'océan Indien qui remontent bien au vent, n'ont pas peur des vents de sud-ouest chargés de nuages, de brume et de pluie et de cette houle qui toujours nous rejette le long de la côte de Malabar. Mais si tous nos bateaux sont différents, il est vrai que tous se plaisent sous le ciel étoilé du golfe d'Aden et de la mer d'Arabie.

Bagdad
C'est dans la ville où régnait, il y a sept siècles, le grand calife de la dynastie des Abbassides, Harun al-Rachid, que j'ai lu pour la première fois *Les Aventures de Sindbad*. C'est quand Bagdad a été créée, en l'an 762 de l'ère chrétienne, sur la rive gauche du Tigre, que nous sommes devenus les plus forts. C'est alors que Schéhérazade conte au roi Chahriyar, de la cinq cent trente-septième à la cinq cent soixante-sixième nuit, les sept voyages de notre Sindbad, le marin. J'aime en Sindbad l'idée qu'un brave commerçant puisse vouloir faire sept traversées cauchemardesques, cette obstination à passer du négoce à l'errance, ce goût du naufrage à répétition. Plus d'une fois, il m'a fait rire : je l'aime quand il se retrouve sur un baquet de bois qui sert à laver le linge, quand l'île mouvante disparaît dans les eaux, quand il est rejeté par la mer sur une plage. Je me dis parfois que nous nous ressemblons, lui et moi, et que nous avons visité les mêmes pays, les mêmes mers. Lui comme moi près de quarante-cinq années en mer, soixante années de carrière nautique au total. Son premier voyage, deux ans, Sumatra, la Malaisie. Le deuxième, un an et demi pour Madagascar et Bornéo. Le troisième, Bornéo et Java en trois ans. Six ans pour le quatrième voyage qui le mène à Sumatra, à Java, à l'archipel des Cocos. Deux ans seulement pour aller, lors du cinquième voyage, en Afrique, en Somalie, aux Comores et aux Maldives. L'Inde, Ceylan, le golfe Persique occupent les trois années du sixième voyage. Du dernier, il faudrait en parler des heures, tant il a duré d'années : vingt-sept au total pour parcourir, il est vrai, la Chine et le Japon. Nos destinations, souvent, se sont croisées. Quelques siècles nous séparent seulement ! Mais tant de minarets nous rapprochent ! Car partout, dans les plus grands dangers, lui comme moi avons trouvé du secours venant de nos frères, les adorateurs du Prophète !

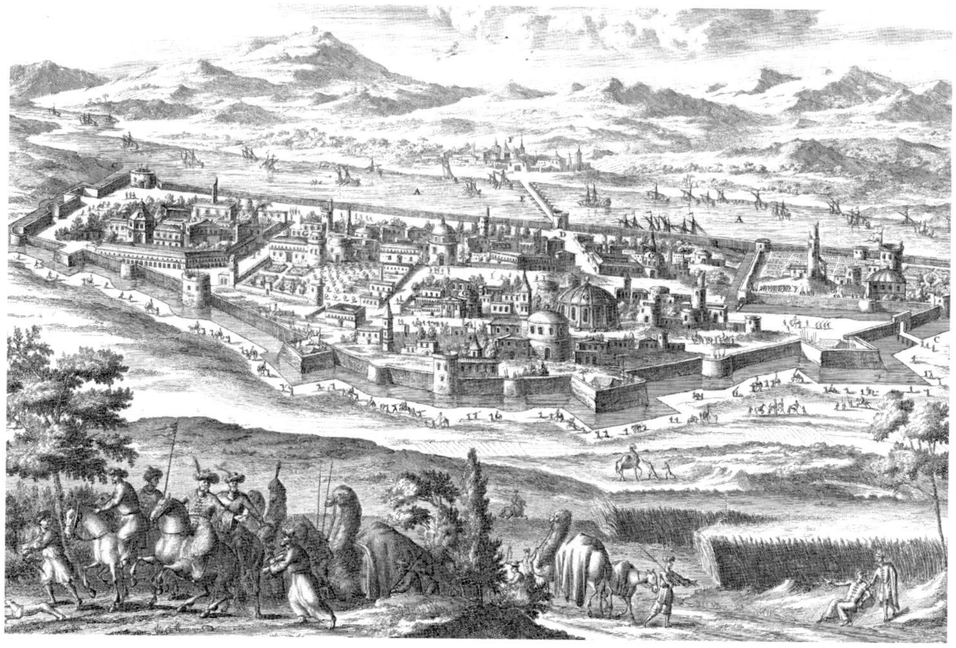

La ville de Bagdad.
Gravure du XVIIe siècle.
Coll. privée.

DE GAUCHE À DROITE
Les voyages de Sindbad le Marin.

Le quatrième voyage de Sindbad.
Gravure extraite de *The Arabian Nights*, 1895.
Coll. privée.

Sindbad embarquant sur son navire.
Gravure extraite de *The Arabian Nights*, 1895.
Coll. privée.

Les bateaux de Sindbad, au cours de son dernier voyage.
Gravure extraite de *The Arabian Nights*, 1895.
Coll. privée.

Bagdad, encore

C'était une ville si riche, si bien située du temps de Sindbad qu'elle tient d'un côté la Méditerranée, de l'autre l'Orient extrême. Le pouvoir en était fort et ses lettrés savaient où était La Mecque et fréquentaient Bayt al-Hikma, la Maison de la Sagesse, faite par Adb Allah al-Ma'mun, le successeur de Harun al-Rachid. Aujourd'hui la ville est sale, ses canaux ne sont pas entretenus, je préfère Le Caire qui est la plus victorieuse avec ses puissants Mamelouks. Les Karimis du Caire contrôlent Djedda, Aden, Mascate, Ormuz, travaillent avec les négociants d'Inde, les musulmans, et vont jusqu'en Chine. Tout passe par eux et le sultan d'Égypte est le plus grand épicier du monde. Mais toutes nos villes sont également grandes. Malacca est une autre Mecque avec les Mapilli. Et tous les roumis sont obligés de passer par Ormuz, chez moi, car je contrôle tous les voyages avec l'Inde occidentale, avec Calicut et Cambay, nous avons nos correspondants à Mascate et Aden, nos pirates sont les rois de la mer d'Érythrée, c'est-à-dire de la mer Rouge et de l'océan Indien. Mais l'Inde aussi est gigantesque, malgré ses principautés, Gao est grande et vénère le Prophète et immense également est l'Empire des Séfévides à Tabriz, tout comme La Mecque et Médine.

Méfions-nous de Constantinople

Cette ville est très puissante, avec les Turcs, depuis le sultan Mehmed II, et son commerce excellent tout comme ses artisans sont réputés. Les ivoires, l'orfèvrerie, les émaux, les perles, les tissus brodés d'or... Ils ont eu un empereur qui était fils d'un charpentier et constructeur de bateaux. Mais je m'en méfie tout de même, je crains leurs bateaux, les grands dromons, qui ne viennent guère par ici.

Comme Sindbad

Comme Sindbad, je chante la mer houleuse, l'océan briseur de navires « profond domaine où celui qui entre est considéré d'avance comme perdu, et où celui qui sort ne peut que s'estimer le bénéficiaire d'une seconde naissance ».

Comme Sindbad, mon océan entre en fureur et se flagelle de ses vagues, comme lui j'amène la voile, je mets en panne, comme Sindbad, les vents me déroutent vers les îles aux hommes velus et sauvages, comme lui le mât de mon bateau se brise, mes passagers sont

projetés à la mer, comme lui je m'accroche à une poutre, faisant force de rames à l'aide de mes jambes, « entraînées par les vagues et par le vent, tout un jour et toute une nuit ».

Comme Sindbad, je voyage à bord d'un vaisseau superbe qui a pourtant fait naufrage, comme lui, exposé au péril de la mer, naufragé perdu sur une île, j'attends la délivrance, comme lui, livré à la tyrannie des flots, je suis « au beau milieu des récifs à fleur d'eau, fatals à tout navire qui a le malheur de s'en approcher », comme lui, j'escalade le mât afin d'orienter la voile, je sombre sur le rivage jonché d'épaves de navires, d'ossements, de corps calcinés...

Comme Sindbad, je suis au bout des mers du monde, la zone climatique des rois, dans ces eaux dont « les poissons gigantesques qui les peuplent et qui surgissent sans prévenir du fin fond des flots, engloutissent les plus puissants vaisseaux avec tout ce qu'ils ont à bord », comme lui, je fais mon dernier adieu, agrippé à une planche de salut, et je me dis : « Ô Sindbad, ô Marin, quand te repentiras-tu, quand renonceras-tu à ces voyages ? À chaque fois, tes peines et tes souffrances sont telles que tu en viens bien vite à regretter d'être parti, et tu jures de ne jamais plus embarquer sur la vaste mer ! Mais tu te mens à toi-même jusque dans ton repentir, car c'est, au fond, de ton plein gré que tu vas au-devant de tous ces tourments dont tu sais parfaitement qu'ils te feront souffrir ! »

Bassora

C'est un port vraiment admirablement placé, avec de très bonnes installations, à la rencontre du Tigre et de l'Euphrate. Dans ce delta, Chatt al-'Arab. Il ne reste plus rien du très beau navire tout neuf de Sindbad ni du chantier naval qui l'a vu se construire. Nous avons quand même fait des progrès, nous les Arabes, depuis le temps où nous circulions en *kalak*, vulgaire radeau construit avec des poutres croisées, un peu de jonc pour le sol, posé sur des outres pleines d'air et entouré de cordages.

Mon bateau

De partout, on voit ma voile en forme de triangle, tous les ports connaissent mon boutre avec sa coque de teck. Quand je menais d'autres bateaux, on me reconnaissait aussi, à ma manière de commander. J'ai conduit des bateaux indiens avec quatre mâts et des chambres pour les marchands, un bazar, un barbier et une salle pour les blanchisseurs. Une fois, mais une fois seulement, un capitaine chinois m'a laissé conduire sa jonque à douze voiles lattées avec du bambou et pourvue d'immenses rames comme on n'en connaît pas ici.

Avons-nous besoin de boussoles ?

Certains d'entre nous ont de beaux cadrans pour mesurer le soleil, et des globes. Moi, je me suffis du *kamal* que mon père m'a offert avant de mourir et d'un peu de bois et de ficelle pour calculer mon point grâce à une étoile. Les roumis l'appellent le *Tavoletas da India*. Parfois, lorsque le ciel est trop noir et voilé, j'utilise une aiguille magnétique qui flotte sur l'eau et nous donne la direction de La Mecque. Mais la boussole ne m'a jamais été d'un grand usage, même si les jonques l'apprécient beaucoup. Un peu d'ail et d'oignon à bord et l'aimant perd son magnétisme ! Je préfère notre bonne vieille rose des directions et la navigation à latitude constante dont on sait qu'elles

Un navire arabe, semblable à celui d'Ibn Maajid. *Makamen* de Abu Muhammed al-Khasim Hariri, Bagdad, 1237. BnF, Paris, France

permettent de traverser directement la mer d'Oman, le golfe du Bengale et plus généralement les grandes étendues d'eau. Nous avons, nous, à Ormuz, l'habitude de compter les mesures d'angles en autant d'*isba*, sachant qu'il en existe deux cent vingt-quatre dans un cercle.

Parole de Baïlak al-Kibdjâki

« Les capitaines qui naviguent dans la mer de Syrie, lorsque la mer est tellement obscure qu'ils ne peuvent se diriger, prennent un vase rempli d'eau qu'ils mettent à l'abri du vent. Ils y jettent une aiguille enfoncée dans une cheville de bois ou dans un chalumeau en forme de croix. Ensuite, ils prennent une pierre d'aimant assez grande pour remplir la paume de la main, l'approchent de la surface de l'eau, impriment à leur main un mouvement de rotation vers la droite, en sorte que l'aiguille tourne sur la surface de l'eau. Ils retirent ensuite leur main subitement, et l'aiguille, par ses deux points, montre le sud et le nord. »

Ptolémée

Je lis souvent son livre et j'y trouve toujours, douze siècles après qu'il l'a écrit, autant de vérités. Je ne sais pas s'il dit vrai en assurant que l'Afrique et l'Asie se rejoignent, ni qui d'Idrisi ou d'al-Biruni a raison. J'ai lu aussi Masoudi, qui est mort en Égypte et a été jusqu'à Madagascar et en Chine, mais également Ibn Fatima, Ibn Said. Les traités d'al-Farghani et d'al-Battani m'ont beaucoup appris sur notre ciel et notre terre. Abu Zayd et Süleyman, ou plus tard le géographe Ibn Khaldun, en savent énormément sur la mer et le trajet de la soie. Nous avons, nous, de grands génies que j'admire. De grands voyageurs, et bien entendu le plus grand marin omanais : Abu Ubaida Bin Abdullah Bin al-Qassim, qui va d'Oman à Canton, fait plus de sept mille kilomètres. C'était, ce long voyage, il y a sept siècles.

Mon père

Avec lui, j'ai voyagé un peu partout. Jeune, il était contremaître, inspectait le bois des coques et allait souvent, sur les bords de l'Euphrate, travailler sur un gisement de bitume qui servait à calfater les bateaux avant leur départ. Il est devenu un grand *mu'allim* comme son père l'était également. Il m'a fait lire de grands auteurs : Ahmad Ibn Tabruyeh, Muhammad Ibn 'Abd al-Rahman, Hawasir Ibn Yusuf qui ont été importants pour comprendre la géographie et la science des mers.

Le Prophète

Même le Prophète aime à voyager, lui qui va de La Mecque à Jérusalem et qui, auparavant, avait pratiqué le commerce de l'encens et de la myrrhe sur de nombreuses pistes. *Sâfara*, en arabe, signifie voyager mais aussi dévoiler. Chez les brahmanes, naviguer était interdit, aussi avons-nous conquis leur côte au Malabar. Le Coran nous parle d'Allah : « C'est Lui qui a placé pour vous les étoiles dans le Ciel afin que vous soyez dirigés dans les ténèbres sur la terre et les mers ! » J'ai fait trois fois le *hadj* pour demander la clémence du ciel lorsque je navigue.

Les chrétiens sont des chiens

Souvent, j'ai croisé leurs grandes nefs, montées par Venise, avec des centaines d'hommes et de chevaux, comme des châteaux forts, trapues, hautes sur l'eau, leurs deux mâts à voile latine et je savais qu'ils allaient à Jérusalem chasser mes frères les Arabes. Souvent, je me suis dit : allez-y, et dépensez tout votre or et votre argent pour acheter les marchandises que vous ne savez pas, sans nous, acquérir. Vous paierez doublement nos taxes pour gagner vos plaisirs ! Chiens de chrétiens, vraiment ! Vous avez pris Jérusalem et même les juifs, qui parlent tant de langues ! Mais nous avons tout repris, et Saladin est grand !

Ibn Battuta

J'ai beaucoup lu celui qui a voyagé pendant plus de trente ans et écrit si bien : Abû 'Abd Allah Muhammad ibn 'Abd Allah, communément nommé Ibn Battuta. On comprend bien, avec lui, comment nos vaisseaux et nos chameaux ont relié la mer et la terre pour transporter la soie et les épices, comment cette immense caravane qui a édifié notre fortune est faite d'eau salée et de poussière de sable mêlées. Nos chameliers ont peur sur la mer, moi j'ai la nausée lorsque je grimpe sur leurs animaux !

القرآن ثمّ وأبعد أساطير تلاها وزخارف جلّاها وقال اركبوا فيها بسم الله مجراها
ومرساها ثمّ تنفّس تنفّس المغرمين أو عباد الله المكرمين وقال أما أنا

CI-CONTRE
ET PAGE DE DROITE
Une caravane en marche. Illustration des *Séances de Hariry*, XIIIe siècle. *L'Art arabe d'après les monuments du Caire depuis le VIIe jusqu'au XVIIIe siècle*, Prisse d'Avennes, 1877.

Tout de même, j'exprime une réserve concernant le grand Ibn Battuta : à mon goût, tous ses héros voyagent un peu trop dans les bibliothèques, devant des mappemondes. Il leur manque d'avoir affronté, comme Sindbad, les vrais périls de la mer et même les monstres qui n'existent pas mais auxquels il est bon de croire, de temps à autre. Battuta a beaucoup, pendant les trente années de ses périples, marché, avancé à dos de chameau, accompagné de caravanes. Son *rilha* est certes le plus beau de tous, mais il lui manque un peu du sel de nos mers, un peu de cette vérité des vents qui rabattent nos boutres contre les récifs et rendent la mort si présente. Un homme qui est à la fois l'ambassadeur en Chine d'un sultan des Indes, né à Tanger, mais aussi juge à Delhi ou dans les îles peut-il être un marin convaincu ?

Les oiseaux

Les oiseaux m'emportent bien loin, comme le tabac que je fume, comme le *Rokh* qui entraîne Sindbad dans la vallée aux diamants et aux serpents.

Les nuits dans les ports

Après de longues journées en mer, le pied un peu égaré et cherchant la terre ferme, souvent je traîne dans les souks, j'admire le travail de nos artisans. Après, je vais dans les tavernes où vont les marins de mon espèce, nous y fumons beaucoup de tabac et j'y bois de l'alcool malgré ce que le Prophète a dit. Souvent, je prends une femme avec moi quand je rentre dormir. Je suis allé dans tous nos port à Tunis, à Palerme, à Alexandrie, à Tripoli, à Acre, à Djedda bien sûr, plusieurs fois, ainsi qu'à Mascate, Siraf, Bassora. Je suis né dans un port et je vis dans un autre.

Les Mille et Une Nuits

Je n'ai, après tant d'années passées à naviguer sur toutes les mers du monde, toujours pas trouvé de femme pour partager ma vie, ni me donner des enfants. Des Schéhérazade, souvent, j'en ai eu dans mon lit, et sans jamais rien payer. Une Hindoue m'a voulu pour époux, j'ai failli être le cadi de la communauté de Calicut. Le Prophète accepte pour nous, les marins, que nous contractions des mariages provisoires et que nous fréquentions les prostituées.

Naviguer est dangereux

Nos cartes sont vraiment très imprécises, mais notre science des mers est la plus grande. Je connais bien les étoiles, la Polaire surtout qui s'abaisse selon le lieu et que je suis à hauteur constante pour me guider. Avec le *kamal*, je sais aller partout. Les vents et les étoiles sont comme des pistes dont je connais tous les secrets. Le plus dangereux, ce sont les autres bateaux : il nous faut longer la côte et toujours nous méfier des pirates.

Faire fortune

Souvenons-nous que Sindbad, parti avec trois mille pièces d'argent, reviendra avec cent mille pièces d'or ! Toute ma vie, sur mes bateaux ou dans les caravanes que j'ai menées, j'ai transporté de l'ivoire, des drogues, des épices, de l'ambre, de la corne de rhinocéros et des pierres rares. La route de la mer ne coûte pas cher et fait gagner beaucoup d'argent. Je vais pourtant finir ma vie sans un rial en poche.

Les autres peuples

Souvent, en mer, j'ai croisé des Tamouls et des Bamians, des Chinois, des juifs ; je me suis toujours bien entendu avec eux, car nous étions les plus forts.

Parfois, j'ai couché avec leurs femmes et attaqué leurs navires. Les Malais surtout, les Chinois plus rarement. Du Soudan, j'ai pris l'or mais aussi les esclaves, noirs comme le poivre et valant bien son prix.

La Méditerranée

Je sais que je ne suis pas fils de la Méditerranée. Mais je la connais bien, comme tous mes frères, nous en tenons les liens : nous avons converti les Arabo-Berbères, les Maures qui occupaient la péninsule Ibérique. Depuis quelques siècles, les Grecs, les Romains en ont perdu la science, cette mer ne les unit plus, elle les divise, Byzance et Rome se sont tant détestées ! Dans nos cales, aussi bien l'ivoire de Byzance que les soieries de Damas, rien n'est trop beau pour alimenter la cour des Abbassides, faire connaître à l'univers le génie de nos artisans. On dit souvent que, grâce à nous, la Méditerranée est devenue un lac arabe.

Les Indes

J'y ai vécu au milieu du camphre et de l'ébène.

Le monde entier est à nous

Après avoir été les maîtres de l'Arabie, nos pères ont mené de grandes conquêtes et sont devenus les maîtres du monde, de l'Atlantique aux Indes et jusqu'au Pacifique. Nous avons trouvé la route qui relie notre golfe, l'Afrique, l'océan Indien et la mer de Chine, nos routes vont de la Méditerranée à l'Orient le plus extrême. L'Égypte, la Palestine, la Syrie, la Sicile, Chypre, la mer Noire et la mer Caspienne nous sont si familières ! Huit mois suffisent pour aller de chez moi, Ormuz, à Canton en passant par l'océan Indien, les Maldives, le sud-ouest de l'Inde, Ceylan, le détroit de Malacca. Notre religion voyage aussi, nous gagnons des fidèles, à chaque fois un peu plus. Nous avons des comptoirs dans le monde entier, et grâce à la soie et aux épices, nous sommes les plus riches au monde. De l'Afrique, nous prenons les hommes, l'ivoire et l'or. Chez nous, nous trouvons de bons chevaux, de l'encens mais aussi de l'ambre. Des Indes viennent les épices. Nous sommes les grands maîtres de ce triangle fortuné.

Depuis toujours, à vrai dire, nos ancêtres connaissent la mer, la Mésopotamie, l'Indus ; ils ont visité les ports chinois après Ceylan, Malacca, ont des comptoirs au Mozambique, à Madagascar, à Zanzibar, des femmes sur les rives de l'Afrique, de la mer Rouge et de l'océan Indien, ils font du trafic entre Oman et les Indes, font commerce des épices. Mais puisque ce n'était pas consigné, comme Abu Obaidah, parti de Mascate et arrivé à Canton, n'écrivait pas, cela ne compte pas.

Le monde entier est à nous,
mais nous n'en faisons rien

Nous sommes finis, car nous avons été trop confiants dans nos routes. Nous n'avons jamais voulu faire le tour de l'Afrique, car c'était loin et difficile. Et pour quel profit, pensions-nous ? Nous avons cru que l'or et les épices passeraient toujours par la mer Rouge et notre golfe de Perse, que les caravanes venues d'Orient et nos bateaux et ceux de Venise suffiraient à transporter la fortune d'un peuple à l'autre. Moi-même, je n'ai jamais cru que les hommes venus du Portugal trouveraient une autre route. Nous n'avons plus de monopole, de droit de mer, plus de douanes et d'impôts, plus de passage obligé, plus de marché unique, nous ne contrôlons ni n'autorisons plus rien, nous ne pouvons plus jouer sur nos réserves, faire monter les prix, affamer les chrétiens, nos *dhows*

Le détroit d'Ormuz, dans la péninsule d'Oman. Ormuz était le plus important centre commercial du golfe Persique.

peuvent pourrir dans nos ports avec les jonques venues de Chine! Et les Karimi d'Égypte peuvent bien contrôler les ports de Djedda, d'Aden, la côte du Yémen, partager leur fortune avec les descendants du grand Nâsir al-Din Alfery, les Mapilli être les rois d'Ormuz ou d'autres posséder les grandes affaires à Barbaricum, Calicut, Taprobane, Malacca ou Zaytoun, nous pouvons bien connaître par cœur les heures des prières, la direction de la *Kaba* à La Mecque et les dates du jeûne liées à l'apparition du croissant, nous sommes, en cette année 1504 du calendrier chrétien, bel et bien finis.

Pardon à mes frères les marins

Je suis celui qui a montré à Vasco de Gama contre un peu d'argent le chemin des Indes, de Mélinde à Calicut. C'était, il y a six ans, dans ce port de l'Afrique orientale et la traversée, d'avril à mai, n'a pas duré un mois. Je sais bien que personne ne me croira si je dis que c'est ce capitaine portugais, apprenant que je connaissais la navigation astronomique dans l'océan, qui m'a enivré sur son bateau dans le port et m'a pris comme otage. Car je sais qu'en faisant cela, j'ai tout gâché. Bientôt, les Portugais s'attaqueront à ma ville, Ormuz. Les autres n'ont plus besoin de nous, maintenant qu'ils connaissent le secret de la route. Mon continuateur Süleyman al-Mahri n'aura pas que des jours heureux, car nous avons perdu la plus grande voie maritime au monde, une route que nos ancêtres avaient inventée. Alors je bois, je bois tant que je suis ivre, j'ai renvoyé mon équipage, je suis allé ce matin, avant de partir, une dernière fois au hammam, je me suis lavé, habillé avec des vêtements frais, je me suis parfumé comme tous les vendredis. Je suis seul sur mon bon vieux bateau, je ferme les yeux, je laisse la voile et l'aviron libres. Et parce qu'Allah est grand et que je suis misérable et que je suis condamné à mort parce que je vais perdre mon navire, j'ai décidé de mourir en mer, comme il se doit, mais avec celui qui fut mon seul ami pendant toutes ces années, mon bateau à qui je laisse le soin, pour une fois, d'aller où il veut, de se briser contre le récif qui lui plaira, de s'abîmer dans le flot qui lui paraît le plus naturel, de couler profondément dans la vase, les algues, le corail ou le sable.

Chapitre XI

Toi le premier, tu as fait le tour du monde

« Le mercredi 28 novembre 1520, nous débouchâmes du détroit, nous engouffrant dans l'océan Pacifique. Nous restâmes trois mois et vingt jours sans avoir aucune denrée fraîche, nous nourrissant uniquement de vieux biscuits réduits en poussière, grouillants de vermine et imprégnés de l'urine des rats. Nous buvions une eau jaunâtre et depuis longtemps putride. Nous mangeâmes également les peaux de bœuf qui couvraient le haut de la grand-vergue afin d'empêcher celle-ci de frotter contre les haubans et qui avaient été considérablement durcies par le soleil, la pluie et le vent. Nous les laissâmes tremper dans la mer quatre ou cinq jours durant, puis nous les plaçâmes quelques instants sur la braise, avant de les manger ; et souvent nous nous contentions de la sciure de bois. Les rats se vendaient un demi-ducat pièce, et, même à ce prix, il était impossible de s'en procurer. »

Antonio Pigafetta, *Relation du premier voyage autour du monde par Magellan.*

MALACCA, 1512. IL AIME trois choses, dans cette chienne de vie, Fernão de Magalhães. Être en mer, être en mer dans les Moluques et être en mer dans les îles Moluques avec son ami Francisco Serrão. Et demain, tout cela se termine, il retourne, à trente-deux ans, au Portugal, chez lui, dans cette terre pauvre de Trás-os-Montes e Alte Douro, celle des siens, tout au nord du pays.

De ses années d'apprentissage avec Francisco, il garde le bon souvenir d'avoir été l'un des pages favoris de la reine Léonore, à Lisbonne, ce qui l'a plutôt distrait de ce qui avait précédé : la campagne de Sabrosa avec neuf mois d'hiver et trois mois d'enfer, l'école monastique, trois sœurs aînées, son cadet Diogo, les parents qui meurent quand il n'a que dix ans, et comme seul héritage, faute d'argent ou d'autres biens, le nom du père, Don Ruy de Magalhães, alcade d'Alveiro, qui avait servi le roi Jean II.

Il va regretter l'inépuisable gaieté de Francisco, il le sait : lui l'austère navigateur, l'officier subalterne – *sobresaliente* – qui a choisi, avec Francisco Serrão, d'aller servir à vingt-cinq ans la cause du royaume sur les mers de l'océan Indien... ainsi que celle des trésors de l'Orient sur les traces de Vasco de Gama et sous les ordres du premier vice-roi des Indes, Francisco de Almeida. Une campagne qui a duré plus de sept ans avec, dans l'air de tous les jours, l'entêtant parfum des girofliers et des muscadiers. Il a connu quelques faits de gloire : une blessure à Cannanore sur la côte de Malabar, un court congé pour aller retrouver les charmes du Portugal, le retour avec la flotte, la conquête de Malacca, son pillage, la prise de Goa, des expéditions dans les Moluques, à Banda et Ambon, d'où l'on revient toujours les cales chargées d'épices et le corps couvert de caresses indigènes, la lutte contre les pirates et les Malais, les trafiquants arabes, chinois. Si Calicut est une base agréable, Malacca, plus que tout, va lui manquer : cette cité magnifique, grouillante d'activité, avec le fort Saint-Jean dominant la colline, là où ils vivent avec la garnison, le grand port où arrivent les bateaux d'Asie, d'Arabie pour charger les épices par tonnes entières. La nomination d'un nouveau vice-roi, Afonso de Albuquerque, dont il n'apprécie guère les méthodes expéditives, l'usage de la terreur et l'incommensurable orgueil, l'a cependant convaincu de laisser Francisco seul aux Moluques et de retourner à Lisbonne y faire sa vie.

Mais il sait, en quittant sans amertume les Indes, qu'il a appris, là plus qu'ailleurs, l'amour de la mer : ces petites choses, la ligne de sonde qui cherche les hauts-fonds dangereux, les prières furtives dans la petite chapelle à bord quand tout va mal, le navire qui met du temps à trouver son assiette, les nuits contre le bastingage à apprendre par cœur le manuel du gabier, les cartes humides de l'air ambiant, la figure de proue avec la vierge en bois, la couchette, dure mais consolatrice, sur le banc et cette musique de la mer, les coups des marteaux et des ciseaux, les clairons, les tambours, les chants quand on amène le pavillon. Un certain amour de la guerre également : l'usage des canons du gaillard d'arrière ou du château d'avant, de la batterie qui garnit les sabords percés, comment arraisonner un navire, la semonce, le coup de feu, le sang versé. Et l'amitié à travers une double promesse. Faite d'abord à Francisco, au moment du départ, de le retrouver un jour, aux Moluques... ensuite à Enrique, un jeune esclave malais né à Sumatra et acheté sur un marché à Malacca, de le ramener un jour chez lui, mais en passant par une voie inconnue.

Lisbonne, 1515

Impitoyable, ce grand miroir de pied lui reflète la vérité : il n'est pas beau, non vraiment pas, trapu,

PAGE DE GAUCHE
Le bateau de Magellan, la *Victoria*.
Atlas d'Abraham Ortelius, 1580.

CI-DESSOUS
Magellan, qui fit le premier voyage de circumnavigation, découvrit le détroit qui porte son nom.

Le port de Lisbonne. Gravure coloriée du XVIIe siècle. Musée de la Marine, Lisbonne, Portugal.

petit, noir, avec cette barbe épaisse qui lui cache le menton, ce front obstiné de déjà vieux loup de mer, cette brutalité dans le regard, ombrageux, le refus de toute discipline, et cette fichue jambe, ankylosée à jamais. Il esquisse un pas : si le roi Manuel l'appelle avec mépris « Pied-Bot », c'est justifié car il boite affreusement après cette blessure au tendon... Une méchante balle dans la cheville. Il servait alors dans les troupes du duc de Bragance, après avoir été à Mina, en Guinée, et faisait le siège d'Azemmour sur les côtes d'Afrique. Seul Enrique, converti depuis quelques mois au christianisme et déjà un peu courtisan à la manière occidentale, fait mine d'admirer son maître et se répand, à son passage, en signes de croix amusés. Le miroir résume pourtant en un seul mot son malheureux sort : *disgrâce*. Disgrâce physique évidente, disgrâce aussi parce que le roi Manuel Ier, dit le Fortuné, n'a rien à faire de ce *fidalgo escudeiro* qui ne cesse de mendier une *moradia* plus importante, une pension moins misérable pour services rendus. Il ne l'a pas défendu quand il a été accusé, pendant sa campagne d'Afrique, d'avoir trafiqué du bétail avec l'ennemi maure. Un roi qui ne l'a pas écouté, parce que le Portugal, depuis que Gama a ouvert le chemin des Indes, croule sous les richesses, exploite chaque jour que Dieu donne à son empire cette route de l'Est qui est la sienne depuis le traité de Tordesillas. Non, décidément il n'a rien à faire de ce petit gentilhomme de palais qui lui parle d'une autre route, par l'ouest, comme Christophe Colomb. D'audience en audience, Fernão de Magalhães déplaît : bientôt il sera congédié, éconduit publiquement. Et comme Colomb, à Lisbonne déjà, mais peut-être avec plus de violence encore, parce qu'il est portugais, dans son propre pays et que le roi ne l'a pas ménagé devant les autres courtisans, il sait qu'il faudra partir, devenir transfuge, aller ailleurs, chez les Espagnols probablement. Pour retourner un jour aux Moluques ! Et répondre à cette lettre de Francisco Serrão, resté aux Indes, qui l'incite à faire le voyage pour « un monde nouveau plus grand et plus riche que celui de Vasco de Gama ». Il ira, il le jure.

Portrait de Fernand de Magellan (1480-1521). Huile sur toile, Charles-Philippe Larivière, vers 1834. Chateaux de Versailles et de Trianon.

Pas plus que Magellan, Rui Faleiro ne sait pourquoi le roi Manuel ne l'aime pas. Il est pourtant l'un des plus brillants cartographes, l'un des meilleurs astronomes du Portugal. Mais peut-être est-ce aussi son caractère, son impatience à devenir l'astronome de la Couronne, ses colères, cette folie, cette mégalomanie, son manque absolu de ruse ou de savoir-faire en société, lui le passionné de longitude, du ciel et des étoiles, ce regard obsédé, ces yeux exorbités, qui déplaisent tant au monarque. Les deux mal-aimés du moment, qui partagent le privilège d'une certaine laideur et celui d'un accoutrement un peu singulier, font alliance. Rui n'a jamais navigué, Fernão ne connaît pas les astres, mais à tous deux réunis, aucun portulan ne peut taire ses secrets, tous les passages sur tous les continents et océans se révèlent, c'est la planète entière qui est mise à nu et ne demande plus qu'à être conquise. Magellan et Faleiro se sont rencontrés dans une bibliothèque pas comme les autres, la bibliothèque du monde, à Lisbonne. Magellan, même disgracié, a curieusement gardé un privilège royal : celui de pouvoir accéder à la Casa da India où sont consignés tous les trésors de la navigation portugaise. C'est plus qu'un privilège, c'est une chance incroyable. En Espagne comme au Portugal, ces documents sont sous bonne garde – le secret est devenu « la » religion des souverains et des marins –, dans des coffres-forts à double serrure dont le *piloto major* et le grand cosmographe détiennent chacun une clé. Le *Padrao real* enregistre ainsi l'avancée portugaise sur le monde, expédition après expédition, mille après mille sur les côtes africaines, indiennes, arabes tandis qu'à Séville, le *Padron real* assure la même fonction pour l'Espagne dans les Antilles, sur les côtes américaines. Est, ouest. Partout, on plante sur les cartes et les mappemondes des blasons et des oriflammes qui ne livrent pas d'autres secrets que ceux de la propriété des terres. Et des mers également ! Avec Faleiro, ils passent ainsi des heures, des journées, des semaines à la Casa da India à relire la *Géographie* de Ptolémée, tous les textes édités et imprimés, à déchiffrer les cartes de Martin Behaim, à comprendre le globe de Johann Schöner, les archives de Cabral, de Gama, de Dias, celles des

L'arbre à poivre dans l'île de Java. *La Cosmographie universelle* d'André Thevet, 1575. Service historique de la Marine, Vincennes.

toutes premières explorations menées par Henri le Navigateur et les manuscrits et portulans les plus fameux de l'École de Sagres. Quelques espions portugais ont également écrit sur la découverte d'un certain Vasco Nuñez de Balboa, conquistador peu recommandable qui vient de prendre possession au nom du roi d'Espagne, presque par hasard, d'un nouvel « océan austral » à la hauteur de l'isthme de Panamá. Balboa a traversé à partir de l'Atlantique de vastes forêts, a trouvé les « mers du Sud », s'est, rapportent les récits, mis à genoux, a remercié Dieu, s'est jeté dans l'océan avec son armure et son épée... Ces « grandes eaux » de l'ouest ont, depuis, gardé leurs mystères. Magellan et Faleiro se passionnent pour cette mer nouvelle dont ils pensent pouvoir préciser facilement les contours, la très faible étendue, d'après les tracés de l'époque. Ils ne sont pas si nombreux à pouvoir explorer la *Tesoraria*, les archives privées du royaume : mais ils le font tous les deux avec la certitude qu'il y a quelque part sur la côte américaine un passage, une échancrure, probablement vers une latitude de 40° Sud, que la route du Ponant existe, qu'elle mène au Levant. Ils sont certains également que l'océan de Balboa est très étroit, rapide à traverser, vingt jours au maximum, pour gagner la Chine et le Japon d'abord, les Indes ensuite. Et que selon le traité de Tordesillas, les Moluques, le cœur de la production des épices au monde, sont espagnoles... Un marchand de Burgos, Christophe de Haro, qui possède également une maison à Séville, les engage à aller tenter leur chance en Espagne, puisque Manuel le Fortuné, malgré une dernière démarche, continue d'afficher son mépris pour la personne du diable boiteux et de l'astronome furieux. Magellan partira en éclaireur, il sait que Diego Barbosa, un compatriote, alcade de l'arsenal de Séville, gouverneur des Alcazars, est disposé à l'accueillir, le temps de présenter sa proposition de tour du monde. Après avoir écumé toutes les richesses de la Casa da India, fait et refait avec Faleiro les calculs astronomiques, Magellan sait désormais qu'il va pouvoir prochainement rejoindre Francisco Serrão. Un Francisco qui semble apprécier le climat des Moluques, au point d'avoir épousé une jeune femme sur place et de lui avoir fait un petit garçon. Magellan lui répond donc, ce soir, avant de prendre la route pour Séville avec Enrique, l'esclave fidèle, qu'il ne tardera pas à le retrouver « sinon par le chemin habituel, du moins par un autre ».

Séville, 22 mars 1518

Jour de gloire ! Charles Ier, roi d'Espagne, futur Charles Quint, vient de signer ce matin leur contrat. Rui Faleiro et le désormais hispanisé Hernando de Magallanes sont, par décret royal, nommés *Andelantados*. Ils disposeront de cinq navires, d'hommes et de vivres, et devront aller à la limite espagnole de l'océan. Ils bénéficient d'un privilège sur cette route pour dix ans, obtiendront le vingtième des revenus des terres découvertes et la propriété de deux îles à condition qu'ils en trouvent plus de six.

Séville a réussi à Magellan et cela mérite bien une prière à Notre-Dame-des Navigateurs dont la Vierge couvre, de son manteau, les petites silhouettes des navires et des explorateurs de la glorieuse Espagne. Riche de son commerce, qui rentre par les bords du Guadalquivir, de ses échanges avec Lisbonne, Valence et les Canaries pour le trafic des esclaves, de ceux avec Malaga et Gênes pour le transport du blé, de l'huile, du savon et d'excellentes relations avec Southampton ou Bristol afin d'y convoyer du cuir, du vin, de l'alun et des tissus, Séville est également une place financière, maritime, de premier plan et le siège de la Casa de Contratación où se décident les grandes expéditions commerciales. Après Amerigo Vespucci, qui a été nommé à la mort de Christophe Colomb, c'est aujourd'hui Sébastien Cabot qui fait office de *piloto major* et qui règne sur le négoce des Indes. Quant à Diego Barbosa, il a été un hôte exemplaire : Hernando a épousé sa fille Beatriz, qui vient de lui donner un fils, Rodrigo. Duarte, le frère de Beatriz, revient lui-même du Siam et se passionne pour le projet de Magellan… Si la Casa de Contratación a quelque peu boudé l'offre et repoussé les arguments de Magellan, craignant que les fameuses îles à épices dont il parle ne soient portugaises, Juan de Aranda, son responsable, a organisé à titre personnel une réunion du Conseil royal à Valladolid. Magellan a non seulement convaincu le cardinal de Fonseca, évêque de Burgos, qui préside le conseil, et qui s'en veut d'avoir écarté le projet de Colomb lors d'un premier examen, mais surtout il a séduit Charles Ier. Globe à la main, dans un latin de circonstance, citant d'illustres savants mais aussi le passage d'une lettre de Francisco Serrão, accompagnés d'Enrique et d'une jeune esclave de Sumatra, fort jolie, Magellan et Faleiro ont été brillants, ont persuadé le roi, pas mécontent, du haut de ses dix-huit ans, de contrecarrer l'avance portugaise en rejoignant par l'ouest les Indes et les Moluques qui lui paraissaient interdites depuis le traité de Tordesillas. L'astuce est énorme, d'autant plus considérable qu'elle lui est proposée par un sujet portugais qui lui parle d'un air plus qu'assuré d'un détroit qui mènerait dans la mer du Sud… Et ce marin portugais lui fait espérer des richesses en or et en épices dont le royaume d'Espagne a bien besoin.

La récolte de la cannelle dans les îles Moluques. *La Cosmographie universelle* d'André Thevet, 1575. Service historique de la Marine, Vincennes.

20 septembre 1519. Départ de Sanlúcar de Barrameda, près de Cadix, après avoir descendu le Guadalquivir

Il l'appelle son « Armada des Moluques » ! Dans le port de la Nouvelle Inde, à Séville, des navires abattus en carène. Il va avoir quarante ans mais paraît vraiment plus jeune que ces boutres à trois mâts, de grosses caraques ventrues, avec d'énormes cales, des gréements hors d'usage à force de traverser l'Atlantique, dans un sens comme dans l'autre. Cinq navires usés jusqu'à la cale et qu'il a fait remettre à l'eau, en suivant de très près les travaux et les préparatifs, dans les bassins de radoub. Charles Ier s'est un peu moqué d'eux, tout de même : faire le tour du monde sur des radeaux de cette espèce ! Une vraie saloperie que ces tas de planches qui, à force de naviguer, ont rouillé, perdu tout leur calfatage. Ils prennent l'eau, ont les voiles déchirées et des flancs « mous comme beurre »… Un an suffit à peine,

La ville de Séville,
en Espagne.
Civitatis orbis terrarum,
de Braun et Hogenberg,
début du XVIIe siècle.
Bibliothèque de
Marciana, Venise, Italie.

à grands coups de chanvre, goudron, toile à voile et autres bois, cordages et métaux, pour redonner un peu d'allure et d'assurance à sa flotte : la *Trinidad*, le vaisseau amiral, de loin le plus maniable de tous malgré ses cent dix tonneaux et où Magellan s'est réfugié dans sa chambre à l'arrière du pont, le *San Antonio*, le plus lourd avec ses cent vingt tonneaux, commandé par Don Juan de Cartagena, grand d'Espagne, officier de la garde royale et inspecteur général de la flotte, la *Concepción*, quatre-vingt-dix tonneaux et Gaspar de Quesada comme capitaine, la *Victoria*, quatre-vingt-cinq tonneaux sous les ordres de Luis de Mendoza et enfin, servant d'éclaireur, le petit *Santiago*, avec ses soixante-quinze tonneaux, placé sous le contrôle de Juan Serrano. Soit trois capitaines espagnols sur cinq : Cartagena, Mendoza et Quesada... à la demande insistante de Charles Ier. On reproche déjà au roi de brader pareille découverte en la confiant, non seulement à un étranger, mais, pire encore, à la concurrence directe, le Portugal. À tel point que Juan de Cartagena, *grand Veedor*, nommé comme Magellan *Andelantado* pour l'occasion, représente également le roi dans cette expédition. Pour le recrutement, cependant à des grades inférieurs, le peuple d'Espagne ne se bouscule guère : les lignes régulières des Indes, des Amériques ou des Antilles sont confortables et là aussi, il y a du travail, mieux payé semble-t-il... Et on sait où l'on va : car Magellan n'est guère loquace sur la destination de son armada et rares sont ceux qui montent à bord en connaissant le point d'arrivée. Mais si Magellan sait qu'il déplaît fort, lui, l'étranger, aux bureaucrates espagnols, de la cour à l'arsenal de Séville, s'il est jalousé ici parce qu'il bénéficie des faveurs du roi, il sait également les Portugais hors d'eux, ceux de Séville, ceux de Lisbonne surtout. Manuel le Fortuné, apprenant qu'il s'est vendu à l'ennemi et craignant le résultat d'une pareille entreprise, lui a dépêché son ambassadeur pour le convaincre d'abandonner ou de partir pour le compte de son pays... Après des propositions sédui-

Le voyage autour du monde de Magellan. Carte de Battista Agnese, 1545. John Carter Brown Library, Brown University, États-Unis.

santes puis des intimidations, l'ambassadeur l'a menacé de poursuites sur la mer, d'arrestation dès qu'il reviendrait au Portugal. Et a demandé une audience à Charles Ier, qui l'a reçu, mais n'a pas accédé à sa requête de repousser l'expédition d'une année. Ni même considéré que l'Espagne entrait en guerre avec le Portugal parce que deux de ses citoyens allaient accomplir une mission, par ailleurs refusée par leur propre pays, pour le compte des voisins mais néanmoins amis. Magellan est persuadé de la responsabilité de cet ambassadeur dans une émeute qui a failli tourner mal, il y a quelques jours au port: une foule déchaînée a envahi la *Trinidad* parce qu'au sommet du mât de la nef amirale flottait le pavillon portugais, celui de Magellan... À Lisbonne, on commence à comprendre que la route des épices risque d'être coupée, que les Espagnols vont arriver aux Moluques par l'autre côté et que le boiteux est devenu grand amiral du roi d'Espagne. Plus triste, mais ainsi va la vie : Magellan apprend que Vasco de Gama, furieux de son projet de tour du monde, conscient qu'il tient sa gloire de sa fameuse route orientale des Indes, ne cesse de dire à Lisbonne qu'on aurait dû le tailler à la hache quand il était là. Mais Charles Ier tient bon et reste fidèle à ses engagements : rien ne lui fait peur, il va être élu prochainement empereur du Saint Empire romain germanique et prendra le nom de Charles Quint ! Comment

La baie de Rio de Janeiro, au Brésil.
Détail du *Routier de la côte du Brésil depuis le cap Saint-Augustin jusqu'au détroit de Magellan*, vers 1579.
Bibliothèque d'Ajuda, Lisbonne, Portugal.

DOUBLE PAGE SUIVANTE
La côte argentine, longée par Magellan pour atteindre la Terre de Feu, en quête d'un passage vers l'océan Pacifique.

d'ailleurs accuser Magellan de favoriser tel ou tel parti, telle ou telle nationalité dans son projet ? Sur les deux cent soixante-cinq hommes de l'équipage, plus de quinze nationalités sont représentées : des Portugais, près d'une quarantaine, des Espagnols bien sûr, des Français, des Allemands, des Basques, des Chypriotes, des Corfiotes, des Flamands, des Italiens, Génois ou Vénitiens, des Belges, des Maltais, des Grecs et des Africains, une bonne trentaine de prisonniers de droit commun qui rachètent leurs peines. Dans l'équipage, un jeune homme, âgé de vingt-huit ans, n'ayant jamais navigué, a été fortement recommandé à Magellan pour ses talents d'écriture : né à Vicenze, Antonio Pigafetta est nommé *capitan sobresaliente*, c'est-à-dire secrétaire de Magellan. Il tiendra le journal du bord... Mais pas longtemps, murmure-t-on... Les autres capitaines ont tous parié que ce jeune dandy abandonnerait à la première étape quand il verrait les épreuves qui l'attendent. Un homme manque à l'appel et son absence blesse Magellan autant qu'elle le soulage : Rui Faleiro est devenu fou, à force de construire des astrolabes et des boussoles et de calculer la longitude qui permettra d'arriver, par l'ouest, par le passage, par la mer du Sud, aux Moluques. Un matin, il a été conduit dans une *casa de locos*. À moins, disent certains, qu'il ne pressente, de par sa familiarité avec les astres, l'échec de l'entreprise et ne se fasse passer pour fou afin ne pas partir... Magellan est à peine étonné. Depuis quelques semaines, Faleiro prenait ombrage de l'autorité naturelle qui était la sienne, ne cessait de rappeler que sans lui le passage n'aurait jamais été localisé, qu'il méritait une part plus importante encore des bénéfices et des applaudissements. À la dernière minute, Andres de San Martin, bon spécialiste de la navigation astronomique, monte donc sur le bateau amiral et fait livrer les compas, aiguilles, sabliers et portulans qui manquent dans sa cabine. Un allié de plus pour Magellan, avec Duarte Barbosa, son beau-frère et les cinq pilotes portugais de la flotte. Mais que lui importe, finalement. Le succès ne tient pas à des questions de nationalité ! Il tient d'abord à la qualité des bateaux : en quelques mois, le miracle est accompli, les cinq caraques ont été calfatées, astiquées, vérifiées dans le moindre détail, de la quille aux voiles avec leur grande croix de saint Jacques. Il tient aux hommes plus que tout et il faudra apprendre à plus de deux cents d'entre eux le métier de la mer, sur le tas. Il soigne d'autant plus le chargement, les munitions, les armes – près de soixante canons et toutes sortes de mousquets et d'armes à feu –, les cordages et les pièces de rechange, et des objets de pacotille qui serviront de monnaie d'échange avec les indigènes qu'ils rencontreront : miroirs, peignes, ciseaux, mouchoirs, cloches, bracelets, couteaux... L'avitaillement préoccupe particulièrement l'amiral, car le moral des hommes tient souvent à un repas décent, un verre d'alcool ou de vin de bonne qualité. Magellan embarque des vivres pour près de deux années, ce qui ne manque pas d'intriguer : viandes salées, biscuits, fromages, farine et pain, haricots, lentilles, riz, ail et oignons, excellents pour la santé, du miel, des raisins et des amandes, du vinaigre, de la moutarde, huile et beurre, barils d'anchois et tonneaux de poisson fumé, harengs, du vin à profusion, du meilleur, du xérès, à raison de deux rations d'un litre par jour, pour deux années... Et du charbon pour distiller l'eau. L'eau bien sûr, le plus qu'on puisse en prendre. Et pour avoir du lait, sept vaches... La cantine s'annonce plutôt bien fournie, tout comme la pharmacie avec force flacons et médications. Quant au soin de Dieu, il est assuré par deux aumôniers qui se détestent déjà, se jalousent mais qui pourront se révéler utiles, pense Magellan, car, malgré l'appui de Charles Ier, sans la volonté divine, la partie n'est vraiment pas gagnée.

Noël 1519, en mer

Magellan pense souvent au petit Rodrigo qu'il a si peu tenu dans ses bras. Beatriz, Séville, Santa-Maria de la Victoria où l'évêque a fait célébrer une messe à la veille de leur départ, la terre ferme, tout cela est loin maintenant. Les équipages savent désormais où ils vont, ou plutôt viennent d'apprendre que le capitaine général n'a pas l'intention de passer Noël dans la magnifique et fort réjouissante baie de Rio de Janeiro. Quant à Enrique, il vient d'apprendre de la bouche de son maître qu'il sera un homme libre si Magellan meurt et qu'il figure dans son testament pour le versement d'une pension.

17
RIO DE IANEIRO
I: depernapuem
J: curiata
J: decanas
Aldea de Martinho
R: Magepe
R: Surui
R: Vauxindiba
R: Suasunha
I: demadeira
CIDADE DE S: SEBASTIAM
Acarioca
forte
forte
Vilaganhão
Barra
cidade velha
Lagea
Piratininga
Esteiro
terra q vai do cabofrio
y: rasa
y: bilitabe

Paysage du Nouveau Monde : la montagne du Quindiu, dans la cordillère des Andes. *Atlas de l'Amérique du Sud* par Giulio Ferrario, 1827. Bibliothèque d'Ajuda, Lisbonne, Portugal.

Rien ne ressemble plus à une mutinerie qu'une autre mutinerie. Celle-ci se prépare depuis des semaines et Magellan – qu'on a prévenu du peu de loyauté des officiers espagnols commandant trois des navires et de leur mauvaise grâce à être placés sous l'autorité de ce petit noiraud portugais – ne veut rien entendre. L'amiral estime n'avoir de comptes à rendre à personne, ni d'explications à donner sur ses trajets : pourquoi longer aussi longtemps la côte africaine après les Canaries et les îles du Cap-Vert ? Des vents contraires sur la côte, à la hauteur de la Sierra Leone, sont tout près de les faire chavirer. Magellan se tait : s'il ne traverse pas d'est en ouest, s'il suit la route du sud, c'est parce qu'il craint que Manuel le Fortuné ne cherche à s'interposer, avec quelques navires de guerre, sur son chemin. Juan de Cartagena, furieux de ne pas avoir de réponse, se rebelle, persuadé que Magellan veut rejoindre une colonie portugaise en Guinée, tandis que l'amiral continue de chercher l'alizé de l'hémisphère sud pour traverser l'Atlantique. Le voyage sera mouvementé en zone équatoriale, mais rapide. Toujours aussi réticent à l'idée d'obéir à Magellan, Cartagena, entre-temps, finit en fond de cale, sous la bonne garde du capitaine de la *Victoria*. Le Brésil, approché dès le 23 novembre, est une étape heureuse : on y achète des vivres, de la viande de tapir, des oies et des poules contre quelques hameçons, canifs et clochettes. Rien ne les surprend, Pigafetta en tête qui consigne tout, pas même les Indiens « qui mangent la chair de leurs ennemis non parce que c'est bon mais par habitude... ils la coupent en morceaux qu'ils font sécher dans la cheminée ». Les hommes qui ont passé trois mois à apprendre leur métier de marins, de gabiers et de huniers retrouvent avec plaisir le chemin de l'accouplement avec le sexe opposé. Pour oublier peut-être l'ordinaire de la vie.

Patagonie, octobre 1520

Ce qu'ils ne savent pas, les capitaines espagnols et tous les mutins virtuels ou accomplis, c'est que

Magellan a décidé de trouver « son » passage, coûte que coûte. Ils exploreront, s'il le faut, toutes les échancrures de la côte, sur des centaines et des milliers de kilomètres, tous les estuaires, toutes les baies. Juan de Cartagena, grand d'Espagne, accompagné de Bernard Calmette, aumônier français, viennent de le comprendre tandis que quatre bateaux s'éloignent de la côte patagonienne, là où il fait si froid, pendant de si longs mois, où les nuits n'en finissent jamais. Là où seuls les lamas, les manchots et quelques oiseaux leur tiendront compagnie. C'est à Magellan qu'ils doivent d'être abandonnés là, pour toujours, avec une seule provision de biscuits, et à tout prendre, ils auraient préféré connaître le sort des autres mutins qui avaient été simplement décapités. Avec certaines nuances dans la cruauté : cadavres pendus par les pieds et hissés au mât, écartelés, poignets et chevilles, avec l'aide du cabestan de la *Trinidad*. Réponse de l'amiral à cette mutinerie lancée le 1er avril, quand les hommes n'en peuvent plus, après avoir exploré le Río de la Plata, déjà repéré quatre ans auparavant par Juan Díaz de Solis, le prenant pour le passage vers le Pacifique, ce qu'il n'est évidemment pas, alors que l'hiver austral s'annonce rude et qu'il faut se protéger. La flotte se rapproche du pôle sud, à une latitude de 49°, s'installe pour quatre mois au moins dans cette maudite baie de Saint-Julien, sur la côte de l'Argentine, dans la nuit de la glace et du vent. Des colonies de pingouins les escortent. C'est à peine si un feu de Saint-Elme éclaire de temps en temps ces interminables nuits australes. Le froid, les courants d'air sont atroces, mais ne sont rien, comparés à la mauvaise nouvelle qui porte la révolte à son comble : les commerçants de Séville ont triché sur les vivres, commandés pour deux ans mais qui s'épuisent manifestement trop vite… Non seulement il faut rester, échoués, dans cet endroit inhospitalier, où le soleil est rare et la mauvaise mer si fréquente, mais en plus il faut se rationner, et sévèrement, annonce Magellan. L'insubordination dont fait preuve depuis le départ de Séville le parti des Espagnols se transforme en violences physiques, menaces puis meurtre d'un pilote portugais. La mutinerie concernera trois bateaux sur cinq : Magellan, tantôt rusé, tantôt violent, toujours patient et inflexible, va exercer son pouvoir de haute justice sur les équipages, convoquer une cour martiale et donner l'exemple avec plusieurs exécutions publiques. Bon nombre d'insoumis découvrent la cale, puante, sans lumière ni air, ainsi que le supplice qui porte son nom. *La Grande cale* : un homme ligoté est jeté par-dessus bord et on le remonte, à l'aide d'un autre cordage, de l'autre côté du navire en le faisant passer lentement dessous. Généralement, il en meurt.

La punition des marins rebelles.
Historia de gentibus septentrionalibus d'Olaus Magnus, Rome, 1555.
Bibliothèque Bertolienne, Vicence, Italie.

Jusqu'à ce fameux 21 octobre 1520, la chronique de la vie de l'armada des Moluques retient les faits marquants sous la plume d'un Pigafetta alerte qui a résolument pris le parti du capitaine général contre les arrogants officiers espagnols : le vent d'ouest des quarantièmes rugissants qui rend fou, l'attente insupportable, la rencontre avec d'immenses Patagons, la disparition du *Santiago* lors d'une mission de reconnaissance, la majorité de son équipage qui est miraculeusement sauvé, les bateaux échoués qu'on révise de pied en cap, le bois que Magellan fait couper à l'équipage et dont on n'a pas besoin, Duarte Barbosa qui est, lui aussi, mis aux fers pour défaut de discipline, la baie de Santa Cruz vers laquelle ils se dirigent le 14 septembre, un peu plus au sud, l'hiver antarctique qui touche à sa fin, le temps qui s'améliore et la terre qui livre enfin son secret, son échancrure…

Le passage est là, ils sont dedans ! Qu'importe la désertion du *San Antonio* avec ce capitaine pris de

Le détroit de Magellan, au sud de la Patagonie. Détail de l'Atlas de *Mercator* publié par Jodocus Hondius, Amsterdam, 1606. The Stapleton Collection.

folie et qui s'en est retourné avec une grande quantité de vivres et son équipage vers l'Espagne. L'important, c'est ce passage dont Magellan sait, pour y avoir envoyé des éclaireurs, qu'il a de fortes chances d'être le bon, de donner dans la mer du Sud. Personne ne l'a cru, tous voulaient poursuivre plus bas, ou rentrer, ce ne pouvait être qu'une baie fermée de plus, un fjord et rien de mieux, et pourtant Magellan a insisté. Ce 21 octobre, c'est la Sainte-Ursule ! Ce cap-là se nommera donc, selon la légende de la sainte, le cap des Onze Mille Vierges, à 52° de latitude Sud. En plein milieu de cette terre noire et jaune qu'ils appellent Terre de Feu : plus ils avancent dans le détroit, plus des signaux des deux côtés du passage les guident, foyers allumés par les indigènes à moins qu'il ne s'agisse de ces petits volcans qui, par à-coups, crachent un peu de sang vermeil. C'est la première fois qu'Enrique voit son maître pleurer, comme il l'a fait, après qu'ils se sont tous confessés et qu'ils ont remercié Dieu de leur avoir donné le chemin du « passage ». Ils vont ainsi marcher vingt-sept jours, à trois navires, dans ce détroit sinueux, ce chapelet de pièges, de goulets, d'îles et de morceaux de terre, de falaises hautes, sombres, grises, noires, ocre, jaunes et, au-dessus d'elles, cette immense plaine de Patagonie dépourvue d'arbres. Des montagnes couvertes de neige s'échappent quelques violentes rafales glacées, les *williwaws*, capables de coucher un navire, surtout avec ses voiles. Le soleil s'est fait porter pâle dans ce labyrinthe incroyablement complexe, le

détroit se resserre, on le croit fini, puis il renaît dans la fracture d'une immense plaque de glace, d'une baie trompeuse, d'un long couloir : la *Trinidad*, la *Concepción* et de la *Victoria* glissent, dans un silence presque parfait, sur ce miroir méandreux.
Et là-bas, au bout, c'est la mer, les dauphins dans la baie qui s'ébattent devant les navires, la grande mer du Sud et puisqu'on l'a tant espéré, tant désiré, on va nommer ce cap – après les Onze Mille Vierges de l'ouverture – le cap du Désir.

En plein océan Pacifique, janvier 1521

S'ils ne l'avaient déjà fait – et sans constater d'amélioration particulière de leur sort –, il faut parier que bon nombre des membres des trois équipages restants auraient opté pour une mutinerie. Il ne suffit pas de dire à ces hommes qu'ils sont dans le « Grand Golfe de Ptolémée », la mer du Sud, celle de Balboa, ni de lui donner le nom, parce qu'incroyablement calme, d'océan Pacifique. Que la mer soit paisible, voire ennuyeuse, on ne peut vraiment en tenir rigueur à l'amiral. Mais qu'elle soit interminable, voilà ce que Magellan et Faleiro n'ont pas prévu dans la bibliothèque de Séville et leurs calculs ne l'ont jamais imaginé. La flotte a de nouveau choisi de ne pas traverser directement, mais bien de longer la côte chilienne au nord, vers une latitude de 34°, en recherche de vents, finalement trouvés à Valparaiso. Toutes les cartes sont fausses, constate le capitaine général, en compulsant pour la centième fois le même portulan. À cette date, ils devraient déjà avoir touché l'Asie, les Indes et les Moluques... Mais cette mer immense qui n'en finit pas, une traversée, malgré de bons vents et courants, qui ne s'achève jamais tandis que la faim et la soif commencent à faire, à bord, leurs premières victimes. L'eau, d'abord, totalement corrompue, qui leur donne de terribles douleurs au ventre, qui fait saigner, qu'il faut boire en se bouchant le nez. La nourriture, enfin, soit absente, soit complètement gâtée. Nombre d'entre eux ne mangent plus que la nuit, dans le noir, pour ne rien voir de ces matières innommables et puantes. Magellan ne sort plus de sa cabine, il semble avoir perdu tout espoir, le scorbut se déclare et s'attaque à une trentaine de marins. Les cartes, les astrolabes sont muets, ce n'est plus possible, le Nouvel An vient de passer et toujours aucune terre en vue. L'entassement sur les ponts des trois navires devient atroce comme l'odeur pestilentielle et la vermine. Typhus, typhoïde et scorbut : la trilogie du malheur sur des bateaux à la dérive, qui sont devenus autant de lazarets, charniers navigants, où l'on n'ose plus dormir à même la paillasse humide, habitée par les rats. Les muscles des hommes ne les portent plus, ils sont incapables de la moindre manœuvre. Ils sont de moins en moins nombreux à donner l'apparence de la vie. On ne voit plus le capitaine général, terré dans sa cabine devant ses cartes erronées. Pigafetta, sans un mot, assis à une table, écrit, plus lentement certes, mais écrit toujours la chronique de cette lente mort sans gloire en suçant le bout de sa plume en bois. Des hamacs s'installent un peu n'importe comment, où l'on retrouve un tas d'éclopés et de crevards, fumant ce qu'il reste de tabac pour soigner leurs gencives pourries de scorbutiques. Ce terrible silence qui habite désormais cette traversée sans fin, seul le vent de temps à autre qui pousse un peu, un râle, un bruit de corps qui s'affale sur le pont, un dernier ordre, presque inaudible, jeté par un officier auquel plus personne ne répond, un pilote qui rampe et qui se cogne la tête contre le mât. Un type qui n'en peut plus et se balance par-dessus bord avec difficulté. Ce silence qui cuit tout, accompagné par une chaleur humide. Toute cette vie, désormais feutrée, qui s'échappe peu à peu, ces grandes silhouettes de bâtiments en bois qui dérivent sur ces mers où personne, venant de l'Occident, n'a jamais navigué et où, appa-

Le bateau de Magellan, la *Victoria*. Coll. privée.

remment, aucun être humain ne navigue jamais. Tout va au ralenti, l'allure, le sang dans les veines, dans les têtes, le cœur dans la poitrine, tout va bientôt, mollement, mourir dans l'épaisseur chaude du monde inconnu et qui ne mène nulle part. Il n'y a rien à faire, derrière, c'est trop loin, devant, on ne sait pas. Même les astres ont fini de témoigner. On vient seulement de passer l'équateur, on est déjà le 13 février 1521 et la pourriture qui est partout gagne également les navires eux-mêmes, les coques dévorées par les tarets, des vers des mers chaudes, grands consommateurs de bois de marine. Bientôt, une fois les bateaux décomposés, émiettés, ils vont tous plonger doucement dans l'eau chaude du Pacifique, rejoindre les daurades argentées qu'ils n'ont même plus la force de pêcher, dans cette mer si calme qui va les engloutir. Une baleine passe, du moins croit-on, au large, un couple d'oiseaux survole la *Trinidad*. Même eux sont soumis à la loi du silence : seul un très léger battement d'ailes témoigne d'un peu de vie dans cette apparition, toute blanche, qui se découpe dans un ciel sans nuages.

Trois mois, trois mois et vingt jours…

Puis, le 6 mars 1521, la vigie pousse un grand cri étouffé. La terre est en vue. Les Espagnols viennent de découvrir l'archipel des Philippines.

Îlot de Mactan, 27 avril 1521

Cilapulapu a visé juste, c'est un grand guerrier, et il peut être fier de cette adresse. Magellan ne meurt pas tout de suite. Le javelot qui l'a frappé en plein front, le coup de poignard dans la cuisse gauche ne seront pas sa dernière vision, ni non plus le visage du chef qui ne veut pas être chrétien, ni se rendre au roi d'Espagne qui ne lui a jamais été présenté ! Cilapulapu ne sait pas qu'il vient de blesser mortellement l'homme qui a accompli le tour du monde, pour la première fois dans l'histoire de l'humanité. Tandis que Magellan, un instant, avant de sombrer, revoit le visage de Francisco Serrão qui doit l'attendre, pas loin, dans une île toute proche, Cilapulapu sait que, depuis deux mois, des étrangers sont arrivés dans l'archipel, qu'ils ont pactisé avec les petits rois des îles de Mindanao, qu'un homme, parmi eux, qui leur ressemble, a parlé avec eux la même langue et qu'il parle aussi la langue des envahisseurs. Il ne sait pas qu'Enrique est en réalité, avant même son maître, le premier à avoir accompli, depuis Sumatra où il est né, une totale circumnavigation. Mais Cilapulapu, roi de l'îlot de Mactan, est un homme fier, à la différence de Humabon, roi de Cebu, qui s'est converti, lui et une centaine d'hommes, qui a vendu ses dieux, ses traditions, se fait appeler Carlos pour singer Charles Quint, l'empereur du Saint Empire romain germanique, pour que des étrangers de malheur lui accordent leur protection et leur aide afin d'étendre son empire à d'autres îlots de cette mer pacifique. Le vrai criminel, dans toute cette histoire qui se termine mal, c'est Humabon, l'homme qui a perdu ses racines et que le besoin de pouvoir a étourdi. Cilapulapu pense, il a raison, qu'il est chez lui, et qu'il lui faut rendre sa justice. Que ces étrangers sont bien maladroits et qu'ils ont navigué des journées durant, en évitant, bien malgré eux, des îles paradisiaques, l'île de Pâques, la Polynésie, Tahiti, où ils auraient pu faire d'amples provisions. Sans compter les conversions, puisqu'il semble que leur dieu soit si supérieur qu'ils ne se déplacent jamais sans lui, sans ses prêtres qui veulent, partout, l'imposer à tous les êtres humains. Qu'à la place, ces étrangers sont tombés sur de misérables îlots rocheux, des terres stériles, des tas de cailloux sans ombre, dépourvus de tout et même d'âmes, de légumes ou de rats à convertir, puis sur les îles Mariannes que le petit roi ne recommanderait à personne : des terres peuplées de voleurs avec leurs petites pirogues très légères et leurs voiles triangulaires. Cilapulapu les aime si peu, ces voisins, qu'il ne blâme pas les étrangers d'avoir brûlé en représailles quarante de leurs maisons, égorgé une dizaine de leurs larrons. Mais le roi de Mactan ne veut pas être chrétien, ni le suzerain de Charles Quint, ni l'obligé du veule Humabon. Quand ils l'ont attaqué, il a rassemblé ses hommes, un bon millier, et ils ont porté leurs coups et leurs flèches sur ces étrangers si bizarrement vêtus, aux visages si maigres, qui avaient l'air si épuisés, avec leurs bouches enflées, sanguinolentes, sans dents. Puis Cilapulapu a vu, à leur tête, un homme, petit, la face mangée par une barbe toute noire, un homme qui, couvert d'une lourde armure de fer, a mis pied à

terre, pataugant dans le lagon, se blessant contre des morceaux de corail, il l'a vu sortir de l'eau, boitant comme un beau diable, il s'est dit qu'avec cette patte folle, sa vie devait être un supplice et qu'il valait mieux l'abattre tout de suite, il a ajusté son javelot, a visé le front, et a décoché une flèche empoisonnée dans le crâne. Plus tard, bien plus tard il a compris qu'il avait tué le chef des étrangers quand leur esclave, un certain Enrique, qui parle leur langue, est venu réclamer le corps de son maître en proposant une forte somme d'argent. Et Cilapulapu ne regrette pas d'avoir refusé, car le corps de cet homme-là, qui boitait si fort, il se le réserve, il le fera sécher longuement au soleil de son île, il le découpera, en détachera le crâne qu'il nettoiera de ses blessures et en ornera, lui Cilapulapu, roi de l'îlot de Mactan, l'entrée de son palais, une hutte en palmes et en bois de coco.

Quelque part, pas loin, à quatre ou cinq jours de navigation, un autre Portugais meurt, quelques jours après Magellan. Il a choisi de s'installer dans l'archipel des Moluques et vit entre Banda et Amboine. Il est devenu grand vizir auprès du roi de Ternate, a épousé une indigène, a fait quatre enfants, et ne compte plus le nombre d'esclaves que le roi a mis à sa disposition. Et puis un jour, sans nouvelles de celui qui lui a promis de le rejoindre « par une route nouvelle », il lui a pris l'idée de débrouiller une dispute entre le sultan de Ternate et celui de Tidore. Quand Magellan meurt, percé du javelot du coura-

Le bateau de Magellan assailli par des monstres. Gravure de Théodore de Bry. *America pars quarta*, de H. Benzoni, Francfort, 1594.

À GAUCHE
Fernand de Magellan aborde l'île de Mactan et lance l'assaut contre ses habitants. Gravure du XVIIe siècle. Coll. privée.

À DROITE
Portrait du navigateur Juan Sebastian del Cano (1476-1526). Musée naval, Madrid, Espagne.

geux Cilapulapu, Francisco Serrão, l'ami d'enfance, ne sait pas encore que la soupe que vient de lui servir le sultan de Tidore est empoisonnée et qu'il lui faudra attendre trois ou quatre jours pour mourir à son tour.

Les îles du Cap-Vert, 9 juillet 1522

Juan Sebastian del Cano, marin basque de Guéthary, est le dernier capitaine d'un ultime bateau d'une flotte qui en comptait cinq, au départ de Séville, il y a presque trois ans. Il quitte précipitamment les îles du Cap-Vert à bord de la *Victoria* car les Portugais, qui occupent l'archipel, ne l'ont pas cru quand il a dit qu'il venait de l'ouest, de ce côté qui est celui des Espagnols. Les cales de la *Victoria* sont, il est vrai, chargées jusqu'à la gueule de barils de clous de girofle et de noix muscade. Il a dû laisser en otages quelques marins supplémentaires et il s'apprête à regagner Séville avec un équipage plus que réduit. Dix-huit hommes en tout et pour tout, dont l'inusable Pigafetta qu'il voudrait bien balancer pardessus bord, car Juan Sebastian del Cano, qui ne sait pas lire, imagine bien ce que cet Italien de malheur est en train d'écrire en bouclant la relation du premier voyage autour du monde jamais effectué. Ce qui trouble plus que tout del Cano, c'est qu'il est persuadé que ce 9 juillet est un jeudi et que les Portugais lui assurent que c'est aujourd'hui mercredi. D'où peut bien venir ce décalage ? Le calendrier a été suivi de bout en bout de l'expédition, les jours, les nuits ont été comptés précisément. Pigafetta lui même n'y comprend rien et ne sait comment dater le journal de bord. Ils ignorent, lui le marin et lui le lettré, qu'ils viennent de suivre le soleil en faisant le tour de la planète et qu'ils ont, non seulement perdu Magellan, leur capitaine, et près de deux cent cinquante hommes, quatre bateaux, beaucoup d'illusions et d'années à vivre, mais également une journée.

Séville, 8 septembre 1522

C'est une histoire qui finit mal, et c'est pourquoi peut-être, on l'a retenue, plus qu'une autre. Quand la *Victoria* rentre au port de Séville, ce n'est plus qu'une loque aux voiles déchirées et à la coque rongée de toutes parts par les tarets. Les dix-huit hommes qui

Del Cano et son équipage, de retour vers l'Espagne, passent le cap Saint-Vincent à bord de la *Victoria*. Aquarelle de G. Aledo. Musée naval, Madrid, Espagne.

vont pieds nus, le lendemain, en bras de chemise, un cierge à la main, rendre grâce à Sainte-Marie de la Victoire et à Sainte-Marie de l'Antique, ont vécu un cauchemar.

Même parmi ceux qui sont restés à terre, on compte peu de survivants.

Si Magellan était revenu, il n'aurait trouvé que cendres et désert. Beatriz est morte en mettant au monde leur second enfant et le petit Rodrigo a été enlevé par une grippe. Diego Barbosa n'a pas perdu que sa fille, son gendre et ses deux petits-fils. Son fils également, Duarte, incapable successeur de Magellan à la tête de l'expédition. À la mort du capitaine général qui lui avait promis la liberté s'il retrouvait son pays et si lui-même disparaissait, Enrique s'est vengé quand Duarte Barbosa lui a appris qu'il devait rester à son service. Avec Humabon, il a organisé un dîner et en a profité pour égorger leurs invités, Duarte en premier. Enrique est resté chez lui.

Tous les hommes ne sont pas rentrés, loin de là. Le 3 mai, les survivants avaient brûlé la *Concepción* car ils n'étaient pas assez nombreux pour manœuvrer trois bateaux. Le 8 novembre, ils sont à Tidore, le pays des girofliers, et apprennent la mort de Francisco Serrão. Joa Carvalho, pirate et trafiquant qui a pris la tête de l'expédition, est destitué et del Cano désigné pour conduire les deux navires restants. Les Moluques sont une aubaine, on charge les cales d'épices mais la *Trinidad* ne peut repartir, victime d'une voie d'eau. Les équipages se séparent, car on annonce que les Portugais, alertés de la présence des deux bateaux espagnols sur leur territoire, se préparent à intervenir.

Sur la *Victoria*, del Cano file donc, contourne Sumatra, franchit le cap de Bonne-Espérance après une traversée très rude avec des vents contraires, puis remonte le long de la côte africaine jusqu'aux îles du Cap-Vert.

La *Trinidad* souhaite retourner à Panamá pour réparer mais se perd dans une tempête en plein Pacifique et revient, après cinq mois de dérive, mouiller aux Moluques où les Portugais se saisissent de lui, de ses cargaisons d'épices et des quinze marins qui restent à bord. On ne plaisante pas avec les dispositions du traité de Tordesillas. Le capitaine, Espinosa, est pendu haut et court, les autres sont

Les îles Marquises... pleines de promesses pour les navigateurs.

jetés en prison. Entre Banda et Lisbonne où ils seront déportés, ils passeront plus de six ans dans les geôles. Quand les quatre survivants reviennent en Espagne, la Casa de Contratación décompte de leur solde l'intégralité des années de détention.

Juan Sebastian del Cano reçoit de Charles Quint cinq cents ducats pour l'exploit accompli et des armoiries au globe terrestre. *Tu primus circumdedisti me*: toi le premier, tu as fait le tour de moi. Del Cano ne profite que peu de sa gloire nouvelle. Il repart pour une seconde expédition sur les traces de Magellan, en 1525. Le capitaine meurt, il lui succède, c'est sa vocation, mais meurt à son tour cinq jours plus tard et est immergé dans le Pacifique, comme le veut la tradition.

Charles Quint n'a pas fait une mauvaise affaire. L'empereur du Saint Empire romain germanique ne sait trop quoi faire des Moluques, passées en zone espagnole. En 1529, à l'occasion du traité de Saragosse qui partage l'Orient entre le Portugal et l'Espagne, les Portugais rachètent à bon prix l'archipel aux épices tandis que les Philippines, découvertes par Magellan, restent espagnoles. Quant aux Amériques, elles sont florissantes à cette époque. À force de massacres, l'Empire aztèque est conquis par Cortés en 1521 et Pizarro apporte à l'Espagne l'Empire inca en 1533.

D'autres hommes de l'expédition de Magellan ont certainement survécu. Cartagena et Calmette, abandonnés sur la Terre de Feu, probablement pas... Les mutins du *San Antonio*, retournés en Espagne, peut-être. Pigafetta s'est évanoui, quelque part dans le monde, mais laisse un récit éblouissant de cette première circumnavigation. Sans lui, personne ne chanterait aujourd'hui encore la gloire de Magellan.

Le monde moderne se profile, enfin. L'homme a compris le décalage horaire et s'invente des fuseaux pour regagner la journée perdue aux îles du Cap-Vert. Et Enrique, l'esclave malais, désormais libre, vit chez lui, à Sumatra. Quant à Cilapulapu, qui a tué Magellan, il est resté roi de l'îlot de Mactan, fier de l'être, fier de son indépendance, rebelle à toute colonisation et n'ayant rien renié de ses dieux ni de ses ancêtres.

Chapitre XII

La terre frigide

« Mon intention était de parvenir, au cours de cette navigation, au Cathay et à l'extrémité orientale de l'Asie ; je ne pensais pas rencontrer un tel obstacle du côté de la terre nouvelle que j'ai découverte... C'était l'opinion universellement admise par les anciens que notre océan Occidental ne faisait qu'un avec l'océan Oriental des Indes, sans aucun continent interposé... Une terre ignorée des anciens a été découverte de nos jours. Un autre monde apparaît avec évidence. »

Giovanni da Verrazano

BRUMES, GLACES, *terra frigida.* Terres rocheuses, désolées, rabotées, monts sauvages, congères flottantes, culs-de-sac dans la neige glacée, tempêtes, mers parmi les plus terribles au monde, bancs de brouillards, icebergs résiduels, banquise piège et pour finir, agaçants moucherons du Nord, les maringouins. Noir d'encre ou soleil aveuglant, la lumière est folie. Monde inachevé par son créateur : « La terre que Dieu donna à Caïn. » Horizon brûlé, végétation rabougrie, buissons ras et sauvages, épines, peuple d'oiseaux criards. Terres neuves peut-être, froides certainement, mers turquoise quand le soleil se lève certes, mais pays de chien. Pays inconnu d'où nul voyageur ne revient. Contrées et mers de l'est, de l'ouest et du nord. Au-delà du 45e parallèle. Pour y aller, creux énormes, rompant mâts et gréements, arrachant les voiles. Et quand on y est, glace si omniprésente qu'elle fait exploser, après l'avoir enserrée, la coque des navires dans un bruit terrible.
Le roman de l'Arctique est dramatique et dérisoire à la fois. Parce que l'Amérique, de la Floride au passage de Magellan, est la chasse gardée des marins ibériques, des hommes rêvent de passer par le nord. Ils cherchent tous la Chine. Ce qui suit n'est plus tout à fait construit du même bois. Les épices sont à des infinités de milles marins et pourtant certains illuminés rêvent, par là, d'atteindre les îles fantastiques du Brésil et des Sept-Cités, de lancer une caravane fortunée vers le Cathay de Marco Polo. Leurs Indiens se nommeront Iroquois, Hurons, Abénakis, Narragansetts, Susquehannocks, Micmacs, Algonquins. La girofle, la muscade et la cardamome seront, les bons étés, courges, fèves et maïs. Les poissons fabuleux à tête d'homme de l'Antiquité, les dauphins de Poséidon et d'Apollon, ces poissons sacrés et secourables qui transportent les âmes jusqu'aux îles Fortunées, amis des marins et des Esquimaux, sont remplacés par de plus triviales créatures : les morues de Terre-Neuve sur les larges hauts-fonds, si abondantes qu'on va les pêcher avec des paniers. Des morues par kilos, par tonnes, des morues vomies par la mer, si nombreuses qu'elles finissent par obstruer, avec la glace, la marche des navires. On sait aujourd'hui que les marins bretons, basques, rochelais ou normands connaissaient déjà cette partie, hostile et glaciale du monde, et y chassaient même la baleine. Il est vrai que les bancs de Terre-Neuve sont riches : en morues certes, mais aussi en églefins et flétans... On y trouve également des castors en bon nombre, des morses, « poissons qui ont la forme de chevaux », des bélugas, des fous de Bassan « qui mordent comme des chiens ». Des pingouins aussi, des ours « si vieux qu'ils sont tout blancs », un autre ours « grand comme une vache, aussi blanc qu'un cygne » pour reprendre les mots de Jacques Cartier. Une chair, au demeurant, bonne à manger, « aussi bonne que celle d'une génisse de deux ans ». Le pingouin rôti, bien gras, fait aussi partie des mets quotidiens du navigateur. Salé, il se prépare à voyager et à régaler l'Europe.

Coureurs des mers ou chasseurs de morues ? Une obsession relie cependant ces découvreurs du Nord à leurs grands ancêtres. Ils continuent de ne pas comprendre qu'entre eux et l'Asie, il existe ce continent immense, l'Amérique, que derrière, c'est le Pacifique et que leur Asie rêvée, leurs Indes, Cathay et Cipango sont inaccessibles, ou si lointaines, dans le meilleur des cas. Vasco Núñez de Balboa, le conquistador, a aperçu l'immense Pacifique en 1513. Les Portugais, grâce à Vasco de Gama, accèdent aux Indes par l'est, en contournant l'Afrique. Les Espagnols, depuis Magellan, qui a contourné en 1520 par le sud ces seize mille kilomètres de façade atlantique

PAGE DE GAUCHE
Un navire anglais dans la baie de Baffin. Lithographie de Paolo Fumagalli, XIXe siècle. *Le Costume ancien et moderne*, de Jules Ferrario. The Stapleton Collection.

CI-DESSOUS
Les différents voyages à la recherches de terres nouvelles.

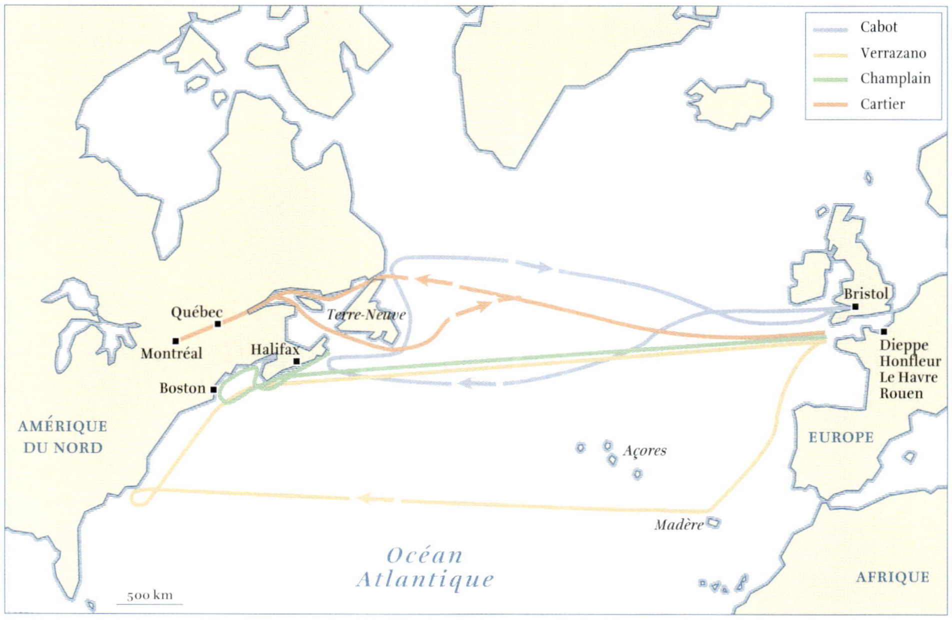

À GAUCHE
Portrait de Giovanni da Verrazano (1485-1528) Gravure de F. Allegrini. *Homini Illustri Toscani*, 1768.

À DROITE
Portrait de Sébastien Cabot (1474-1557). Par Cephas Giovanni Thompson. New York Historical Society, New York, États-Unis.

américaine, ont trouvé la voie par l'ouest. L'obsession des peuples du Nord se porte donc sur ce qu'il reste, qui n'est évidemment pas le meilleur : le Grand Nord, ce pays de glaces, avec deux passages possibles. À droite ou à gauche en remontant. Le passage du Nord-Ouest d'abord : de Cartier à Amundsen, en passant par Cook et Franklin, il faudra plus de trois siècles et demi pour trouver, entre deux immenses blocs de glace, une voie, mais une voie sans avenir... Quant au passage du Nord-Est, par la Sibérie, il faudra, là aussi, trois bons siècles pour qu'après les premières tentatives anglaises, le Suédois Nordenskjöld ne le découvre en 1878. Le Japon se rapproche du reste du monde mais personne ne passe jamais par là.

Deux pays, absents du champ des premières grandes expéditions, se réveillent soudainement. Puisque les passages du Sud et de l'Ouest sont aux mains des Ibériques, que la suprématie de Lisbonne, Gênes, Venise ou Séville ne peut être contestée, pourquoi ne pas tenter le Grand Nord ? L'Angleterre et la France. Presque ensemble, comme elles étaient ensemble, l'une contre l'autre, dans une guerre qui a duré cent ans. La France de l'époque, sans navires, sans ports, ou presque, ne se soucie que de ses guerres d'Italie, de la lutte contre Charles Quint. Plus tard, ce seront les guerres de Religion. La France comme l'Angleterre ont totalement ignoré, méprisé même, la proposition de Colomb : dommage pour elles, on parlerait français ou anglais du Chili au Mexique, si Londres et Paris y avaient prêté attention ! Ce sera donc, moins héroïque, la passion de la morue verte ou salée, du *stockfish*, qui amènera les deux ennemis héréditaires à se partager du nord au sud les cent mille kilomètres carrés de Terre-Neuve. Et faute peut-être de marins de génie, à l'égal des Portugais, des Espagnols, des Chinois ou des Arabes, la France et l'Angleterre font, toutes les deux, d'abord appel à des pilotes italiens.

Sujet vénitien mais né comme Colomb à Gênes et la même année, en 1451, Giovanni Caboto traîne dans les mers du Levant, va à La Mecque, avant d'aller se fixer à Londres vers 1495, puis à Bristol dont le port est enfiévré à la perspective de conquérir – même un peu tardivement – le monde. Le monopole accordé par la papauté à l'Espagne et au Portugal est un vrai scandale. Giovanni Caboto, devenu John ou Jean Cabot, convainc sans difficulté Henri VII Tudor, sourd

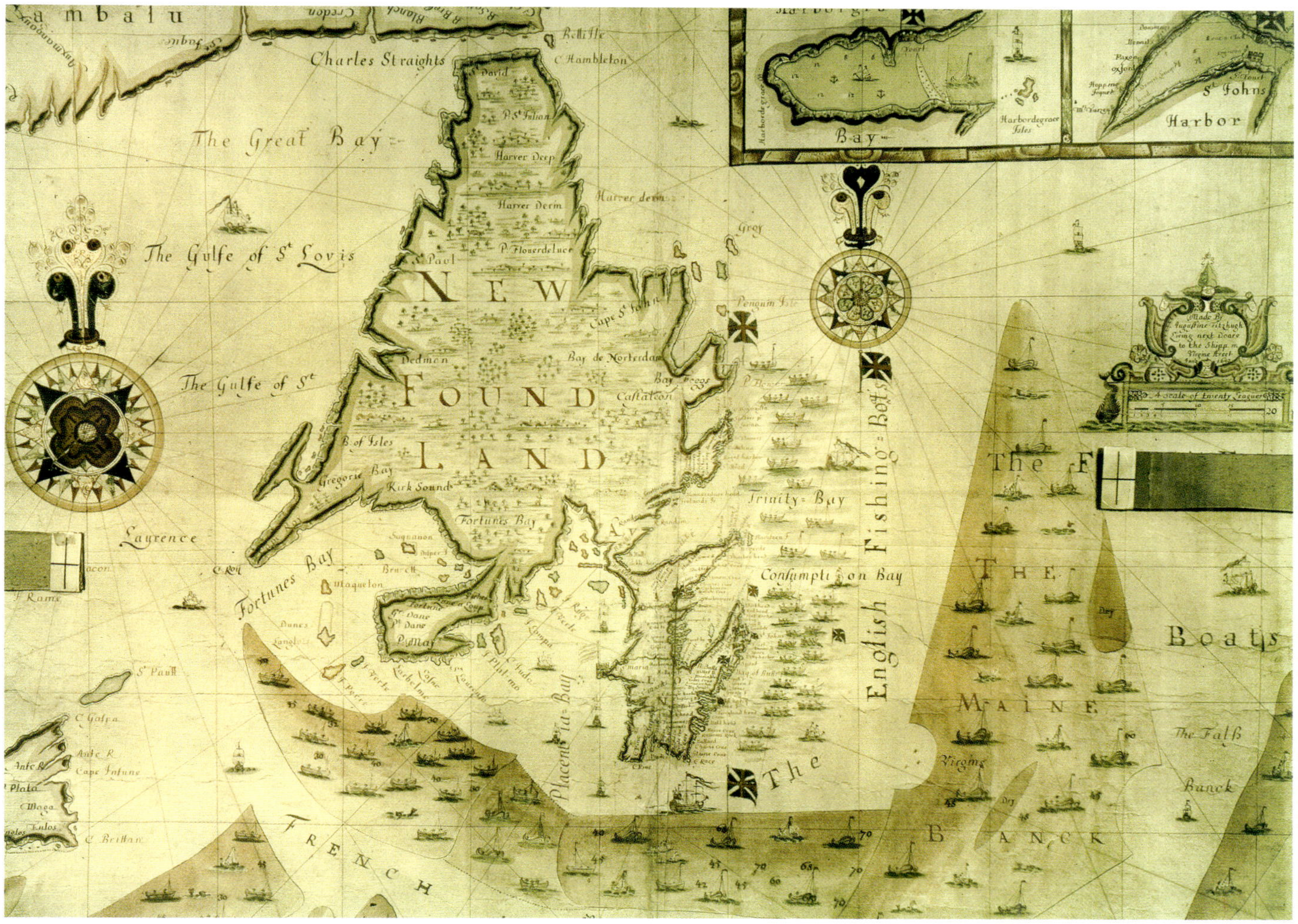

Les terres découvertes en 1497 par Jean et Sébastien Cabot. Carte d'Augustine Fitzhugh, 1690. British Museum, Londres, Royaume-Uni.

aux précédentes propositions des grands découvreurs, qu'un passage peut exister pour rejoindre Cathay et les Indes, voir Brasil, par l'Atlantique, mais qu'il faut chercher une latitude plus élevée. En raison de la courbure de la terre, le septentrion paraît de rigueur. Plus haut, ce seront en effet les côtes américaines, lors du premier voyage de John Cabot avec le *Mathew*, une voile carrée, et vingt hommes, dont son fils, en 1497 : l'Amérique, à la pointe nord de Terre-Neuve, là où Leif Ericsson a débarqué en 1001, soit à la hauteur du Maine. Mais ce sera également la découverte d'une vaste île, Terre-Neuve. Le retour est triomphal. Les marchands de Londres se croient déjà les maîtres d'une nouvelle Alexandrie, ceux de Bristol se réjouissent de l'existence de bancs miraculeux de morues et le roi est certain que son ambassadeur est allé en Asie… et missionnent Cabot pour aller s'adresser de nouveau au Grand Khan. Leur messager disparaît hélas en mer l'année suivante lors d'une seconde expédition. Quant à Sébastien, son fils, navigateur anglais, il travaille également pour le compte de l'Espagne, avant de rechercher un accès direct vers le Pacifique à partir du Río de la Plata. Il mourra avec une obsession, familiale : trouver, lui aussi, un passage vers la Chine, mais cette fois, pour changer, par le nord-est, l'océan arctique russe : « Atteindre le Cathay par le nord et en rapporter des épices en moins de temps qu'il n'en fallait aux Portugais pour y aller par le sud. »

Si l'Angleterre a eu son héros italien, la France l'aura également. Florentin, Giovanni da Verrazano explore d'abord la Méditerranée et l'Atlantique, fait main basse avec des corsaires français sur le trésor de Montezuma que Cortés adressait à Charles Quint, avant d'être envoyé de Dieppe en 1523 par François Ier, vers les côtes de l'Amérique du Nord. Lyonnais d'adoption, il rêve de ramener la soie de Cathay. Et de trouver, avec son frère inséparable, Girolamo, le passage qui permettra d'aller plus vite aux Indes que les Espagnols et les Portugais… Étrange parcours : de Dieppe, Verrazano se rend à Madère. Puis remonte mais vire peut-être un peu trop tôt, aborde en

DOUBLE PAGE SUIVANTE
Les glaces du Groenland, qui barrent la route des navigateurs cherchant un passage par le Nord.

Portrait du navigateur français Jacques Cartier (1494-1554).
Peinture d'A. Lemoine, 1895.
Musée de Saint-Malo.

Caroline du Nord : les Indiens qui l'accueillent « vont entièrement nus, sauf qu'ils couvrent les parties honteuses de peaux de petits animaux du genre des martres et d'une étroite ceinture végétale tissée de plusieurs queues d'autres bêtes, qui pendent, autour de leur corps, jusqu'aux genoux ». Il longe ensuite la côte, se persuade qu'il a aperçu le Pacifique, la mer orientale de Magellan, en déduit que l'Asie est devant lui. Il est vrai que sa prudence naturelle l'amène à naviguer loin des côtes... Il poursuit sa route, découvre à la mi-avril 1524 le site de New York – qu'il nomme Angoulême en l'honneur de François Ier ! De Manhattan, qu'il a repérée, il dit qu'il « quitte cette terre à regret, en raison de ses avantages et de sa beauté »... Enfin Verrazano file jusqu'à Terre-Neuve, en passant par Rhode Island, le Maine. Il reconnaît ainsi l'essentiel de la façade atlantique de ce que seront bientôt les États-Unis d'Amérique. « Toute cette terre ou Nouveau Monde que nous venons de décrire constitue un ensemble. Mais elle n'est pas jointe à l'Asie ni à l'Afrique, nous le savons avec certitude », écrit-il en parlant de cette terre inconnue qu'il a découverte, une terre plus grande que l'Europe, l'Afrique, l'Asie... Mais un obstacle, car sans « détroit permettant l'accès de l'océan Oriental... » Verrazano partagera avec Magellan, qu'il avait croisé au Portugal et à Séville, le sinistre privilège d'avoir servi de pâture aux indigènes : il sera tué et mangé par des Indiens Caraïbes lors d'une autre expédition transatlantique pour les Antilles, en partie financée par Jean Ango, en 1528. Un chroniqueur raconte l'effroi de Girolamo lorsque Giovanni est dépecé, puis dévoré : « Le frère de Verrazano vit la terre se rougir du sang fraternel sans pouvoir, se trouvant à bord, être d'aucun secours au malheureux... Ce fut ainsi que périt misérablement celui qui cherchait des terres nouvelles ! »

François Ier doit à Jean Ango, armateur dieppois et capitaine corsaire, de l'avoir intéressé aux choses de la mer. Né en 1480, Ango multiplie les prises ibériques, presque jusqu'à sa mort en 1551. Il fournit à Verrazano un bateau pour son premier voyage et il envoie régulièrement des expéditions vers Terre-Neuve. La France jouit d'une situation maritime idéale que presque seul alors, Jean Ango semble avoir comprise : méditerranéenne sur son flanc sud, atlantique à l'ouest comme au nord. Vieille civilisation antique comme l'a montré Pythéas, peuple commerçant et industrieux comme ses voisins du nord, la France est visitée aussi bien par les pirates du Grand Nord que par ceux du Maghreb. Mais si l'on met à part Jean Ango, fait vicomte de Dieppe pour avoir arrêté dans leur élan plus de trois cents bateaux portugais, et la découverte en 1402 des Canaries par Béthencourt et Gadifer de La Salle, le bilan français en termes de conquête des mers reste néanmoins insignifiant. Jusqu'à un certain Malouin à la barbe finement taillée et au regard si pénétrant.

Il a commencé comme mousse, lui, le fils d'un marin pêcheur, né en 1491, l'année où Charles VIII épouse Anne de Bretagne. Il faut se figurer l'époque : la Bretagne, avec Brest et Saint-Malo, ne rejoindra la France qu'en 1532. Lorsque Jacques Cartier naît, la

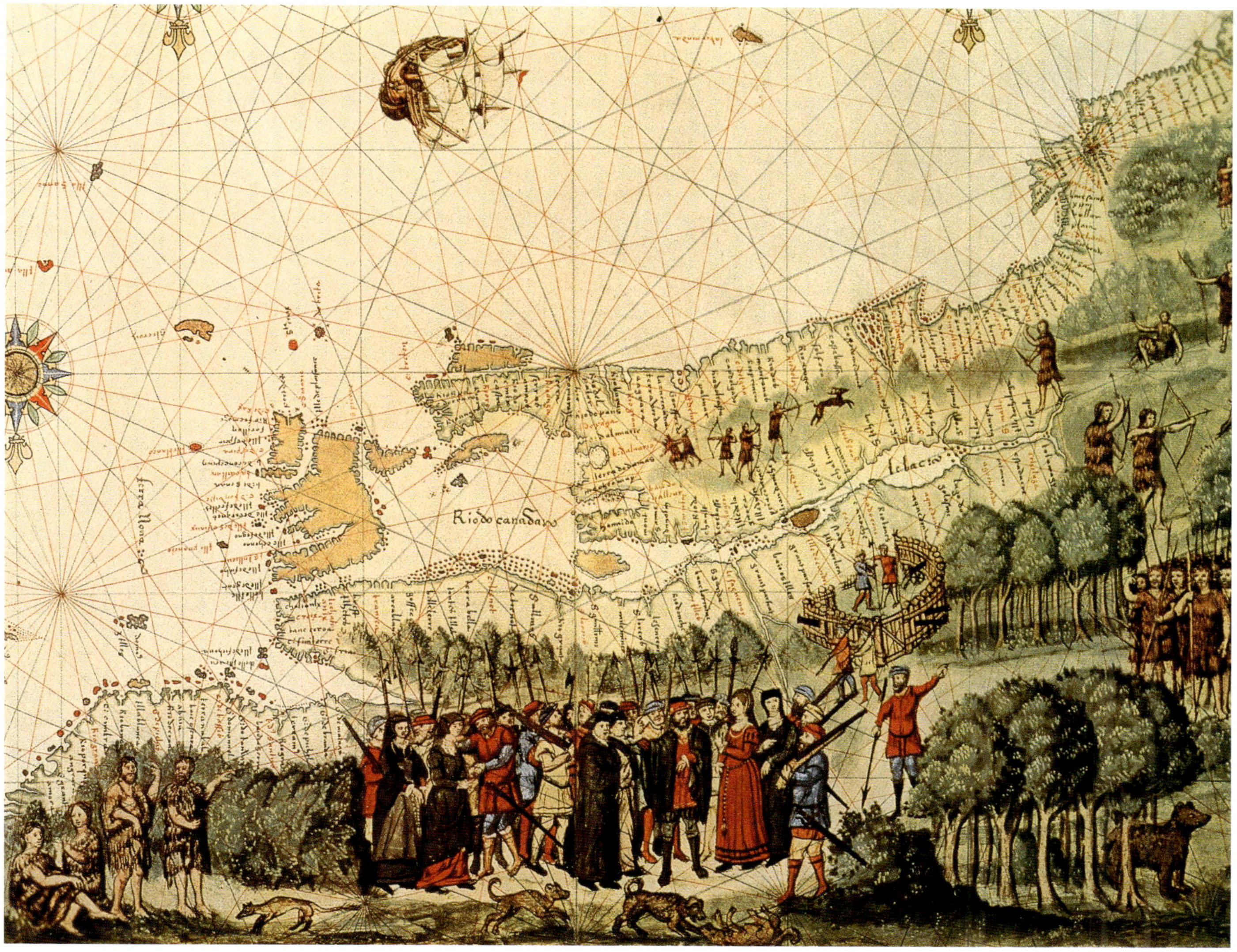

Le débarquement
de Jacques Cartier
et des colons français
au Canada.
Fac-similé du portulan
de 1542 par Pierre
Descaliers.
Musée Carnavalet, Paris.

Guyenne, avec Bordeaux, est française et la Provence vient de donner les ports de Toulon et Marseille à la couronne. Certes, il paraît aujourd'hui loin le temps des pêcheurs au long cours, qui seront la pépinière des grands vaisseaux de guerre, les pêcheurs de Terre-Neuve et de Saint-Pierre-et-Miquelon. Hommes sans famille et sans argent, déserteurs souvent. On fait, aux escales, monter des putains à bord. Et l'on fouette, met aux fers, s'il le faut, le jeune matelot Cartier qui s'embarque pour apprendre le monde, le métier de la mer, le matelotage, les nœuds, les épissures, la godille, le mât, les vergues, le gréement et la manœuvre. Il sera mangé le premier, violé certainement très vite. Manque d'eau, de vivres, la mutinerie n'est jamais loin, et le supplice de la cale ne saurait tarder. Jacques Cartier suit l'étoile Polaire pendant la nuit, le soleil le jour et apprend l'usage de la boussole par mauvais temps. Il apprend aussi les agrès, les voiles, les poulies, les ancres, les allures surtout. Elles sont variées : le plus près, le long du lit du vent. Le vent de travers ou le vent qui arrive par le travers tribord ou bâbord et jusqu'à deux quarts sur l'arrière de son travers. Le largue : vent entre son travers et quatre quarts. Le grand largue : le vent entre le largue et jusqu'à six quarts. Vent arrière. Allures portantes : les trois dernières. Il apprend le son de la cloche en bronze les jours de brume, l'art du gabier de grande hune ou de misaine. Et le froid venu, il découvre l'étreinte des glaces, la cabane faite des bois flottés, les bains de vapeur dans un tonneau, la course des renards et des ours, et toujours, cette glace qui craque, horrible bruit, les montagnes qui se rapprochent jusqu'à vous écraser, l'asphyxie, la crise d'angoisse. Tout cela pour pêcher, outre la morue et la sardine, le mulet, le turbot, le dauphin, l'esturgeon, les poissons à lard dont on tire profit pour le carême, le poisson frais, salé ou séché… Pour fabriquer des filets, réparer de mauvaises barques de pêche, des tonneaux pour

Jacques Cartier et les trois bâtiments de sa flotte remontent le fleuve Saint-Laurent. Gravure d'après le tableau de Théodore Gudin. Bibliothèque des Arts décoratifs, Paris.

les salaisons, faire de l'huile avec la baleine afin d'éclairer de lampes torches le spectacle de sa misère.

Et si Jacques Cartier, bien que breton, manquait un peu de génie ? Le mousse devient cependant pilote et maître de navire, il ne tarde pas à s'imposer comme l'un des bons navigateurs de Saint-Malo. Lui aussi pense découvrir le pays de Marco Polo en cherchant un passage par les Terres-Neuves. On dit de lui qu'il a voyagé avec Verrazano en 1524. Jacques Cartier, le Breton, a séduit François Ier, roi de France, lui-même aguiché par les premières découvertes de Verrazano mais guère enclin à risquer beaucoup pour quelques arpents de glace. À partir de 1534, alors âgé de quarante-trois ans, et en trois expéditions canadiennes pour trouver or et diamants, il ne rapporte que quelques barils de « métal jaune » et de pierres précieuses. Et encore, cette cargaison, après expertise, se révèle une vraie supercherie : ce sont de la pyrite de cuivre, des micaschistes à facettes et des cristaux de roche ! Retour raté. Tout Saint-Malo a honte... Cartier s'entend mal, c'est peu dire, avec celui qui a été nommé vice-roi et lieutenant général de Terre-Neuve, du Labrador et du Canada, Jean-François de la Roque de Roberval et qui le rejoint en 1542 lors de la troisième et dernière expédition. Notable, gendre du connétable de Saint-Malo, Cartier explore cependant l'estuaire du Saint-Laurent, jusqu'à l'actuelle Montréal et établit la capitale de ce nouveau territoire, revendiqué enfin par le roi de France sur le site de Québec. Ce sera *Nova Gallia*, la Nouvelle-France. La deuxième expédition

Samuel de Champlain combattant contre les Hurons.
Gravure du XVIIe siècle.
Le Voyage de Champlain, 1624.
Musée des Arts africains et océaniens, Paris.

sera la plus meurtrière, la *Grande Hermine*, la *Petite Hermine* et l'*Emerillon*, noms prédestinés pour aller se perdre dans la banquise, sont pris dans les glaces et la neige de l'hiver qui vient très vite. Non seulement il faut abandonner la *Petite Hermine*, mais en plus les hommes sont pris d'un mal terrible. C'est le scorbut : jambes enflées « parsemées de gouttes de sang », corps amaigris, gencives qui saignent, dents qui se déchaussent, muscles atteints... Vingt-cinq des équipiers de Cartier meurent dans d'atroces douleurs et s'il n'y avait eu, providentielle, l'écorce de l'annéda, ou cèdre blanc, en décoction, pour les soigner, l'expédition entière aurait été anéantie.

François Ier se lasse de ces aventures, lui qui rêve de mines d'or et d'argent, et si Cartier repart une nouvelle fois, c'est pour peupler cet Eldorado qui tarde à s'avouer. Certes Cartier fait des rencontres, des Indiens, des Iroquois et des Micmacs, le chef Donnacona dont il ramène deux des fils dans sa bonne Bretagne et qui feront très bon effet à la cour. Quelques têtes d'hommes scalpés dans les maisons des Indiens, une herbe forte comme le poivre et dont les indigènes font des cornets qu'ils fument, des pingouins et des oiseaux chassés par centaines autant par nécessité que par ennui, des tortues à l'infini. Cartier plante des croix un peu partout, baptise les terres et les mers au nom du roi de France, croit que le Saint-Laurent mène aux îles aux épices et au fabuleux royaume de Saguenay. Mais ni mines d'or, ni route vers Cathay, ni nouveau Pérou. Et ses cailloux d'or et de diamant ne sont que de vulgaires pierres. Faux comme des diamants du Canada... Cartier disparaît, se retire, sage Breton qu'il est, dans son bon manoir de Limoëlou, où il meurt de la peste, sans héritier, à l'automne 1557. Riche de l'or des fous. Assuré que son Canada est un morceau de l'Asie.

François Ier a, malgré l'échec de Cartier, compris les enjeux de ces découvertes. À un Espagnol, il déclare : « Le soleil me donne sa chaleur aussi bien qu'aux autres et j'aimerais bien voir la clause du testament d'Adam pour apprendre comment il a partagé le monde ! » Le monde se découpe : à l'ouest et à l'est, les Ibériques, au nord, les Français et les Anglais. En 1533, le traité de Tordesillas, après quarante ans de monopole hispano-portugais, est en effet amendé par le pape Clément VII : les terres nouvelles iront aux premiers arrivés, d'autres monarchies peuvent donc tenter leur chance. La France n'est plus, soudainement, paresseuse. Elle comprend sa chance avec sa côte immense, sa double côte. Deux flottes, celle du Levant, celle du Ponant. Avec Samuel de Champlain, elle va plus loin au Canada : bon navigateur, ayant

À GAUCHE
Portrait de Samuel de Champlain (1567-1635). *Narrative and Critical History of America*, 1886. Coll. privée.

À DROITE
Portrait de Martin Frobisher (1535-1594). Gravure du XXe siècle. Royal Geographical Society, Londres, Royaume-Uni.

d'abord embarqué avec les Espagnols vers les Indes occidentales, Mexique et Panamá, celui qui cherche encore un passage à l'ouest pour rejoindre la Chine et les Indes quitte Honfleur en 1603 sur la *Bonne Renommée*. Il va à Montréal sur les traces de Cartier, visite l'île de Gaspé, la baie des Chaleurs, le Nouveau-Brunswick, l'île du Cap-Breton, la Nouvelle-Écosse, s'en revient en France, retourne reconnaître les côtes d'Acadie et de nombreuses côtes américaines. Puis, lors d'un troisième voyage, en 1608, fonde Québec. Lieutenant du roi en toute l'étendue du fleuve Saint-Laurent dès 1633, Champlain crée vraiment la colonie française où il mourra deux ans plus tard, le jour de Noël, sans sépulture, non sans avoir traversé plus de vingt fois l'Atlantique, dans les deux sens. Et après s'être persuadé et avoir convaincu beaucoup de monde que « le fleuve Saint-Laurent est la meilleure route pour aller en Chine »...

Albion, elle aussi paresseuse dans le champ des grandes découvertes, ne sera pas en reste. Le passage du Nord-Ouest est le plus recherché par les Anglais. Après Jean et Sébastien Cabot, c'est Martin Frobisher, explorateur de l'Arctique canadien, qu'ils arment en 1576, en 1577, puis en 1578, pour aller trouver un passage vers la Chine au nord du Canada, entre Groenland et Labrador. Vainement. Les glaces empêchent Frobisher de rejoindre le Pacifique qu'il a pensé apercevoir, il se contentera de quelques conversations avec des Esquimaux et de quelques minerais collectés qu'il avait pris pour de l'or mais qui n'ont en réalité aucune valeur... Le grand amiral de toutes les terres et de toutes les eaux à découvrir retourne à son métier de soldat des mers. Seize ans après, Frobisher, vice-amiral de la flotte anglaise, loup de mer chéri d'Élisabeth Ire, corsaire d'exception, s'étant particulièrement distingué dans la lutte contre l'Invincible Armada, meurt dans la bataille de Brest contre les Espagnols. Lui succédera sur les routes qui se situent entre l'île de Baffin, le Labrador et le Groenland, un autre Anglais, John Davis, qui en trois expéditions, de 1585 à 1587, trouve la terre de la Désolation, le Groenland et différents lieux, mais échoue dans sa quête du passage mythique. Vents contraires, glaces flottantes... Davis reprend sa vie ordinaire de pirate, sous Élisabeth Ire, accompagne Thomas Cavendish dans son voyage autour du monde, participe lui aussi aux combats contre l'Invincible Armada, à une infor-

Les habitants de l'île Saint-Laurent. Dessin de L. Choris. *Voyage pittoresque autour du monde* de Kotzebue, 1822. Service historique de la Marine, Vincennes.

tunée tentative pour découvrir le passage du Nord-Ouest mais cette fois par le Pacifique… Il poursuit sa carrière dans des voyages vers les Indes orientales et est tué en 1605, lors d'une attaque de pirates japonais au large de la Malaisie.

Henry Hudson se distingue, y compris dans sa recherche du passage du Nord-Ouest. Avec son excellente connaissance de l'aiguille magnétique, il part – direction la Chine par le pôle nord ! – avec onze hommes seulement et son jeune fils, en 1607, et gagne le Spitzberg. Il trouve des baleines et des morues à foison, mais point de passage… Un an plus tard, il est de nouveau arrêté dans son élan par les glaces de la Nouvelle-Zemble. Le troisième voyage lui permet de dépasser le cap Nord et de découvrir un fleuve, une baie et un détroit auxquels il donne son nom. La fin, lors du quatrième voyage, est tragique : il est bloqué par l'hiver 1610 et les glaces dans la baie de Saint-James, une mutinerie éclate… Il meurt, jeté dans une barque avec son fils John et quelques marins fidèles, de faim, de froid. À sa suite, William Baffin explore en 1614 une partie du Spitzberg, recherche le passage supposé entre Atlantique et Pacifique, découvre que la baie d'Hudson est un cul-de-sac, dresse la carte de la baie qui portera son nom puis s'en retourne à d'autres aventures, lui, l'astronome de talent. Il sillonne la mer Rouge et le golfe Persique et meurt à Ormuz, alors qu'il était venu y déloger les Portugais, en janvier 1622. Vaines recherches. Si le passage existe, d'une complexité extrême, reliant la baie d'Hudson et la mer de Béring, il faudra le chercher plus haut encore, par 70° de latitude Nord… et attendre deux ou trois siècles pour en faire la démonstration.

Puisque le passage du Nord-Ouest se dérobe, celui du Nord-Est est tenté. Cap vers la Russie pour Hugh Willoughby et Richard Chancellor qui quittent l'Angleterre en mai 1553… Une tempête les disperse dans la mer de Norvège. Chancellor se rend au point

Navires arrivant au Spitzberg. *Les Voyages de Frédéric Martens*, 1671. Bibliothèque du musée de la Marine, Paris.

de rendez-vous tandis que Willoughby s'égare, dans la mer de Barents, puis le long de l'archipel de Nouvelle-Zemble et, enfin, dans l'embouchure de la rivière Arzina, à un jet de pierre de Mourmansk. L'hiver est arrivé entre-temps, les bateaux sont pris dans la glace, comme les hommes, retrouvés congelés au printemps suivant… Willoughby assis à sa table de bord, raide comme un piquet, conservé dans la glace, devant le testament qu'il rédigeait. Pendant ce temps, Chancellor est parti explorer la mer Blanche, des ports russes, visite même Ivan le Terrible à Moscou, signe des accords de commerce entre la Moscovie et son pays, accords qu'il rapporte en Angleterre. Lors d'une seconde expédition en 1556, il périra en pleine tempête, non sans avoir, auparavant, créé la Compagnie de Moscovie… À sa suite, Stephen Burrough, puis Arthur Pett et Charles Jackmann tentent vainement de passer à l'est. C'est au tour du Hollandais Willem Barents d'entrer en piste, qui découvre entre 1594 et 1597, lors de trois voyages, le Spitzberg et la Nouvelle-Zemble, mais qui meurt au retour de ses expéditions.

C'est ainsi que Français et Anglais tentent de rattraper, vainement, le retard pris au siècle précédent. Talonnés jusque dans leur Grand Nord par les déjà nantis… Jão Fernandes, un riche agriculteur des Açores, file pour le compte de la couronne portu-

gaise au Groenland, explore une vaste terre, la nomme « Tierra del Lavrador », la terre du paysan. L'histoire et la géographie ne seront pas ingrates avec lui... Plus ambitieux et émouvants seront ces deux frères portugais qui obtiennent du roi Manuel Ier, un peu inquiet de l'agitation de ses voisins, de suivre la route de Jean Cabot dès 1500 pour s'assurer de la situation de Terre-Neuve par rapport au traité de Tordesillas. C'est Gaspard Corte Real, *fidalgo* mais également bon marin, qui part d'abord, explore le Groenland, le Labrador, ne découvre aucun passage vers l'ouest. Revient à Lisbonne et reprend de nouveau la route de l'Amérique du Nord en 1501 avec cette fois son frère Miguel. Tandis que Gaspard poursuit son exploration de Terre-Neuve, Miguel est chargé de ramener au Portugal un certain nombre de « natifs », faits prisonniers. Gaspard ne revient pas, disparu en mer. Miguel réussit à armer une nouvelle flotte pour partir à sa recherche, mais sombre à son tour, non loin du lieu du naufrage de son frère. À Lisbonne, le roi Manuel a les plus grandes difficultés du monde à dissuader un troisième frère de se jeter à l'eau pour aller rejoindre ses infortunés parents... Une dernière tentative portugaise d'implantation sur ces terres désolées verra le jour avec João Alvares Fagundes et en 1520, une colonie s'établit quelques années au cap Breton avant de péricliter.

Un navire pris dans les glaces du Spitzberg. *Les Voyages de Frédéric Martens*, 1671. Bibliothèque du musée de la Marine, Paris.

Entre le Pacifique et l'Atlantique, passage souvent mouvementé et périlleux, le cap Horn reste un lieu mythique pour tous les marins.

Après, l'histoire sera autre. Radicalement. Anglaise certainement car elle prendra, un temps, le nom de Francis Drake, contrebandier en Afrique et aux Antilles, deuxième circumnavigateur après Magellan par la route du cap Horn, nommé chevalier par la reine Élisabeth Ire Tudor, grand pourfendeur des Espagnols et de l'Invincible Armada, mort en mer en 1595. Un tour du monde pour ce « maître voleur du monde inconnu », à bord d'un navire dont le nom est un pied de nez à l'histoire : le *Golden Hind*, le Cul doré… Il faudrait également parler de Fernão Mendes Pinto, domestique s'embarquant en 1537 pour les Indes. Son livre, *La Pérégrination*, est un hommage vivant à Ulysse : treize fois esclave, dix-sept fois vendu, dix fois naufragé, prisonnier, fouetté, allant de Chine au Japon, à Malacca, en Birmanie, en Thaïlande. Menacé d'avoir les pouces tranchés, il répare la Grande Muraille pendant un an de travaux forcés, rencontre François Xavier, devient son ami et créancier. Il se fait jésuite, puis, quittant la Compagnie, il finit par mourir à Lisbonne en 1585. Aussi de François Xavier, justement, parti pour les Indes en 1542, missionnaire, fondateur avec Ignace de Loyola de la Compagnie de Jésus, apôtre des Indes, sillonnant le sud-est de l'Inde, Ceylan, Malacca, les Moluques, l'Indonésie, le Japon avant de mourir en 1554 en Chine. Mais ceci est une autre histoire, un autre chapitre des coureurs des mers. En quelques années, le monde a été largement exploré. Le Portugal, trop petit, est trop riche de terres, du Brésil à l'océan Indien en passant par Madère, les Açores et les îles du Cap-Vert. Il sera bientôt annexé par l'Espagne… En 1580, le roi d'Espagne, Philippe II, est proclamé roi du Portugal. Gerhard Kremer, dit *Mercator*, astronome flamand, publie en 1569 sa première carte du monde en projection spécialement conçue pour les marins. Après le temps des découvreurs viendra celui des écumeurs, exploitants et autres aventuriers des océans. Ils sont solitaires, font la course, celle des pirates ou celle, moderne, des records à battre. Ils sont en compagnies, celle des Indes, entre autres, et commercent ou philosophent à n'en plus finir. Ils se nomment, dans le désordre, Barberousse, Bart, Surcouf, Cook, Bougainville, Poivre, La Pérouse, Slocum, Charcot, Amundsen, Gerbault ou Tabarly… En eux, aussi, nous nous reconnaissons.

Crédits photographiques

AKG Paris : 13, 50, 131 d, 137, 152, 160, 161, 164, 166, 173, 190, 197, 219, 230
British Library/AKG Paris : 56 * AKG-images : 108

Daniel Allisy : 16-17, 68-69, 126-127, 212-213, 222-223, 228-229

Yann Arthus Bertrand/Altitude : 12, 42, 48-49, 91, 116-117, 168-169, 188-189, 200-201
Jérôme de Baecque/Altitude : 138-139 * Joe Viesti/Viesti Ass./ASK IMAGES : 64

BnF, Paris : 21, 27, 104

Bridgeman Giraudon : 53, 70, 73, 77, 97, 112, 145 g, 149, 175 g, 178 d, 178 md, 192, 209, 217, 220 g, 227, 234
Bridgeman Giraudon Lauros : 9, 142, 144, 145 d, 178 mg, 233
Bridgeman Giraudon Charmet : 54, 148 * Bridgeman Giraudon Alinari : 92
Bridgeman Giraudon Stapleton Coll. : 170, 178 g, 216, 224
Bridgeman Giraudon Roger Perrin : 194 * Bridgeman Giraudon N.Y. Historical Society : 226 d

Cartographie : Édigraphie, Rouen : 19, 31, 51, 71, 85, 103, 119, 159, 171, 191, 203, 225

Collection Kharbine-Tapabor : 8, 23 d

Collection V. et E. Koehler : 38, 193

Alison Wright/Corbis : 76

G. Dagli Orti : 3, 10, 18, 22, 25, 26, 32, 33, 34, 35, 36, 39, 40, 41, 52, 61, 62, 63, 66,
72, 80, 81, 88, 118, 120, 128, 129, 130, 132, 147, 154, 163, 165, 172, 174, 183, 184
185, 186, 187, 204, 206, 207, 208, 211, 214, 215, 220 d, 221, 231, 235, 236, 237

P. de Wilde/Hoa-Qui : 28-29, 150-151
R. Mattes/Hoa-Qui : 37 * H. Ruiz/Hoa-Qui : 45 * Jouan/Rius/Hoa-Qui : 59 * C. Boisvieux/Hoa-Qui : 180-181

Costa/Leemage : 20, 23 g, 30, 78, 86, 89, 98, 99, 124-125, 146, 158, 162, 175 d, 179, 202
Fototeca Storica/Leemage : 24, 74, 90, 122, 131 g, 140, 141
Selva/Leemage : 46, 47, 79, 84, 87, 115, 153, 198, 199 * Renaud/Leemage : 102, 106, 107 * MP/Leemage, 123

Musée national de la Marine, Paris : 226 g

Philip Plisson/Éditions Pêcheur d'images : 11, 55, 82-83, 134, 238-239

Pratt-Pries/Photononstop : 94 * R. Arakaki/Photononstop : 111

F.S. Westmorland/Photononstop : 156-157

Marc Paygnard/Rapho : 176

Photo RMN/Arnaudet : 121

Photo RMN/Gérard Blot : 205

Photo RMN : 232

Michel Gotin/Scope : 100-101

Robert Tixador/Top : 6

Remerciements

Jean-Noël Jeanneney, Président
et Bruno Baudry, Chef du service reproduction,
Bibliothèque nationale de France, Paris

Pénélope Estrada, Bridgeman Giraudon, Paris

Muriel Dagli Orti et Patricia Samuel, Dagli Orti, Paris

Hyun-Joo Bianchetti, Nancy Brisson et Elisa Dondero, Leemage, Paris

Fabienne Grévy, AKG, Paris

Isabelle Lechenet, Altitude, Paris

Philippe Kherzerho, éditions Pêcheur d'images, La Trinité-sur-Mer

Daniel Allisy, *Voiles et Voiliers*, Paris

L'éditeur remercie tout particulièrement
Dalloula Haiouani et Laurence Piault,
Emmanuel Wecxsteen et Ruddy Dupont,
pour leur précieuse collaboration.

**Conception graphique et mise en pages,
sauf couverture :** Éditions Éric Koehler

Photogravure : Nord-Compo, Villeneuve-d'Ascq

Achevé d'imprimer en décembre 2003
par Partenaires, France